上海文化发展基金会图书出版专项基金资助项目

21st

Education Reform for the 21st Century Skills: China and World

丛书主编 彭正梅

面向21世纪能力的教育变革：中国与世界

提升21世纪教师质量：国际趋势与本土标准

沈 伟/著

上海教育出版社

国家社会科学基金“十二五”规划（教育类）

国家青年课题 “城镇化进程中区域义务教育质量标准的建构”（CFA130149）的研究成果

丛书总序
发展21世纪能力,建设现代教育强国[①]

其本乱而末治者否矣,
其所厚者薄,而其所薄者厚,未之有也。
——《大学》

为了应对全球知识社会日益扩展所带来的挑战,自20世纪末以来,世界各国兴起了超越知识的21世纪能力教育改革运动(21st century skills-oriented educational reform movements),美国智库布鲁金斯学会(Brookings Institution)将这场改革运动称为"全球能力运动"(global skills movement)。[②] 全球教育系统的目标、内容、方法和评价更为明确地关注并聚焦21世纪个人及社会所需的广泛的高阶能力,即21世纪能力。21世纪能力已经成为世界各国回应全球知识社会、提升其全球竞争力的重要抓手,成为各国教育改革的核心,也成为21世纪教育强国的本质体现。[③]

今天的中国已经融入世界之中,而且一改近代以来的被动地位,更加主动地参与到国际和全球事务之中,力图推动建立更加合理公正的国际秩序,从而在全球格局中谋取中华民族的伟大复兴和全人类的共同福祉。对于已经实现从"面向世界"到"在世界之中"的中华民族来说,结合自身国情,顺应全球教育趋势,推动以21世纪能力为导向的教育转型从未像今天这样刻不容缓,成功的教育转型也从未像今天这样可望可即。

① 本文作者为彭正梅、邓莉和周小勇,发表在《中国教育政策评论 2018》。郑太年、沈伟、沈章明和高原对本文的思想形成作出了贡献,这里表示感谢。

② Ananiadou, K. & Claro, M. 21st Century Skills and Competences for New Millennium Learners in OECD Countries [R]. OECD Education Working Papers, No.41, OECD Publishing, 2009: 8.

③ 邓莉,彭正梅.全球学习战略2030与中国教育的回应[J].开放教育研究,2017,23(3): 18-28;彭正梅,邓莉.培养具有全球竞争力的美国人——基于21世纪美国四大教育强国战略的考察[J].比较教育研究,2018,7: 11-19.

一、全球21世纪能力教育改革运动及其本质

21世纪以来，国际上出现一场全球性的21世纪能力运动，其本质是一种以人的高阶能力发展为导向的教育改革运动，体现了教育目的的一种新人形象的教育目的。

1. 21世纪能力教育改革运动的兴起

2001年是新世纪以来教育改革的开端，世界各国教育改革纷纷布局自己的教育战略，以应对各自面临的挑战。在美国，在2001年的总统选举中，民众关心的第一议题就是教育问题，并由此促进了2001年《不让一个孩子掉队法》(No Child Left Behind Act)的出台；在中国，为了解决基础教育中的应试教育问题，2001年教育部启动了基础教育课程改革；德国在2001年经济合作与发展组织(Organization for Economic Co-operation and Development，简称OECD)主导的国际学生评估项目(Program for International Student Assessment，简称PISA)测试中遭受"PISA震动"(PISA shock)，迅速开启了新的全国性的教育改革。

之后，每隔三年的PISA测试进一步把世界各国拖入教育竞争之中。卷入PISA测试的国家都极为关心自己的PISA测试排名，并把这一排名视为教育竞争力、人力资本竞争力乃至国家竞争力的关键。2009年和2012年，上海PISA测试两获世界第一，震惊了整个世界。一方面，人们惊奇地发现，长期以来被西方世界刻板化为死记硬背的"填鸭式"的中国教育居然具有世界最强的教育潜力；另一方面，国际社会特别是西方社会把这视为中国经济的潜在竞争力，并惊呼这是一次新的"人造卫星"危机，就像50多年前苏联的人造卫星上天对西方教育、科研体制乃至社会的冲击。PISA测试试图用同一把尺子来衡量参与国的教育质量，推动和促进了各国的教育改革及其反思浪潮。

这些改革的核心议题是探讨21世纪教育需要培养什么样的人。1999年，OECD提出个体在21世纪获得"兴盛"(flourishment)需要什么关键能力的框架；2002年，美国21世纪学习合作组织(Partnership for 21st Century Learning，

原名为Partnership for 21st Century Skills,简称P21)提出个体在21世纪获得成功需要什么样技能的框架图。2001年,美国教育家布卢姆(B. S. Bloom)认知领域教育目标分类经过修订,"创造"被置于顶端。如果说古典经济学家把专业化和贸易视为发展的主要因素,那么在21世纪,人们日益确信,创新和创业才是经济增长的主要驱动力,创新力才是各国的核心竞争力。培养人的创新力成为各国教育竞争力乃至国家竞争力的核心。

2016年,布鲁金斯学会环球教育中心(Center for Universal Education at Brookings)和乐高基金会(LEGO Foundation)联合启动"变化世界中所需的技能"(Skills for A Changing World)项目,旨在探索21世纪新的教育需求,以及各国教育系统如何回应这种需求。该项目对113个国家的教育系统(从愿景或使命陈述到课程)进行的调查发现,世界主要国家及国际组织纷纷研制了21世纪能力框架来界定和遴选21世纪所需的技能或能力。即便在英国苏格兰、克罗地亚、危地马拉和菲律宾等地理、工业和社会经济地位迥异的国家和地区,也都一致认同教育应该培养学生的21世纪能力。显然,在全球范围内,越来越强调发展学生超越传统学科知识的广泛的21世纪能力,并且体现为一场21世纪能力导向的全球性的教育改革运动。①

各国及国际组织在自己的文件中指称21世纪能力所用的概念有差异。例如,OECD和欧盟称为"关键能力"(key competences/key competences),美国称为"21世纪技能"(21st century skills)、日本和新加坡称为"21世纪能力"(21st century competencies),中国称为"核心素养"。此外,还有"横向能力"(transversal competencies)、"高阶思维技能"(higher-order thinking skills)、"高阶技能"(higher-order skills)、"通用技能"(generic skills)、"通用能力"(general capabilities)、"可迁移技能"(transversal skills)、"深度学习"(deeper learning)、"21世纪流畅力"(21st century fluencies)、"全球能力/全球胜任力"(global competencies)、"终身学习素养"(lifelong learning competences)、"新基础性技能"(new basic skills)、"软技能"(soft skills)以及"非学术技能"(non-

① Care, E., Anderson, K., & Kim, H. Visualizing the Breadth of Skills Movement across Education Systems[R]. The Brookings Institution, 2016.

academic skills)，等等。[①]

这些指称有其共同之处，但也有不同的侧重点，主要体现为两个英文关键词"competency"和"skill"之间的区分。一般而言，"skill"和"competency"在某种程度上都是指完成某一(些)任务所需要的能力。"skill"偏重可表现、可观察的技能，因此"skill"并不能完全告诉我们"如何"(how)成功地完成一项任务或动作。相对而言，"competency"这个概念更广泛，能够涵盖把"skill"转化为工作行为时遗漏的部分。也就是说，"competency"包含着知识、技能以及态度和价值观这三个方面的含义，而不仅仅是可表现、可操作和可观察的行为。因此，那些使用"skills"来指称21世纪能力的国家，为了避免这个概念较为狭隘的含义，把"skills"理解为KSA(即knowledge, skills, attitudes and values)；而那些使用"competency"的国家，为了避免这个概念的广泛性和模糊性，越来越多地使用"skills"来指称21世纪能力明确的特殊性。

实际上，"全球技能运动"产生于并旨在回应21世纪以来日益扩展和加深的全球化和全球市场，因此，它比较忽略带有更多文化性和意识形态的知识、态度和价值观，而是强调更具表现性和结果性的"skills"。因此，布鲁金斯学会把这场全球性的教育改革运动称为"全球技能运动"，可谓抓住了这场运动的本质。

中国把这场"全球技能运动"称为"核心素养运动"，自然反映了我们重视知识、价值观的教育传统，却忽视了这场运动强调可表现、可操作和可观察的技能的本质。然而，"技能"在中文中常常与职业教育联系在一起，使用"技能"概念，反而不利于这场运动在所有教育领域展开，不如"能力"这个概念更好。因此，这里把"全球技能运动"称为"21世纪能力教育改革运动"。这样，我们可以把对这场运动的研究和考察与中国教育界长期以来关于知识与能力关系问题的讨论联系起来，并有利于这个问题在21世纪的澄清。同时，考虑到"21世纪技能运动"(21st century skills movement)主要是为了培养个体在21世纪获得成功和生命"兴盛"所需要的能力，因此"技能"这个狭隘的概念也不足以涵盖个体"成功"和"兴盛"所需要的能力。而且，如果再把"21世

① 邓莉.如何在教学上落实21世纪技能：探究性学习及其反思和启示[J].教育发展研究，2017，(8)：77.

纪能力”从中文翻译成英文，则宁可采用阿玛蒂亚·森（Amartya Sen）和玛莎·努斯鲍姆（Martha C. Nussbaum）的“能力”（capabilities）概念，把它翻译为“21st capabilities”。①

2. 21世纪能力是高阶能力

21世纪能力教育改革运动首先体现在很多国家或组织制定的21世纪能力框架之中。这些框架界定了本国或组织所认可的最为重要的21世纪能力，来引领学校变革和课程教学变革。

各国或有关国际对21世纪能力的定义及其包含的子技能有所不同，但呈现出某种共同的关怀。各国或有关国际提出的21世纪能力通常包含认知和非认知的知识、技能以及态度或价值观，其共同特征在于强调4C技能（Critical thinking and problem solving，Communication，Collaboration，Creativity，即批判性思维和问题解决、交流、合作、创造技能）、ICT技能（Information Communications Technology，即信息通信技术技能）、人际交往、适应能力等。其中亚洲国家如新加坡和日本同时把伦理道德和价值观摆在重要位置。② 这里对21世纪能力与布卢姆认知领域的教育目标分类进行比较。

20世纪50年代，美国教育心理学家布卢姆提出教育目标分类法：知识（knowledge）、领会（comprehension）、应用（application）、分析（analysis）、综合（synthesis）、评价（evaluation）。这六个阶段的认知水平由低阶走向高阶，其中，分析、综合与评价是问题解决能力的三个水平，是综合运用多种知识、技能和策略解决问题的能力，是高阶能力。2001年，安德森（Lorin Anderson）和克拉斯沃尔（David Krathwohl）修订了布卢姆的认知领域教育目标分类。修订版将“创造”置于知识复杂度的顶层，也就是说，创造和创造性思维被视为最复杂的人类认知过程。这一修订试图强调，学习结果仅仅满足于知识习得和理解层面是不够的，学习的成功必须通往高阶目标或层次，最终导向问题解决、创造力的获得。

因此，按照布卢姆的教育目标分类，读写算能力即3R（Reading，wRiting，

① 杨兴华.阿玛蒂亚·森和玛莎·努斯鲍姆关于可行能力理论的比较研究[J].学术论坛，2014，37（2）：31－34.
② 邓莉.如何在教学上落实21世纪技能：探究性学习及其反思和启示[J].教育发展研究，2017，（8）：78.

Arithmetic)能力和传统教育的学科知识属于较为低阶的知识和能力，因为它侧重记忆和回忆等认知水平层次，只需要学生付出低层次的认知努力，而分析、综合与创造等高阶能力需要付出更大的认知努力，包括复杂推理、逻辑思维、问题解决等，并能够将知识迁移到实际生活中。

如果以布卢姆教育目标分类来考察，我们可以看出，21世纪能力特别是4C技能分布在高阶区域(见图1)。

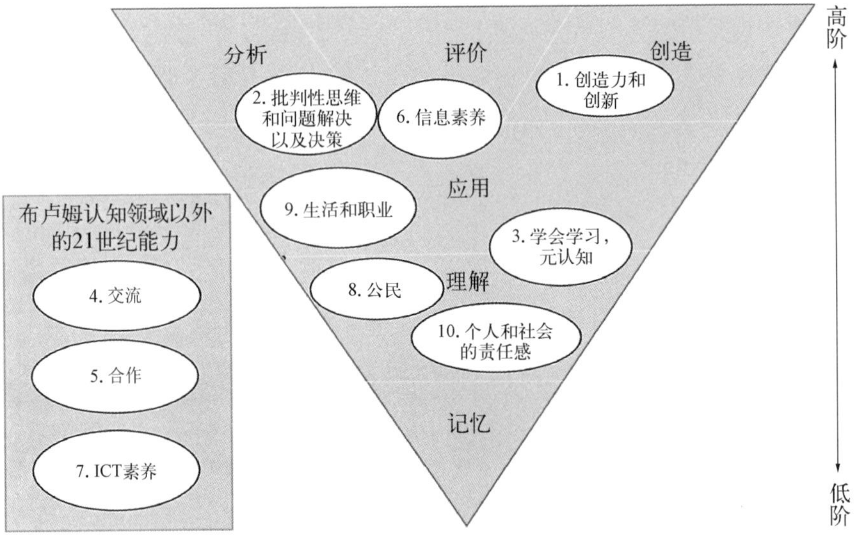

图1 21世纪能力的教育目标分类①

4C正是21世纪能力教育改革运动的核心。布鲁金斯学会的研究发现，97个国家在公开文件中提到特定的能力，如合作、问题解决、信息素养、创造力、交流等能力，并强调通过教育系统发展这些能力；55个国家在课程文件中提到这些能力；45个国家在其使命和愿景陈述中提到21世纪能力和个人品质；13个国家提到在不同学段、年级中的能力进阶(能力的不同层次水平)。② 在各国政策中最为频繁提到的21世纪能力是交流技能，其次是创造

① Suto, I. 21st Century Skills: Ancient, Ubiquitous, Enigmatic? [J]. Cambridge Assessment, 2013: 11.

② Care, E., Anderson, K., & Kim, H. Visualizing the Breadth of Skills Movement across Education Systems[R]. The Brookings Institution, 2016: 9.

力、批判性思维和问题解决技能(见图2)。①

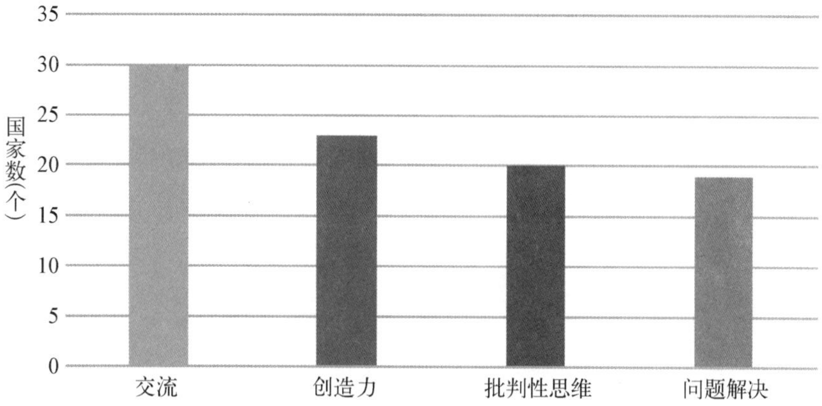

图2　各国最为频繁提到的21世纪能力

澳大利亚一项研究也显示，4C在各国21世纪能力框架处于最重要的位置(见图3)。②

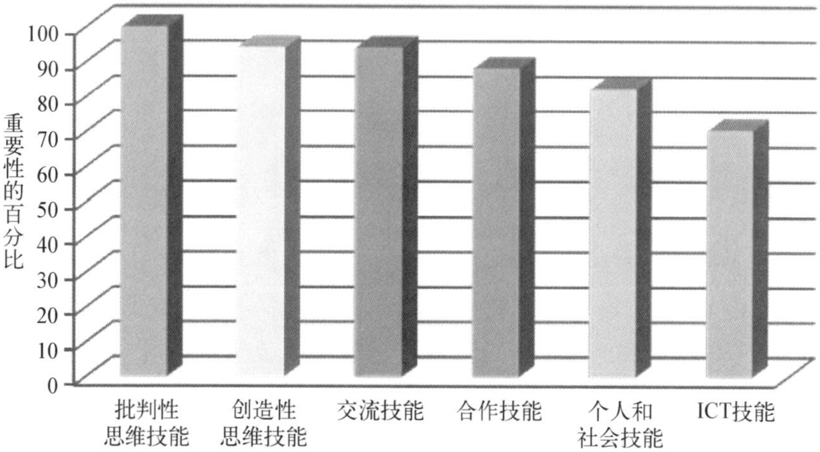

图3　21世纪能力的重要性排序

---

① Care, E., Anderson, K., & Kim, H. Visualizing the Breadth of Skills Movement across Education Systems[R]. The Brookings Institution, 2016: 9.

② Queensland Curriculum and Assessment Authority. 21st Century Skills for Senior Education: An Analysis of Educational Trends[EB/OL]. 2015－11[2017－11－20]. https://www.qcaa.qld.edu.au/downloads/publications/paper_snr_21c_skills.pdf,2015: 10.

因此，可以说，21世纪能力被世界各国视为当前和未来社会个人取得生活和职业成功、国家取得经济繁荣所需要的必备能力。与低阶能力相比，作为高阶能力的21世纪能力超越了传统的读写算能力，超越传统学科，主要包含批判性思维、问题解决、合作、交流、创造力等能力。高阶能力的本质在于如何创造性地应用知识来解决问题，它超越了学科知识的认知性掌握，是知识、技能、思维和态度的综合。正是从这个角度，21世纪能力教育改革运动也被称为从3R到4C的运动。[①]

实际上，高阶能力是一个历史的概念，受到政治、经济、文化等方面的影响。农业时代、工业时代所认为的高阶能力是读写算能力，当今时代的高阶能力在未来也会发生变化，有些会被人工智能代替，而一些新的能力会加进来。基于当前21世纪所处的全球知识社会背景，以及从全球21世纪能力教育改革运动的背景，目前社会的高阶能力主要是指21世纪能力，这样的能力是目前和未来一段时期机器所难以取代的能力，"甚至是人摆脱被人工智能取代的重要资本"。[②]

今天，世界各国所言的21世纪能力具有共同的主要特征：横向的或通用的，即不与特定的领域直接联系，但与很多领域相关；多维度的，即包含知识、技能和态度；高阶的，即与高阶技能和行为相关，是能够应对复杂问题和突发情况的能力。[③] 21世纪能力中的批判性思维和问题解决技能、合作技能、交流技能、创新和创造技能等尤其具有复杂性、高阶性、跨学科性、多维性和合作性，并且是对每个人的要求。

在21世纪，高阶能力已不能仅仅是偶然的、附带的教育和教学的点缀，而必须成为我们教育系统中普遍的刻意行为。要致力于更加公平和有效的教育，我们就必须普遍教授儿童如何去思考，如何将所学知识应用于实践，帮助所有儿童去习得可迁移的高阶能力。也就是说，在柏拉图时代，作为精英阶层

---

① 邓莉，彭正梅.美国学校如何落实21世纪技能——21世纪学习示范学校研究[J].外国教育研究，2017，44(09)：52.

② 郑太年.美国教育的基础性制度和发展战略的嬗变[J].教育发展研究，2018，11：22.

③ OECD. The Definition and Selection of Key Competencies [Executive Summary][EB/OL]. 2005－05－27[2017－09－25]. http://www.oecd.org/pisa/35070367.pdf.

的“奢侈品”的批判性思维技能等高阶能力,必须走向每个人。①

这种以培养人的高阶能力为导向的全球性的教育改革,体现了一种国际教育中的新人形象,而培养这种新人恰恰是21世纪的全球知识社会基本而迫切的要求。

二、全球知识社会需要培养个体的21世纪能力

尽管21世纪能力教育改革运动的落脚点是个体成功,但需要从个体及教育所属的社会和世界,特别是从现代化的视角来加以考察,才能看出这场运动的特殊性、必要性和迫切性。

1. 现代化的前提是人的现代化

从西方教育历史发展来看,现代教育强调的是培养理性的主体。卢梭(Jean-Jacques Rousseau)提出,教育的目的既不是培养暴君,也不是培养奴才,而是培养一个人。暴君任性,他想做什么就做什么,并且禁止别人评判和批评;奴才没有个性,以他人的意志作为自己的意志。卢梭要培养的是具有真情实感和能够理性思考的主体。康德(Immanuel Kant)把卢梭的论述进一步归纳为培养“能够不依赖他人而独立使用自己理性的个体”。因此,康德鼓舞人类:“拿出勇气来,去使用自己的理性!”②

在康德之前夸美纽斯(Johann Amos Comenius)呼吁要把“一切知识教给一切人”,因为只有拥有知识,人类才能思考。康德之后的赫尔巴特(Johann Friedrich Herbart)认为,知识即道德,没有经过理性思考、没有理性抉择的道德,不是真正的道德。

杜威(John Dewey)认为,教育不仅在于培养理性主体,更在于培养致力于社会改善的理性主体。因为只有改善了的社会,才允许人的理性使用及其进一步使用。因此,在杜威看来,现代教育的任务是培养能思考的积极的公民。

---

① 彭正梅,邓莉.迈向教育改革的核心:培养作为21世纪技能核心的批判性思维技能[J].教育发展研究,2017(24):24.

② [德]康德.康德论教育[M].李其龙,彭正梅,译.北京:人民教育出版社,2017:78.

这里以一则事例来加以说明。

> 贝尔市是美国洛杉矶近郊一个蓝领工人聚居的普通小城。2010年7月初的一天，50多岁的拾荒妇女简·艾丽丝正在漫不经心地清理从贝尔市政府回收的废纸。突然，一份贝尔市官员的工资单闯入眼帘，上面的数字让艾丽丝惊呆了：市长里佐的年薪竟然高达78.8万美元，相当于美国总统年薪的两倍。警察局长兰迪·亚当斯的年薪同样令人咋舌，达到46万美元，比洛杉矶市警察局长的年薪多出15万美元。
>
> 艾丽丝越看越感到震惊：斯帕希只是一名助理执政官，年薪竟高达37.6万美元，而市议会的4名议员并非全职工作，每人年薪也达到10万美元。在美国，一般城市里的议员每月通常只有微薄的薪水。
>
> 艾丽丝愤然走上街头，通过演讲揭露这件蹊跷事。此举引起《洛杉矶时报》关注，该报组织一个20人的采访小组进行调查，结果证明艾丽丝所言属实，并引起检察机关介入。
>
> 美国咨询公司"奥马力国际"总裁约翰·奥马力对本报记者说，美国城市一般规模不大，政府预算不多，给人留下官员没有贪腐空间的印象，但贝尔市的腐败案改变了人们的想法。尤其可怕的是，这些腐败官员是一位拾荒者在偶然间发现并揭露出来的，倘若没有艾丽丝，这些硕鼠也许至今仍逍遥法外。①

一个国家想要健康发展，就必须让每一位公民都具备判断能力、监督意识和监督能力。在杜威看来，只有这样"能思考的积极的公民"，才能帮助我们理性地建设一个不断改进的社会环境。否则，理性思考能力就是一种屠龙之技。

杜威之后，美国社会学家英格尔斯（Alex Inkeles）在20世纪60年代明确指出，现代社会建立的前提是人的现代化。人的现代化不是现代化的产物或副产品，从根本上说，恰恰是现代化的必要前提和条件。

英格尔斯在其国际调查中发现，国家落后和不发达不仅仅是一堆能勾勒

① 陈一鸣.美国拾荒大妈拉地方贪官落马[EB/OL]. 2014-06-05[2017-11-23]. http://opinion.people.com.cn/n/2014/0605/c1003-25107547.html.（内容有删减）

出社会经济图画的统计指数,也是一种国民的心理状态,一种落后的国民素养。"痛彻的教训使一些人开始体会和领悟到,那些完善的现代制度以及伴随而来的指导大纲、管理守则,本身是一些空的躯壳。如果一个国家的人民缺乏一种赋予这些制度以真实生命力的广泛现代心理基础,如果执行和运用这些现代制度的人,自己都还没有从心理、思想、态度和行为方式上经历一个向现代的转变,失败和畸形发展的悲剧是不可避免的。再完善的现代制度和管理方法,再先进的技术工艺,也会在传统人的手中变成废纸一堆。"①

那么,这些素养是什么呢?在英格尔斯看来,人的现代素养包括:准备和乐于接受新的生活经验、思想观念和行为方式;准备接受社会的改革和变化;思路开阔,头脑开放,尊重和愿意考虑各方面的不同意见和看法;注重未来与现在,守时、惜时;强烈的个人效能感,办事讲究计划和效率;充满尊重知识的气氛,热心探索未知的领域;可信赖性和信任感;重视专门技术;有意愿根据技术水平高低来领取不同报酬的心理基础;乐意让自己和后代选择离开传统所尊敬的职业;对教育内容和传统智慧敢于挑战;相互了解、尊重和自尊;了解生产及过程等。② 只有国民具有这些素养,国家才可真正成为现代化的国家,才能实现有效的管理和高速稳定的经济发展。否则,即使由于某种其他原因或机遇,经济开始起飞,获得短暂繁荣,也不会长久,难以持续。因此,人的现代化是国家现代化必不可少的因素,是现代化制度和经济赖以长期发展并取得成功的先决条件。这就是为什么德国和日本能在"二战"后迅速崛起的原因。只要人的技能还存在,被毁坏的国家就可以迅速重建。

2. 全球知识社会需要21世纪能力

一个国家国民的心理和精神如果处于传统守旧的意识之中,就会严重阻碍国家经济社会发展及其现代化。英格尔斯把这种人称为"传统人"。传统人恐惧不同观点以及社会变革,盲目服从传统和权威,没有时间感和效率观,总是以古人和传统来评断新事物,希望古代的几本经典可以解决一切现代问题,等等。传统人还不断地攻击现代化及其需要的理性主体的培养,并把国际社

① 英格尔斯.人的现代化[M].殷陆君,译.成都:四川人民出版社,1985:4.
② 同上:22-36.

会出现的对现代性的批判视为对现代性的根本否定。

自20世纪60年代开始在西方世界盛行的后现代的诸种思考，如后殖民主义、后结构主义和批判主义，并未动摇以理性主体为核心的现代社会，更没有产生一种后现代社会。“柏林墙的倒塌”反而预告了一种更具连接性的现代社会，即全球化时代的到来。

1990年，柏林墙的倒塌、东欧社会主义国家的转型以及苏联的解体，被认为是自由民主人权取得了胜利。美国学者福山（Francis Fukuyama）甚至认为，历史走向了终结。他乐观地想象道：“人类不会是盛开千姿百态美丽花朵的无数蓓蕾，而是奔驰在同一条道路上的一辆辆马车……马车构造表面上的差别并不能被视为驾驭马车的人之间永久的、必然的差异，而只不过是因为他们在路上所处的位置不同罢了……有相当多的马车驶入城镇这一情景会使任何有理性的人看到后都不得不承认只有一条路，且只有一个终点。而毋庸置疑，我们现在就处在这个目的地上。”[①] 在福山看来，这个目的地就是市场经济、民主政治和个体自由。他相信，自由民主的理念和制度已在全球范围内得到认可和扩展，并成为唯一的意识形态；市场经济力量正在推动国家壁垒的崩溃，正在创造一个唯一的、一体化的世界市场。

在福山看来，从20世纪90年代开始的全球化不是后现代社会，而是现代化在全球的扩张，一种全球性的西方化。可以看出，他的这种西方化实际上就是马克思主义所批判的资本主义的全球化，其中隐含着被后现代深刻批判的“西方中心论”：西方文明是高级文明，其他文明是低级文明；西方文明普遍有效，其他文明特殊狭隘。而实际上，在这种资本主导的全球化进程中，前共产主义东欧几十年来积累的社会财富被抢劫一空。[②] 对此，这里不作进一步探讨。福山所描述的这种作为现代化扩展的全球化，带有任何民族国家及其教育都必须加以回应的新的特性。也就是说，这里的全球化实际上是一种知识经济的全球化。

与以英格尔斯所描述的工业经济为特性的第一次现代化不同的是，20世纪90年代开启的全球化，是一种知识经济的现代化，是第二次现代化。OECD

---

① 弗朗西斯·福山.历史的终结和最后的人[M].黄胜强，许铭原，译.北京：中国社会科学出版社，2003：381－382.

② 卡奇米耶日·Z.波兹南斯基.全球化的负面影响——东欧国家的民族资本被剥夺[M].佟宪国，译.北京：经济管理出版社，2004.

认为，知识经济正在改变整个世界经济劳动力市场的技能水平的要求。在工业国家，以知识为基础的行业迅速扩张，劳动力市场需求也相应发生改变。新技术的引入，对高技能工人的需求，特别是对高技能信息通信技术工人的需求增加了。与此同时，对低技能工人的需求下降了。[①] 社会学家吉登斯（Anthony Giddens）也指出，在知识经济时代，劳动力主要不是在物质生产或原料物资分配环节，而是在设计、开发、技术、营销、销售和服务领域。这是一种在思想、信息、知识支撑下的创新和增长的经济。[②]

如果我们把迈入知识经济的社会称为知识社会，那么这个社会有哪些特征呢？我们又应当如何教育当下及未来的公民，使他们能够更好地在这个社会工作和生存呢？换句话说，知识社会时代的教育使命是什么？

根据汉斯-戴尔特·埃弗斯（Hans-Dieter Evers）的观点，知识社会具有以下几个特征：

- 与其他社会相比，知识社会的成员受教育水平一般较高，劳动力中很大一部分人群是研究人员、科学家、信息专家、知识管理专家等“知识工作者”；[③]
- 知识社会的工业产品集成了人工智能；
- 知识社会的组织机构——无论是私人、政府还是社会机构——都应转型为智能化、学习型组织；
- 系统化知识呈上升趋势，以数字化专业知识为形式存储在数据库、专业系统、组织计划和其他媒介当中；
- 专业知识和知识生产呈现多中心扁平化趋势；
- 有明显的生产和利用知识的文化。[④]

---

① OECD. The Knowledge Economy and the Changing Needs of The Labor Market [EB/OL]. 2001 [2017 - 12 - 10]. http://siteresources.worldbank.org/INTLL/Resources/Lifelong-Learning-in-the-Global-Knowledge-Economy/chapter1.pdf.

② Giddens, A. Sociology [M]. 4th Edition. Cambridge: Polity Press, 2001: 378.

③ “知识工作者”是“现代管理学之父”彼得·德鲁克（Peter Drucker）提出的术语，用来描述知识经济的参与者，与工业时期生产有形产品的产业工人相对，他们的主要资本是知识，对知识生产及其处理是他日常的工作和活动，软件工程师、建筑师、科学家、律师、教师与科研人员等是常见的知识工作者。

④ Evers, H. Transition Towards a Knowledge Society: Malaysia and Indonesia in Comparative Perspective [J]. Comparative Sociology, 2003, 12(1): 355 - 373.

对于教育而言，知识社会的这些特征意味着教育目的与以往相比发生了重大变化，知识社会对学校提出了一些新的要求。学校应当：

• 将知识作为工作和日常生活的中心；重新设计学习经验，这些学习经验应当考虑将所学的知识在将来应用于产品、市场或需要与之打交道的用户；拓展培训受益面，使所有人都能成为参与其中的研究者或行动研究者——分析情境、预估并解决问题、有创造性的思维、不断创新并在合理判断的基础上大胆尝试；这意味着我们在做任何事情时都要不断地从认知的角度加以反思。

• 让学习者成为主导适应变化的领导者，以免在面对未来社会形态时手足无措；支持/鼓励建立跨学科协作团队，在面对我们这个时代的重要挑战时采取具有前瞻性的措施——这些挑战包括可持续发展、科技变革、经济发展和各种形式的全球主义。

• 培养优秀的公民——优秀的企业公民（法人）、地方性公民、国家公民以及全球公民；在学习过程中培养学习者的21世纪能力，使他们能够独立或协作承担社会责任；培养学习者正确的伦理价值观和个人判断力。

• 创设一种富有建设性的多样性，以确保多元的个人经验和知识都能够参与经济与社会发展——这些多元的经验与知识包括不同的个人观点、沟通方式、人际网络、对问题的理解能力和应对挑战的方法等。

• 培养学习者的创新能力，支持他们建立在合理判断基础上的大胆创新，为创新精神的自由发展提供空间等。①

因此，如果说在试图实现以工业社会为特征的现代社会需要英格尔斯所列举的人的现代素养，那么在作为以全球知识社会为特征的当代社会，则需要培养21世纪能力这种新的基本的高阶能力。也就是说，正是全球知识社会，内在地促进了21世纪能力教育改革运动的产生。

显然，在这样一种知识经济的全球化中，竞争其实并没有消失，反而更加

---

① Mary, K., Bill, C., & Walter, M. New Learning: A Charter for Change in Education[EB/OL]. 2012-01-31[2017-12-30]. https://education.illinois.edu/newlearning/knowledge-society.html.

激烈，从两个主要阵营的竞争转向全球竞争。而且，在这样一种全球竞争、全球流动的背景之下，低阶的常规性技能的需求整体呈下滑趋势，而对非常规性分析和非常规性人际技能的需求却大幅上升。也就是说，作为21世纪能力的高阶能力已经成为全球性的货币，成为各国教育的核心关注。

尽管如此，不能把全球化简单地作为第一次现代化的延续和扩展，西方的理性主体的理论毕竟经过后现代以及后殖民主义等的批判，这使得对理性主体的吁求更加带有多元文化的色彩。这也说明，理性主体不能只从理性的使用维度，更要从4C的维度来加以阐释。由于全球化时代持续的社会变革及技术进步，个体需要不断地学习；由于全球化带来的普世价值和地方价值的冲突以及由此带来的日益的异质性，跨文化能力或多元文化能力已经成为个体必要的生存能力（survival skills）。全球知识社会时代需要乔布斯（Steve Jobs）那样一种"求知若渴、虚心若愚"的新的理性主体。这种理性主体就是21世纪能力所体现的新人形象。

康德指出，我们可以把人类的历史大体上视为大自然的一项隐秘计划的实现。[①] 从工业的现代社会到全球性的知识社会的进展，体现了人的理性的不断积累。在技术和人工智能的帮助之下，人类独特的理性禀赋将会得到普遍使用，而且这种使用会有利于人类命运共同体的逐渐确立和完善。

三、教育强国的新界定及中国的战略应对

随着21世纪能力成为全球知识社会的基本能力，教育强国的现代定义也出现了相应的变化。对中国来说，建设现代教育强国要更加复杂，也出现了不同于其他世界教育强国的新要求。

1. 教育强国即21世纪能力的强国

教育强国是一个不断变动的指标体系。在19世纪末，普鲁士可能被称为教育强国；在20世纪初，美国和苏联可以被称为教育强国。那么，在知识经济

① ［德］康德.历史理性批判文集［M］.何兆武，译.上海：商务印书馆，1990：1－21.

时代,在全球知识社会,教育强国的基本特征又是什么呢?

梳理现有文献发现,各类国际组织、国外学者对教育强国的内涵和建设路径的理解,基本上可以分为如下五类。

第一种理解是通过国际性大规模测量来判断一个国家是不是教育强国。如果一个国家的学生在PISA等国际测试中表现卓越,那么这个国家通常会被认为是教育强国(education superpower)。例如,由于芬兰学生在PISA测试中持续表现优异,芬兰被公认为教育强国。① 新加坡学生连续在多个科目排名中拿到第一,比如在2015年的PISA测试中,新加坡学生在数学、阅读和科学三个科目中的成绩都占据了首位,在2016年的国际数学和科学测试(TIMSS)中,新加坡学生的成绩也高居榜首,因而新加坡也被认为是教育强国。研究者将这种成功归因于新加坡1997年开始的在"思考型学校,学习型国度"的理念下开展的一系列教育改革。②

第二种理解是根据全球大学排名来判断一个国家的教育强弱。其逻辑是,全球大学排名代表了一个国家的高等教育系统,从而也代表了这个国家的整个教育系统的人才、科研成果产出的数量与质量。罗斯玛丽·迪姆(Rosemary Deem)等人指出,在各种世界性排名榜中,美国的大学都占据了绝对优势,美国理所当然地被认为具有世界上最好的教育制度。③ IIE和AIFS基金会(IIE and the AIFS Foundation)在2015年出版的论文集《亚洲:未来的高等教育强国?》中,对"亚洲国家是不是下一代高等教育强国"以及"全球大学排名差距决定了亚洲国家和高等教育强国地位之间的差距"等问题进行了探讨,指出在慷慨的财政投入和强有力的政策支持下,亚洲的一些重点大学取得了明显的进步,亚洲大学的崛起已经成为全球大学排行榜的一大主题,但问题和挑战在于,这些大学是否有能力打破西方的教育霸权,使所在国成为真正的高等教育强国。④

第三种理解是根据人口与国民收入、教育发展水平、教育投入和产出等因

① Morgan, H. Review of Research: The Education System in Finland: A Success Story Other Countries Can Emulate [J]. Childhood Education ,2014, 90 (6): 453 - 457.

② Maxwell, D. Singapore, the 21st Century Education Superpower[EB/OL]. 2017 - 01 - 09[2018 - 02 - 10]. https://www.studyinternational.com/news/singapore-the - 21st-century-education-superpower/.

③ Deem, R. , Mok, K. H., & Lucas, L. Transforming Higher Education in Whose Image? Exploring the Concept of the "World-Class" University in Europe and Asia[J]. Higher Education Policy, 2008, 21: 83 - 97.

④ Bhandari, R., & Lef, A. Asia: The Next Higher Education Superpower? [M]. IIE and the AIFS Foundation, 2015.

素，将世界各国分成教育发达国家、教育较发达国家、教育中等发达国家和教育欠发达国家。按照世界经济论坛发布的《全球竞争力报告 2017—2018》，从宏观经济环境、基础设施建设、健康与初等教育状况、劳动力市场效率以及创新能力等要素来看，芬兰、瑞士、比利时、新加坡、日本、新西兰、爱沙尼亚、爱尔兰、荷兰等国拥有世界上最好的教育制度，是教育强国。① OECD 每年发布的《教育概览》涵盖了 36 个成员国和大量伙伴国家的教育数据，包括教育投资、高等教育毕业率、就业率、高等教育收益、国民受教育程度、班级规模等指标来对各国进行排名，在教育效能、质量与公平方面表现优异的国家被视为教育发达国家。②

第四种理解是以教育国际化尤其是国际学生的数量来判断一个国家是不是教育强国。《亚洲：未来的高等教育强国?》指出，教育国际化是代表全球教育竞争力和高等教育强国的重要指标。③ 杰米·史密斯(Jamie Smyth)在《金融时报》上的一篇文章称，澳大利亚将成为继美国和英国之后的又一个全球教育强国，这是因为，在 2015 年澳大利亚接纳超过 65 万留学生，教育成为澳大利亚第三大出口产业。④

第五种理解认为，教育强国应该支持其他国家的教育发展，为其他国家提供教育援助。例如，凯特·安德森(Kate Anderson)认为，要成为教育强国，不能只关注本国教育，还应该支持全球教育的改善，为其他国家提供教育援助。她指出，加拿大 2017 年 6 月发起的女性主义国际援助政策，为加拿大成为女性教育全球领导者提供了平台，为成为教育强国迈出了重要一步。⑤ 苏珊·L. 罗伯逊(Susan L. Robertson)认为，世界一流教育应当是世界主义的，对学习持开放态度，关注全球普遍性的问题、思想和关切。⑥

---

① Schwab, K., & Sala-i-Martín, X. The Global Competitiveness Report 2017 - 2018[R]. World Economic Forum, 2017.

② OECD. Education at a Glance 2017: OECD Indicators[R]. Paris: OECD Pulishing, 2017.

③ Bhandari, R., & Lef, A. Asia: The Next Higher Education Superpower? [M]. IIE and the AIFS Foundation, 2015.

④ Smyth, J. Australia Seeks to Become Global Education Superpower[EB/OL]. 2016 - 02 - 10[2018 - 01 - 22]. https://www.ft.com/content/e9fd9d6a-cf9f-11e5-986a-62c79fcbcead.

⑤ Anderson, K. Being an Educational Superpower is about more than International Rankings. 2017 - 08 - 28[2018 - 01 - 28]. https://www.brookings.edu/blog/education-plus-development/2017/08/28/watch-being-an-education-superpower-is-about-more-than-international-rankings/.

⑥ Robertson, S. L. World-class Higher Education (for whom?)[J]. Prospects, 2012, 42(3): 237 - 345.

可见，国际上对教育强国的理解存在分歧，对教育强国内涵的关注点存在差异。因此，给一个国家贴上教育强国的标签应当谨慎。例如，如果一个国家的大学在国际排名前100位的数量较多，就被认为是高等教育强国，那么美国显然是典型的高等教育强国，但荣格·凯奥尔·信（Jung Cheol Shin）和芭芭拉·M. 柯玛（Barbara M. Kehm）认为，目前全球的高校排名带有浓厚的新自由主义价值取向，大学排名背后的竞争更加关注经济效益而非教育质量，更加关注科研而非一般意义上的教育。① 斯隆·布瑟莱尔（Sloan Bousselaire）认为，中国的台湾、香港、澳门、上海等地区因为PISA测试成绩突出，因而中国也可被视为教育强国。② 但亨利·M.莱文（Henry M. Levin）认为，测试结果与高质量人才供应以及富有竞争力的经济之间的联系并非人们想象得那么紧密。片面地考虑测试结果，忽略了批判性思维、人际沟通、自我反思等高阶能力，会严重影响一个社会的创新能力，从而阻碍经济发展而非促进经济发展。③ 对教育强国的理解，更严重的分歧还在于基础教育强国和高等教育强国的一致性问题。例如，美国的基础教育虽然在PISA测试中表现平庸，但美国拥有世界公认的一流高等教育，是典型的高等教育强国。这就出现一个悖论：美国是基础教育弱国，同时是高等教育强国。

美国教育家戴安娜·拉维奇（Diane Ravitch）认为，美国基础教育并不像国际测试显示的那样弱；④ 华裔教育家赵勇认为，美国基础教育与世界不同，美国是在教授如何思考等高阶能力，而不是只教授知识等低阶能力。⑤ 因此，美国的基础教育同美国的高等教育有着深层的一致性，也就是关注批判性思维和问题解决以及创新等高阶能力。

凯特·安德森认为，成为教育强国远远不止于在国际测试中表现优异。PISA只是测量阅读、数学和科学这样的传统学科，仅仅掌握这些学科在21世

① Shin, J. C. & B. M. Kehm. Institutionalization of World-Class University in Global Competition [M]. New York, Springer, 2014.

② Bousselaire, S. Education Superpower and What We Can Learn form Them[EB/OL]. 2017-11-02[2018-01-22]. https://borgenproject.org/education-superpowers/.

③ Levin, H. M. (2012). More Than Just Test Scores[J]. Prospects, 42 (3): 269-284.

④ Ravitch, D. Reign of Error: The Hoax of the Privatization Movement and the Danger to America's Public Schools [M]. Vintage, 2013.

⑤ Zhao, Y. Who's Afraid of the Big Bad Dragon? Why China Has the Best (and Worst) Education System in the World [M]. Jossey Bass, 2014.

纪并不能获得成功。要成为教育强国，必须教授学生掌握广泛的技能，并为此作出有效的制度和实践安排。①

尽管BBC报道，根据PISA测试成绩将加拿大视为教育强国，但凯特·安德森指出，仅仅凭借PISA测试结果这一个指标，还不足以将加拿大归为教育强国。她认为，教育强国的学习者除了在认知技能方面表现突出外，还应当具备批判性思维和问题解决技能、合作技能、交流技能、创新能力、全球素养、职业与科学技术技能等一系列广泛的技能。②因此，从培养高阶能力这个角度来看，在基础教育和高等教育这两个方面，美国都是一个典型的教育强国。

因此，可以认为，在当今全球知识社会时代，所谓教育强国，就是那些以面向所有学生培养21世纪高阶能力为目标，并为之作出有效的制度和实践安排的国家。

2. 中国的战略应对

1840年，中国在鸦片战争中败于西洋列强；1894年，中国在甲午战争中败于东洋日本，泱泱大国深刻认识到它正经历“两千年未有之变局”，必须向西方学习，走现代化道路。自此以后，走现代化道路，建立强大的现代国家，一直是中华民族的根本使命，是自1840年以来不同时代旋律的通奏低音。这个通奏低音决定了中国教育的基本维度：教育要面向现代化，要面向世界，中国要成为现代教育强国。

经过一百多年史诗般的努力，中国与世界的关系表现出从消极被动到积极主动的转变，从“面向世界”到“进入世界”。今天，我们的教育现代化大业越来越不可避免地与全球教育改革趋势联系起来，难以分开；中华民族的伟大复兴、国家利益以及个体发展，都与全球总体趋势息息相关。中国教育需要进一步提高国际化水平，进一步做强自己，培养学生的全球竞争力，以实现中华民族的伟大复兴。一句话，中国教育强国的建立，必须是面向所有学生培养21

①② Anderson, K. Being an Educational Superpower is about more than International Rankings. 2017-08-28[2018-01-28]. https://www.brookings.edu/blog/education-plus-development/2017/08/28/watch-being-an-education-superpower-is-about-more-than-international-rankings/.

世纪能力，并为此作出有效的制度和实践安排。

这就要求我们培养21世纪能力，建设现代教育强国。改用一下韩非子的话：古代角力于道德；近代角力于功利；当今之世，角力于21世纪的高阶能力。但是，我国到目前为止的教育变革中，还没有充分认识到，更没有回应21世纪以来国际教育变革的新趋势以及教育强国的新界定。

随着中国国际影响力的提升，国外一些机构和学者将研究目光转向中国，思考中国建设教育强国的问题。菲利普·G. 阿特巴赫（Philip G. Altbach）曾指出，中国在借鉴国外高等教育强国建设经验的同时，“最为重要的是应尊重自己的高等教育文化和环境，不能简单地照搬欧美的做法”。[①] 2010年美国广播公司曾在一档名为《中国教育能跟上超级大国的发展步伐吗?》的节目中分析了中国教育与国家发展的各种不协调现象，尤其在激烈的教育竞争背景下，中国的教育质量、公平及创新人才培养的困境。[②] 之后，有学者撰文《大学有助于中国提升技能竞争力吗?》，揭示中国当前高技能劳动力供需脱节的严峻现实。[③] 黄福涛（Futao Huang）在习近平总书记提出建设教育强国的背景下，回顾了中国改革开放之后的教育发展历程，指出中国目前的教育状态离教育强国还有差距，中国要建设教育强国，必须重塑其教育哲学，尤其需要强调创新人才的培养。[④]

创新人才的培养已经成为教育服务于党和国家战略大局的根本着力点。2016年国家发布了《关于做好新时期教育对外开放的若干意见》，提出要通过加大留学工作行动计划实施力度，加快培养拔尖创新人才、非通用语种人才、国际组织人才、国别和区域研究人才、来华杰出人才等五类人才。[⑤] 习近平总书记在中共中央政治局第三十五次集体学习时的重要讲话中指出，着力增强

---

① 陈廷柱，姜川.阿特巴赫教授谈中国建设高等教育强国[J].大学教育科学，2009，(2).

② Hopper, J. Is China Education System Keeping up with Grow Superpower? [EB/OL]. 2010-11-16[2017-12-24]. http://abcnews.go.com/WN/China/chinas-education-system-helping-hurting-superpowers-growing-economy/story? id=12152255.

③ Hristov, D., & Minocha, S. Are Universities Helping China Compete on Skills? [EB/OL]. 2017-08-01[2017-12-25]. http://www.universityworldnews.com/article.php? story=20170801064540606%20.

④ Huang, F. Building the World-class Research Universities: A Case Study of China[J]. Higher Education, 2015, 70(2): 203-215.

⑤ 新华社.中共中央办公厅、国务院办公厅印发《关于做好新时期教育对外开放的若干意见》[EB/OL]. 2016-04-29[2017-11-20]. http://www.gov.cn/xinwen/2016-04/29/content_5069311.htm.

规则制定能力、议程设置能力、舆论宣传能力、统筹协调能力，加强全球治理人才队伍建设，厚植人才优势，筑牢本领根基，才能勇做全球治理变革的弄潮儿和引领者。①

套用阿玛蒂亚·森的话，中国过去采取的战略是“通过发展而自由”，现在则需要转向“通过自由而发展”。世界银行与国务院发展研究中心在《2030年的中国：建设现代、和谐、有创造力的社会》中指出，中国过去的战略是成功的，但如果我们不进行战略调整，我们就会落入“中等收入陷阱”。“转变发展方式非常急迫，因为随着一个经济体接近技术前沿，直接获取和应用国外技术的潜力逐步耗尽……尽早启动这样的转变有助于从进口新技术向发明和创造新技术的平稳过渡。”② 也就是说，随着中国社会富裕程度增加，并登上价值链更高阶层，对劳动力的技能水平的要求也将发生变化。

但是，世界银行的这份报告没有认识到中国发展阶段或现代化水平的复杂性。我们的国情一方面表现出已经处于知识社会的全球化时代所必须拥有的共同特点，同时，我们还处于实现工业现代化的第一次现代化的阶段（见图4）。因

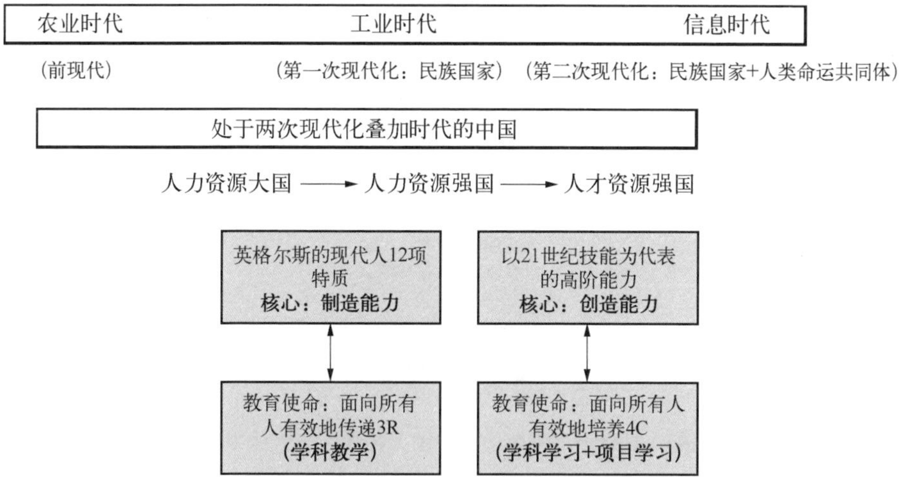

图4　中国两次现代化及其教育使命

---

① 新华社.让中国力量推动全球治理体系变革——学习习近平总书记在中央政治局第三十五次集体学习时的重要讲话[EB/OL]. 2016-09-28[2017-12-26]. http://www.xinhuanet.com/politics/2016-09/28/c_1119642701.htm.

② 世界银行和国务院发展研究联合课题组.2030年的中国：建设现代、和谐、有创造力的社会[M].北京：中国财政经济出版社，2013：19.

此，中国不仅需要21世纪能力，同时也需要发展制造业、推进工业现代化所需要的STEM（Science，Technology，Engineering，Mathematics，简称STEM，即科学、技术、工程、数学）及外语能力。

因此，我们的21世纪能力框架应该与美国的21世纪技能框架有所不同，既要顺应全球共同趋势，又要兼顾我国的具体国情，以培养具有全球竞争力的中国人。所谓具有全球竞争力的中国人，就其素养和劳动技能而言，第一，是中国人，有中国文化认同和国家认同；第二，拥有应对全球挑战的21世纪能力。这两点也与知识经济时代的国际教育趋势相一致。具体而言，具有全球竞争力的中国人的能力包括四个维度（见图5）。①

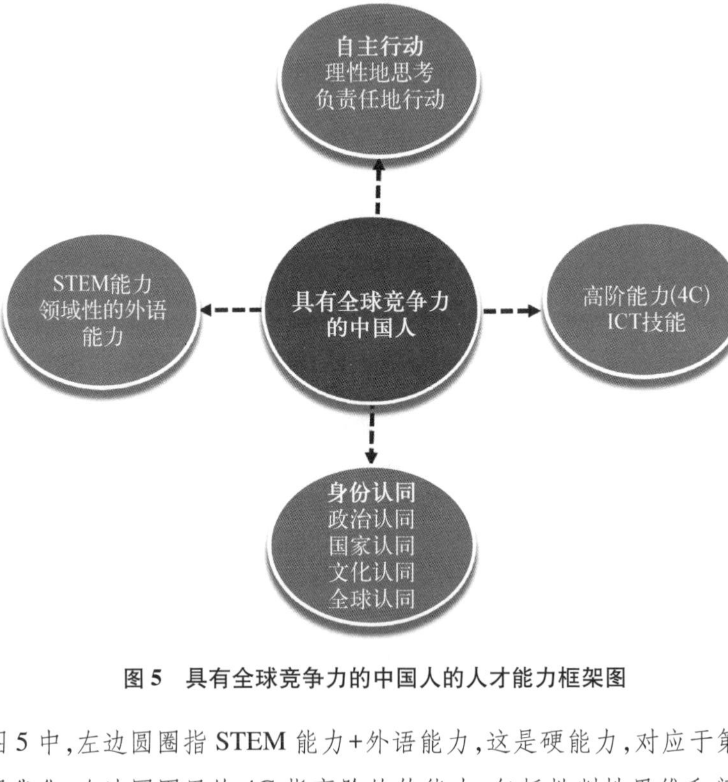

图5　具有全球竞争力的中国人的人才能力框架图

图5中，左边圆圈指STEM能力+外语能力，这是硬能力，对应于第一次的工业现代化；右边圆圈里的4C指高阶的软能力，包括批判性思维和问题解决

① 彭正梅，郑太年，邓志伟.培养具有全球竞争力的中国人：基础教育人才培养模式的国际比较［J］.全球教育展望，2016(8)：75.

能力、交流能力、合作能力、创造力和创新能力，对应于第二次知识社会的现代化；上面圆圈是自主行动；下面圆圈是身份认同，包括政治认同、国家认同、文化认同和全球认同，以培养一种反思性地忠诚于自己，并反思性地对待其他文化的世界主义精神。这个模式体现了21世纪中国人的人才形象：既有身份认同之根又有跨文化能力；既具有STEM+外语的硬能力，又具有4C的软能力，确保个体能够自我规划和负责任地行动，展现全球竞争力。[①] 这个“中”字框架，“身份认同”主要涉及中国文化传统；“自主行动”主要体现了五四新文化运动的精神；左右两边则指向全球共通趋势。这是一个联通古代、近代和当代的21世纪能力框架。

当世界发生变化时，我们就要进行发展战略调整；当我们进行发展战略调整时，就必然要进行人才战略调整。培养具有全球竞争力的中国人，关乎中国的战略布局，顺乎世界潮流，必然应该成为新时期教育国际化的战略选择和基本目标。

教育是一项需要深谋远虑的事业，需要我们增强忧患意识。我们要牢记，中国虽然已是世界第二大经济体，但我们的国内生产总值(GDP)主要靠劳动密集型产业来拉动，而且，我们的教育体制还不擅长培养知识经济和全球竞争所需要的高阶能力。但知识经济的全球化为我国经济竞争和教育改革传递了一个明确的信息，即要在这个持续变化的环境中有效地竞争，我们必须不断地升级自己的能力。如果我们不及早地谋划，看不到我们曾经的优势在新的国际形势和国际教育的发展趋势中正在丧失，那么“中等收入陷阱”就会在不远的未来等着我们。而且，相对于拉美国家，我们的情况会更加糟糕，因为相对而言，我们面对的国际环境更加严峻。

但是，如果有了明确的21世纪能力教育战略，再加上我们所积累的经济实力和发展能力，加上中国儒家传统固有的学习精神，我们就能实现中华民族复兴的伟大梦想，从而造福整个人类社会。

21世纪能力教育改革要求一种旨在发展和保障人的自由和尊严的新的教育哲学和社会哲学。就教育哲学而言，21世纪能力教育哲学要求把人的

---

① 彭正梅，郑太年，邓志伟.培养具有全球竞争力的中国人：基础教育人才培养模式的国际比较[J].全球教育展望，2016(8)：75.

高阶能力置于学校教育以及人才培养的核心。这必然遭受来自传统中的“教育即道德”“教育即知识”以及“教学即直接教学”的质疑和阻碍，因此需要在教育方面作出有效的制度及实践安排。例如：(1) 教育面向真实世界，有规划地联系和研究真实世界的问题；(2) 关注和培养21世纪能力，鼓励合作探究、跨学科探究；(3) 任何教学和学习主题，即使是直接教学，都要体现4C维度；(4) 改革评价方式，限制评价频度；不断地评价学生，会伤害学生自主发展和空间，导致“为考而教，为考而学”；(5) 把STEM教育与4C联系起来，建立区域性的STEM学习中心；(6) 鼓励学生掌控自己的学习过程，教师要鼓励学生自己决定至少参与决定学习什么、如何学习、学习速度、任务完成节点以及如何评价自己的学习，给予学生更多的自主学习和发展空间；(7) 鼓励技术支持的教学和学习；(8) 实质性提升教育国际化水平，增加教育的国际维度；(9) 加强用英语教学的比例，大幅提升优秀学生的外语水平。

21世纪能力不是学生需要发展的素养，而是成人在21世纪全球知识社会获得成功，过上美好生活所需要的能力装备，因此，不能只在教育中得到培养、保持和发展，它需要体现在整个社会中。培养21世纪能力也是服务于党和国家的战略大局，它需要在社会实践中加以运用和发展。这里的重点在于，我们的社会和制度安排要鼓励批判精神、合作、交流和创新，而不是压制和扼杀。我们的国家治理和社会治理要努力打造有法律保障和约束的生动活泼的百家争鸣的社会局面，敢于面对和包容具有批判精神和创新精神的个体，给予个体自我决定的空间。例如，(1) 信任和保障社会创新和市场创新，信任和保障人的自主性和创新能力，为此作出制度安排；(2) 给予民间学习、批判和创新空间，鼓励社会及企业参与教育和学习革新；(3) 鼓励民众参与社会问题的讨论、辩论和发表，培育和保障更多的公共舆论空间；(4) 促进成人自主行动，自我负责，宽容对待多元的观点和生活方式；(5) 促进国民的全球参与、交流与合作；(6) 鼓励发展1—2个英语城市，试验国际化大都市发展新思路。

康德指出，人的禀赋，特别是人独特的高阶智力的运用，必然会得到实现，这是大自然的隐秘计划。21世纪能力会帮助唤醒和提升人的本真性的高贵和尊严，提升社会的人道水平和全球竞争力。但大自然使人类的全部禀赋得以发展所采用的手段就是人类在社会中的对抗性。[①] 这种“非社会性的对抗”，实际上也就是马克思主义所说的“矛盾”，它才是事物发展的根本动力，同时也是个体高阶能力得以磨炼和发展的关键。没有矛盾的和谐，并不利于社会及个体的智力发展。

基于这种认识，怀着比较教育“借他人酒杯，浇自己块垒”的基本使命，本丛书力图在全球知识经济时代“21 世纪能力改革运动”的国际视野下，尝试探讨中国新时代教育高质量发展的基本路径与对策，以帮助实现中华民族的伟大复兴，建设人类命运共同体。

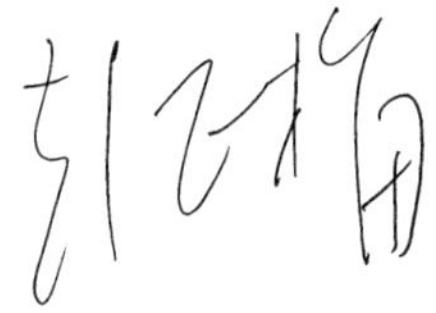

于华东师范大学丽娃河畔
2019 年 6 月 12 日

① ［德］康德.康德论教育［M］.李其龙，彭正梅，译.北京：人民教育出版社，2017：61－77.

前言

提升21世纪教师的质量已经成为国际组织与各国政府的共识。在构思提高21世纪教师质量的路径时,首先需要澄清的是,21世纪是一个怎样的时代?它对国家教育形成了何种冲击?对教师提出了什么要求?对这一系列问题的回答,必然是仁者见仁,智者见智,皆因各国的文化、政治和经济条件不同,故各国的教师质量提升必须考虑本土内涵。

但可以确定的是,21世纪的教师必然不同于20世纪的教师。恰如英克尔斯(Inkeles)和史密斯(Smith)在《从传统人到现代人——六个发展中国家中的个人变化》一书的开篇所言:“如果一个国家的人民继续生活在较早的时代,这个国家要迈进20世纪是不可能的。一个现代国家需要参与的公民,需要对公共事务有积极兴趣并且作为社区成员行使自己的权利、尽自己的义务的男男女女……”用20世纪的师资来培养21世纪的学习者也是不可能的。从国际组织的定位而言,21世纪是知识社会,这样的社会环境对人才培养提出了新的要求。对照英克尔斯和史密斯所说的“乐于接受新经验、准备接受社会变革、意见多样性”等12项现代人的特征,21世纪更强调合作、交流、创新、信息通信技术、批判性思维等能力。然而各国是否为21世纪学习者的培养准备好了相应的师资?这就涉及各国的基本背景。

进入21世纪,虽然信息通信技术给现代社会带来诸多新的特征,但是凝结了经济、文化、技术变迁的城镇化历程塑造了各地教育系统变革、教育质量提升的基本形态。换言之,在城镇化进程中,不同区域的资源配置、人口流动对教育质量的形塑产生了重要的影响。当北美、欧洲国家将批判性思维、问题解决能力、创新能力等作为重要的育人目标时,南非一些国家还在促进未来国民的“读、写、算”能力的普及。育人目标的差异折射了不同区域的经济、文化及教育的发展水平。21世纪是一个聚合了工业化、信息化、智能化的时代,其不同程度的组合分别体现在各国的城镇化进程中。而这一基本背景为理解各国的教育政策、教师质量提升战略提供了注脚。

基于此，本书开篇详细描述了城镇化内涵、教育质量概念、教育质量保障实践的历史变迁，进而得出在变动不居的时代背景下，需以发展的视角来理解教育质量及其表征。同时，本书第一章通过梳理城镇化的若干理论和现象，确定了本研究的“空间生产”视角，并择定具体的区域作为理解城镇化背景下空间生产及其教育质量提升的研究载体。

为了进一步凸显21世纪的社会多样性，本书第二章选取了英国、美国、巴西、韩国作为国际比较研究的国家，阐释了逆城市化、郊区化、过度城市化、行政推动工业化背景下的教育质量提升措施，由此提炼出教师是各国教育质量提升的核心要素，并归纳了不同城镇化背景下区域、学校、教师三级质量保障措施的异同，发现21世纪能力的实施在各国有着不同的现实基础。若城市的重要特点如格莱泽(Glaeser)所言，是“商业、技术和企业创新”，那么英国、美国、韩国在培养学生的信息技术、创造力、企业家精神方面已经具备现实土壤，而巴西则有更长的路要走。

相应地，在中国行政主导的城镇化进程中，区域多样性得以进一步体现。第三章重点分析了人口迁移、群体融合、产业结构调整等对教育质量的不同维度提出的挑战，并提出，农村师资队伍的稳定与发展，教师专业性的整体提升，是21世纪中国教育迫切要解决的重要问题。

基于第二章的国别比较与趋势分析，以及第三章的中国本土问题诊断，第四章、第五章和第六章分别选取典型地区，从区(县)、学校、课堂三个层面揭示促进有效教学的支持性条件和策略。其中第四章将教研员作为教师发展的重要他人，并结合问责背景、学科特征、区域情况，提炼区域促进教师专业发展的行动指标。第五章将校长作为教师发展的重要他人，并结合学校氛围、学校变革的空间脉络，提炼学校层面促进教师专业发展的行动指标。第六章聚焦教师的课堂教学实践，以创生型教师为典范，剖析其行为特征，提炼中国教师有效教学行为指标。上述三个层面的调查均借助国外的相关理论框架或调研工具，并结合本土调查结果调适其内涵与指标。

第七章是结语，对整个研究结果进行了概括性阐述，得出三个层级的13个维度46个行动指标的教师发展标准。结合空间生产理论，指出21世纪共融、多样的城乡生活孕育在教育的改变中，而教育的改变有赖于教师的发展。

沈　伟

21st

Contents

目录

21st

Education Reform for
the 21st Century Skills:
China and World

第一章

21 世纪教育发展的时代背景与重要议题

提升教育质量是各国教育政策的主要议题之一。伴随国际测试的开展，全球竞争愈演愈烈，各国教育质量的内涵、标准比较随之兴盛。如经济合作与发展组织（Organization for Economic Co-operation and Development，简称OECD）从“教育机构的产出及学习对社会经济结果的影响，教育中的财政和人力资源投入，教育的进入、参与、进程，学习环境和学校组织”四个方面衡量OECD成员国和合作伙伴的教育系统。[1] 然而教育质量有其情境性，不同区域背景下，教育的生态环境不同，用一把标尺来衡量、判断教育质量之优劣，无法起到改进、提升教育质量的作用。

随着21世纪的到来，我们对教育质量的理解更为多元。在国际组织的影响下，各国围绕教育质量提升形成了诸多政策议题。其中较为突出的话语是21世纪能力，这与社会剧烈的变革密切相关。正如联合国教科文组织（United Nations Educational Scientific and Cultural Organization，简称UNESCO）所言，现代社会越来越以信息和知识为本。这样的社会环境对人才培养提出了新的要求。然而，不同组织或机构对21世纪能力的范畴和关注点各有侧重。沃格特（Voogt）和罗布林（Roblin）基于对32份文本的分析发现，OECD的“素养的界定与遴选：理论和概念基础”（Definition and Selection of Competencies：Theoretical and Conceptual Foundation，简称DeSeCo）项目、欧盟的“终身学习关键能力：欧洲参考框架”以及美国“21世纪能力合作组织”（Partnership For 21st Century Skills，简称P21）的“21世纪学习的框架”提供了更为普遍的概念框架，并为其他组织的框架建构奠定了基础；国际教育技术协会、美国北方中央教育实验室与Metiri集团以及联合国教科文组织开发的能力框架主要聚焦与数字素养、课程中的技术融合有关的主题；而美国“21世纪能力的评价和教学”“国家教育进展评估”框架更关注能力的评估。总体而

① 经济合作与发展组织.教育概览2011：OECD标准[M].中央教育科学研究所，译.北京：教育科学出版社，2012.

言，在 21 世纪能力的清单上，合作、交流、信息通信技术、社会或文化能力是各类组织共同关注的焦点。[①]

21 世纪能力的内涵开发与实施探索同步进行。为培养学生的 21 世纪能力，学区、学校、教师等在不同程度上被寄予期望。尤其是作为课程的实施者，教师面临更多的冲击。如联合国教科文组织在关于教师的“信息通信技术”的能力框架中区分了三种不同的教学方式。其中，“技术素养”意味着教师为了使学生的学习更有效，促使学生利用信息通信工具；“知识深化”意味着教师促进学生深入了解学科知识，并用来解决真实世界中的问题；“知识创新”意味着教师促进学生——未来的公民和劳动力——创造和谐、繁荣社会所需的新知识。基于上述三个逐层递进的维度，能力框架在“理解教育中的信息通信工具”“课程与评价”“教育教学”“信息通信工具”“组织和管理”“教师专业学习”六个方面对教师提出了要求（见表 1－1）。[②]

表 1－1　联合国教科文组织关于教师信息通信技术的能力框架

	技术素养	知识深化	知识创新
理解教育中的信息通信工具	政策认知	政策理解	政策创新
课程与评价	基础知识	知识应用	知识社会的能力
教育教学	整合技术	解决复杂问题	自我管理
信息通信工具	基本工具	复杂工具	普适工具
组织和管理	标准课堂	协作小组	学习型组织
教师专业学习	数字素养	管理与指导	教师作为学习榜样

面对内涵纷杂的 21 世纪能力及其对教育教学的挑战，一些学者站在反思的立场看待这些“新词汇”，对 21 世纪能力产生的理据和适切性进行追问。例如，21 世纪能力较之 20 世纪教育中强调的能力有何不同？其提出的问题解决能力与杜威（John Dewey）时代强调的问题解决能力有何不同？[③] 然而，更为迫

① Voogt, J. & Roblin, N. P. A comparative analysis of international frameworks for 21st century competence: Implication for national curriculum policies[J]. Journal of Curriculum Studies, 2012, 44(3): 299－321.

② UNESCO. UNESCO ICT competency framework for teachers[M]. Paris: UNESCO, 2011.

③ Dede, C. Comparing frameworks for 21st century skills. In J. Barell & R. Brandt (Eds.), 21st century skills: Rethinking how students learn[M]. Bloomington: Solution Tree Press, 2010.

切的问题是，21世纪能力的提出到底是教育内容的革新，还是教育大系统的革新？上述问题实际上是相互联系的。正如罗瑟勒姆（Rotherham）和威林厄姆（Willingham）所指出的，如果这些能力是新的，那么课程内容的变革迫在眉睫。如果是指学校如何向所有学生更好地传授批判性思维、合作、问题解决能力，则变成另一个议题，尽管这个议题也充满挑战，但显然是对以往教育问题的修补。[①]

站在教育系统变革与内部多样性的立场上不难发现，21世纪能力的实施任重道远。首先，虽然21世纪能力的提出有其时代背景和现实迫切性，为现代公民能力提供了新的视角，但是21世纪能力也包含过往教育中强调的"合作""沟通"等能力，故21世纪能力的实施需要着重考虑的是如何让这些能力为大多数学生掌握，而不是对优秀学校的特别要求。其次，21世纪能力的培养受环境的制约。以联合国教科文组织提供的"教师信息通信工具的能力框架"为例，美国城市公立学校和郊区私立学校的教师，中国东部经济发达地区和西部偏远地区的教师，在课程资源、组织氛围、学习机会等方面必然面对不同的生态环境，教师形成的认知、策略也不尽相同，学生的21世纪能力的发展程度也有所不同。以21世纪能力为出发点，探索新世纪的人才培养，需要回到课程实施的载体和教育质量保障机制，并关注教育系统变革的内部多样性。

结合时代背景，论及教育系统的多样性，"城镇化"是不可忽视的关键词。2012年中央经济工作会议指出，"城镇化是我国现代化建设的历史任务，也是扩大内需的最大潜力所在，要围绕提高城镇化质量，因势利导、趋利避害，积极引导城镇化健康发展"。如何解读中国的城镇化现象及其对教育质量的影响，成为重要的学术议题。欧美若干国家出现的"城市教育"研究尚未在中国兴起，与此相对的是，对农村教育的关注热度持续不减。此外，"城乡教育一体化"的专题已有丰富的研究基础。这一区别实则反映了中国的城镇化有其特殊的实践脉络。当西方发达国家历经工业化，并承受工业化迅速发展带来的"城市病"之后，中产阶级退回郊区的举动，导致英美国家一些老工业城市的市

---

① Rotherham, A. & Willingham, D. 21st century skills: The challenges ahead[J]. Educational Leadership, 2009, 67(1): 16－21.

中心成为教育的“低谷”,英美学者从教育公平角度出发,对处于劣势的城市学校投以关注,出现了“城市教育”的研究热点。而中国城市正经历工业化与信息化的双重演变,且处于城市发展的初期,带有较强的行政统筹性,集结了若干优势资源,人口向城市流动的意愿依旧强大。简言之,中国的城乡发展大致经历如下演变过程:乡育城市——城乡分离——城乡对立——城乡融合——城乡一体。[①] 在这个过程中,城乡教育资源的配置并不完全遵循市场原则,并直接影响了 21 世纪人才的培养。

进入 21 世纪以来,信息通信技术为现代社会带来了诸多新的特征,然而,凝结了经济、文化、技术变迁的城镇化历程对教育系统变革、教育质量提升提出了更为深刻的要求。城镇化进程中,不同区域的资源配置、人口流动对教育质量的形塑产生了重要的影响。正如陆铭所言:“中国作为一个大国是否采取了适当的制度和政策来促进生产要素的跨地区配置,是否公共利益得到了最大程序的实现”,[②]是需要严肃面对的一个问题。教育同样如此,我国不同区域的教育质量“内涵”是否得到揭示,直接影响我们对区域教育差异的判断,也影响教育公平的政策倾向。

第一节　城镇化的时空维度与本土意涵

英克尔斯和史密斯在《从传统人到现代人——六个发展中国家中的个人变化》一书的开篇指出:“如果一个国家的人民继续生活在较早的时代,这个国家要迈进 20 世纪是不可能的。一个现代国家需要参与的公民,需要对公共事务有积极兴趣并且作为社区成员行使自己的权利、尽自己的义务的男男女女……”[③]鉴于此,英克尔斯和史密斯通过严密的研究设计,开发了现代性量表,揭示了从农业社会到工业社会过程中与“工厂”主题相关的现代人的 12 项特征,如乐于接受新经验,准备接受社会变革,意见多样性等。之所以选择“工

① 周加来.城市化·城镇化·农村城市化·城乡一体化——城市化概念辨析[J].中国农村经济,2001(5):40-44.
② 陆铭.空间的力量:地理、政治与城市发展[M].上海:格致出版社,2013:2.
③ 英克尔斯,史密斯.从传统人到现代人——六个发展中国家的个人变化[M].顾昕,译.北京:中国人民大学出版社,1992:3-4.

厂经历”作为人的现代性特征的主要参考维度，很大一部分原因在于“工业化是现代化过程中非常重要的一环”“工业化又依赖于工厂”①，再者，“工厂”没有国籍，故有利于通过比较研究提炼出去宗教、去政治的一般现代性特征。而今，在探讨21世纪的教育及其发展时，可遵循同样的思路。也就是，21世纪教育目标的实现需要具有21世纪能力的教师。21世纪能力的出现必然有别于20世纪的教育图景，探讨其能力的形成，必须将其嵌入教育变革的宏观背景中：工业化的进一步发展，以及工业化在不同国家的发展程度。若结合当下的政策用语与现实脉络，则表现为城镇化。

自20世纪上半叶始，欧美各国经历了不同程度的城镇化。伴随着工业文明的兴盛与衰落，人口的流出与流入，社会结构、经济、文化都产生了相应的变化，教育的生态也随之被重塑。而且，由于各国社会治理结构不同，管理运行机制不一，城镇化的起点、阶段、形态有别。中国地域辽阔，区域经济结构多元，导致一国之中各个地区城镇化的程度、形态不一。已有的一些研究中，将城镇化简单描述为农村人口向城市人口的迁移过程，或者过于区分西方话语的“城市化”和我国政策导向中的“城镇化”。这些观点忽略了我国城镇化的多层生态以及城镇化进程中不同生活方式的浸润与对峙，缺乏对城镇化理论的系统认识，对理解和发展中国本土的城镇理念与实践造成偏差。鉴于“城镇化”和“城市化”在生活方式变革中作为商品经济的载体，作为“适应性开放功能体”，具有本质的同一性②，故两个概念在下文中作为同义语使用。

一、城镇化的内涵变迁

社会学家、经济学家、建筑学家、地理学家等对“城镇化”的认识侧重点有所不同，加之城镇化历程中表现出的“郊区化”“逆城市化”等多样态，导致各类理论层出不穷。城市叙述不仅超出规划、建筑等物质形态领域，也超出经济学、人口学、社会学等社会科学的领域，文学、艺术、历史、文化研究等都介入对

① 英克尔斯，史密斯.从传统人到现代人——六个发展中国家的个人变化[M].顾昕，译.北京：中国人民大学出版社，1992：23.

② 张鸿雁.中国新型城镇化理论与实践创新[J].社会学研究，2013(3)：1－14.

城市进行研究、分析和价值阐释的行列中，城市现象关系是人类的基本价值和生活方式。[①] 下面侧重考察城镇化的动力机制及其社会影响，先以工业化为依托，探讨经济学眼中的城镇化，再回到社会学视角，并对城镇化的终极目标进行反思。

（一）基于人口流动与资源分配的城镇化

从经济学的视角而言，城市是经济活动的中心。随着工业化的推进，城市被视作工业生产和资本积累的中心，故工业成为城市发展的主导因素。对城市发展周期的研究中，一般将人口发展的总体趋势、迁移人口状态、劳动力市场总特征、部门就业分配状况及城市间工业区位选择、工业总体特征、企业特征和空间因素视作判断城市发展阶段的重要标志。[②] 其中围绕工业化与城市化的关系在不同地区的表征，出现了若干实证研究。

劳动力人口流动说在经济学中具有很大的市场。城市的集聚效应与吸附能力带来了人口的流动，农村人口流向城市为城市的工业化补给了劳动力。故在发达国家，城市化与人口流动、工业化和经济结构转型交织在一起。如戴维斯（Davis）的经典城市化曲线（cycle of urbanization）就是描述人口转型和经济结构变化相适应的过程。但需谨慎的是，在发展中国家，农业的集约化使得农业人口大量涌入城市，导致城市化的速度超过工业化，城市无法为迁移人口提供足够的就业岗位，城市中或存在大量的失业人口。在此情况下，吸引人口向城市流动的动因取决于城乡实际收入差别和进城后就业概率的大小。[③] 然而个体的理性选择始终是“有限”的，大规模人口的“盲目”流动终将导致城市发展积弊重重。换言之，若未遵循工业发展速度、市场需求现状，人口在收入差别的表现下作出的流动选择为若干“城市病”，如人口拥挤、公共保障资源不足等埋下了伏笔。

城市化不只是一个提升城市人口比重的过程，还涉及城市在不同地区间

---

① 陈映芳.都市大开发——空间生产的政治社会学[M].上海：上海古籍出版社，2009：5－6.

② 吴元波.上海城市郊区化现状、问题与发展模式研究[M].上海：立信会计出版社，2011：39.

③ Harris, John & Todaro, M. Migration unemployment and development: A two sector analysis[J]. American Economic Review, 1970, 60(1): 126－142.

的分布，而后者是形成合理的城市体系的问题。[①] 城市体系背后涉及的是城市化发展动因。西方城市化动力理论主要有“产业集聚效应说”“农业产业剩余说”“工业化劳动说”等，这些不同的动力因子在不同城市排序不同，导致的城市社会变迁也各不一样。以工业化和城市化为例，钱纳里（Chenery）和塞奎因（Sequin）认为，这两者的关系经历了由紧密到松弛的发展过程。发展之初，由工业化推动城市化；随着人均收入的增加，城市居民对服务需求的扩大，工业结构的内部调整无法适应城市化进程。[②] 面对发达国家工业城市的衰败，格莱泽认为，其“原因在于丧失了城市生活中最为重要的特点：商业、技术和企业创新”。[③] 单纯的制造业的发展并不能创造城市文明，且发展到一定程度后，城市经济发展陷入瓶颈期。随着研究的进一步深入，城市“空间”成为城市经济学的分析对象。城市经济学家通过分析人口密度、市内交通、土地价值差异等，并将类似的空间因素体现在模型中，分析经济活动在城市不同空间的分布。[④]

故经济学视角下的城镇化主要围绕人口流动、经济结构转型、资源分配而展开。经济发展、人口流动或工业化程度成为划分城市的学理依据。如张鸿雁依据经济形态提出中国城乡多梯度社会文化类型：以自然经济为主的典型传统封闭区域社会类型；以传统农业为主，农业与局部工业经济混合的区域社会类型；农业与工业相辅相成发展的区域社会类型；以工业化为主农业经济为辅的工业成长型区域社会类型；新兴工业化发展的区域社会类型；后工业社会的区域社会类型，以突破简单的城乡二元结构划分。[⑤] 总体而言，经济学用最直观的方式揭示了以工业驱动的城镇化的发展周期、发展要素及其相关分类，其中“效益”是贯穿其各类分析的关键词。然而在以经济形态为底色的城市阶段、类型、布局的区分中，城市生活到底为何种样态，与农村生活的关系如何？城市的功能为何？对此，还需要借助社会学的视角。

① 陆铭.空间的力量：地理、政治与城市发展[M].上海：格致出版社，2013：23.
② 钱纳里，等.发展的型式：1950—1970[M].李新华，等译.北京：中国财政经济出版社，1989：158－159.
③ 格莱泽.城市的胜利[M].刘润泉，译.上海：上海社会科学院出版社，2012：43.
④ 李天健，侯景新.城市经济学发展五十年：综合性回顾[J].国外社会科学，2015(3)：39－50.
⑤ 张鸿雁.论当代中国城乡多梯度社会文化类型与社会结构变迁——依据“社会事实”对“二元结构”的重新认识[J].社会学研究，2007(11)：74－80.

（二）基于城市功能变革和生活方式渗透的城镇化

人口的流动必然带来城市功能的调整与反思。很长一段时间，城市被视为与“乡村”对举的概念。如亨廷顿（S. P. Huntinton）认为：“城市的发展是衡量现代化的尺度。城市成为新型经济活动、新兴阶级、新式文化和教育场所，这一切使城市和锁在传统桎梏里的乡村有本质的区别。”[①]这一理解不足以解释美国、英国在城市化之后出现的“返乡”高潮。今日的中国虽然也出现了将城市与乡村对举比较的现象，却是城市发展到特定阶段引发的解读。面对这一解读，需要反省的是将城市视作乡村的对立面，这是固有城市精神的自发体现，还是人为创造？城市社会学的开拓者帕克（Park）提出，城市作为一种新的生活方式的存在，由生活在其中的人创造。

> 正是在城市环境中——在人类本身制造的世界中——人类初次实现了智力生活，并获得那些区别于低等动物和原始人的特征，因为城市和城市环境代表了人类最协调的且在总体上是他最成功的努力，即根据他心中的期望重塑他所生活在其中的世界。但如果城市是人们所创造的世界，那么这就是他今后注定要生活在其中的世界。因此，人类在间接地、没有清楚地意识到工作性质的情况下，就已在构造世界的过程中重塑了自己。（Park，1967）[②]

这反映了人类在创造城市生活方面的能动性，正因为这一能动性，城市生活的样态不是变动不居的。工业文明衰落之后，若干发达国家出现的中产阶级人口“郊区化”的现象，也是城市化历程的一部分，是生活在城市的特定人群的主动选择。在交通、通信等物质条件成熟后，特定人群在郊区创造了另一种“城市化”。故将资源分配、人口流动方向、传统城郊的地理区分来划分城市化已显不足。帕克将“生态社群”作为城市分析的对象，其特征表现为生活在城市中的人类自发地进行“生物性”生存斗争，进而影响自身与环境间的功能适应。除此之外，卡斯特（M. Castells）则明确了城市在资本主义生产关系中的具

① 塞缪尔·P.亨廷顿.变化社会中的政治秩序[M].王冠华，等译.北京：三联书店，1989：66.
② 大卫·哈维.希望的空间[M].胡大平，译.南京：南京大学出版社，2005：154.

体功能，尤其凸显了城市中的社会消费组织及其功能。

> 我认为，“城市的”一词看起来除了在其直接用法中意味着一个与生产过程相关的过程，还直接意味着一个与劳动力相关的过程……因此，城市单位之于再生产过程，就如同公司之于生产过程。①

虽然帕克和卡斯特都指出了城市功能的变迁，但帕克从互动视角提出城市功能的可塑性，卡斯特从冲突视角直指城市内部关系及其运作机制。卡斯特的观点得到批判社会理论的呼应。如随着资本运作逻辑的发现，城市也被视作“在劳动力、交换和消费形式方面作为资本主义社会再生产的控制点”。② 换言之，在城市研究中，经济学视野中的物理“空间”因后现代地理学的介入，成为具有政治品性的“空间”，多了批判与反思的视角。

诚然，随着城市资本的积累，城市产业空间、居民就业空间也随之改变，一定程度上带来城市结构和居住空间的变化。西方城市规划理论中的田园城市理论、卫星城理论、新城镇理论、广亩城理论均是对此的回应。以卫星城理论为例，其产生是为了分散中心城市的人口和工业，解决城市人口过度膨胀的问题。典型尝试首先在英国伦敦，后逐渐在法国、日本、美国、巴西、韩国等展开。丰富的实践和理论思考将卫星城分为三个阶段：睡城、半独立的卫星城、独立的卫星城。这也反映了城镇化进程中，发达国家（如美国）的郊区逐渐吸附城市的功能，慢慢形成功能齐全的居住和商业空间。

除了对城市中心与周边区域功能变迁的关注，被称为“新城市主义”的一批学者更为关注作为一个有机整体的城市和社区。他们认为城市的特色和活力来自对丰富的资源的混合使用，使居民、工业单位、商业活动等融入邻里和社区的生活中心，同时，通过有机联系的街道网络共同构成居民邻里生活的舞台。

无论是批判的资本再生产，还是柔和的城市改良主义，在社会学的视角下，都在思考城市与乡村的关系，突破了城市基于资源配置基础上的功能，将

① Castells, M. The urban question: A Marxist approach[M]. London: MIT Press, 1977: 236-237.
② 爱德华·W.苏贾.后现代地理学——重申批判社会理论中的空间[M].王文斌，译.北京：商务印书馆，2007：143.

权力、政治、阶层等关系融入其中进行思考，并结合若干城市规划方案，反思城市如何形成特定的生活方式，提高人的生活品质。

（三）基于文化整合与人的发展的城镇化

虽然中西方城市发源的历史条件、文化脉络、经济基础各不相同，但是人在城市历程中如何安身立命成为无法规避的话题。如果在城市进化中，因为缺乏城市群体理性和城市最高哲学价值，从而出现固化的社会结构的话，人有可能成为城市机器的附属品，成为城市机械化生活的“城市动物”，这种进化或者说发展，在表象上是一种进步，但如果放在人类本原进化的长河中来观察，其本质是一种退化或者“负进化”。[①] 无论是传统人文主义视野下的“公民意识”，还是戴维·哈维（David Harvey）所标榜的人人皆有的“城市权力”，城市总是与其居民联系在一起。伴随城镇化进程先后在许多国家出现的流动人口教育、贫民窟卫生、社区分层等问题，本源上并不是由城市本身导致，而是经由城镇化过程表现加剧，所以城市的发展恰如文明的发展一样，最终要回答“去向哪里”的问题。如斯宾格勒（Oswald Spengler）相信，城市有其内在的“心灵”与“才智”，城市是“先进”文明的代表，是社会、经济、文化的聚集地。如若城市只是在规划、建筑等方面表现出现代性，则失去了其内涵。

> 建筑师的城市，成为纯粹理性的满足人的目的、人为的、数学的、完全非乡村的产物，像其他文明一样，这类城市也追求着一种象征无心灵的棋盘形式。[②]

由政治等外部力量推动的城镇化运动，若只有经济诉求，无文化内核，抑或只有城市的外壳，没有市民精神，城市依旧无法安放智识的心灵。有学者结合“人的城镇化”政策用语，提出城镇化的本义或目的，即“通过城乡协调发展、实现城乡平等和城乡居民同福”。[③] 事实上，城乡不是一个对立结构。城乡的平衡，城市的发展就是通过创造更多的现代性“共容空间”，让更多的人过上

---

① 张鸿雁.中国城市化进程中的社会“解构”与“结构”——新城市社会学的视角[J].社会科学，2012(10)：77－87.
② 斯宾格勒.西方的没落[M].江月，译.长沙：湖南文艺出版社，2011：82.
③ 王桂新.城市化的基本理论与中国城市化的问题及对策[J].人口研究，2013(11)：43－51.

有尊严的生活。[①] 所以，城乡之间的联系、功能互补成为城市规划学者的新课题。雅各布斯(Jacobs)认为，“充满活力、多样化和用途集中的城市孕育的则是自我再生的种子，即使有些问题或需求超出了城市的限度，它们也有足够的力量延续这种再生能力并最终解决那些问题和需求”。[②]

综上，因发达国家城镇化的快速发展与工业化相联系，故长期以来，城市化被看作一个空间扩张的过程，也是利益最大化的过程。我国城镇化的进程中，农村发展曾让位于城市的发展，当“人的城镇化”理念被提出时，意味着城镇化已经单纯地从空间格局的变迁深入到生活方式的形成。且“生活方式”的形成不再是“城市主导”论，其间充满了地域的多元性，城乡的互动性。正如格莱泽所言：“人们常常把一所城市与它的结构混为一谈，城市实际上是一个彼此相关的人群。”[③]这与社会学视角下的“城市”内涵变迁相一致。如阿布-卢格哈德用“层域(scale)、相互作用密度(interactional density)和内部差异(internal difference)”替代沃思主张的城市本质：规模(size)、密度(density)和异质性(heterogeneity)。[④] 同样，地理学上的研究早在20世纪70年代就尝试打破传统意义上的“城乡二元结构”，而是采取时空的视角描述城镇化的动态过程。如刘易斯(G. T. Lewis)和蒙德(D. J. Maund)描述了城镇化系统中的人口构成、人口重塑、人口衰减的三个阶段，及其带来的结构、行为变迁，并标示出城-乡中的过渡地带。[⑤] 所以，城镇化问题不是一个城乡对立下的公平问题，实为更广阔背景下的诸多社会问题的复合体。如何实现城镇化背景下“人的发展”成为其终极问题，并涉及多重身份的建构、种族融合、社区的封闭性及其内部蕴含的多样性等复杂议题。

二、城镇化现象的“空间”视角

根据上述经济学、社会学的“城市”内涵梳理可知，城市作为一个空间，不

① 张鸿雁.中国新型城镇化理论与实践创新[J].社会学研究，2013(3)：1－14.

② 雅各布斯.美国大城市的死与生[M].金衡山，译.南京：译林出版社，2014：448.

③ 格莱泽.城市的胜利[M].刘润泉，译.上海：上海社会科学院出版社，2012：43.

④ 贝利.比较城市化——20世纪的不同道路[M].顾朝林，等译.北京：商务印书馆，2014：63.

⑤ Lewis, G. T. & Maund, D. J. The urbanization of the countryside: A framework for analysis[J]. Geografiska Annaler, 1976, 58(1): 17－27.

仅蕴含着经济结构、资源分配,还包含生活方式、互动关系等。所以,在城市社会学的相关研究中,城市作为一个分析单位,可以实现对资本流动、生产关系、价值分配等的勘查。桑德斯对城市社会学及其“空间”分析进行猛烈的攻击,认为“当代的城市并不是一个有意义的经济、政治和社会分析单位”。他并非否定“空间”在社会学中的理论意义,而是反对将空间、将城市问题作为一个独立的社会学问题进行探究。但城市的出现的确改变了社会的结构,将潜在的冲突显现化。而且“空间”作为社会学的分析单位,为社会结构变迁、社会关系发展提供了“参照坐标”。经典的社会学分析中,结构与能动者的互动被视为基本的分析维度,由此形成“大结构、小能动者”“大能动者,小结构”等多重关系。“结构”的外在形态与内在隐喻多种多样,导致“结构”的物化在一定程度上无规律可循。凝结了地理、政治、文化特质的“空间”则提供了物化结构的可能性。

坎贝尔(C. Campbell)和惠蒂(G. Whitty)认为,城市研究和社会政策领域涉及的“城市”内涵有:物理或生态空间;官僚干预、稀缺资源(如权威、文化、物质资源)竞争的场所;资本集聚、显现化之后导致的经济、社会、意识形态相矛盾的场所;人口累积形成的,存有共同利益、经历的“社群”,或以多元、断裂为特征的社群。[①] 如此,空间成为具有多样形态的城市的隐喻。随着城镇化的发展,“沉默的空间”在20世纪70年代具有了丰富的社会学想象力,空间的表征形式获得了诸多研究的回应。

“城市是社会对空间的投射”这一观点自列斐伏尔(Henri Lefebvre)开始一直被不断拓展。在他的理论中,“城市化”这一术语的使用已经超出城市的基本范畴。空间作为其分析对象,城市化演变为对现代性空间以及对日常生活的战略性“规划”的概括性比喻,空间的政治内涵凸显。[②] 在此前提下,资本主义得以延续,社会关系中的生产也借由空间的互动完成。然而,这种理解容易导致区域冲突代替阶级冲突。这恰恰是新马克思主义研究力图规避的一点。哈维(D. Harvey)在列斐伏尔思想的基础上,阶段性地呈现了空间生产的过程。

---

① Campbell, C. & Whitty, G. Urban education in the United Kingdom: Section editors' introduction. In W.T.Pink & G. W. Noblit (Eds.), International handbook of urban education[M]. Netherlands: Springer, 2007: 929-942.

② 列斐伏尔.空间与政治[M].李春,译.上海:上海人民出版社,2015:38-39.

其中，物质空间的实践是发生在空间之内以及空间之间的物质流及其相互作用，属于经济生产和社会再生产的一部分。空间的表征指用于感知、理解、讨论物质空间的标志、符号、编码和知识等。表达的空间属于意识形态层面的结构，包含想象的景观、图画和符号结构，蕴含着新的可能性。与此同时，“物质空间的实践”“空间的表征”“表达的空间”均经历了“可达性与延展化”“空间的占有和利用”“空间的统治与控制”“空间的生产”这一过程。其中“可达性与延展化”规定了物质或行动者的行为路径及其空间移动的可能性；“空间的占有和利用”是指行动者通过活动、物质、符号等占有、利用其所及的空间；“空间的统治与控制”指对占有的空间进行等级划分、排他控制、符号资本构建，以便对处于其中的行动者划分边界。“空间的生产”意味着通过物化的新系统，完成自身的表达话语。具体内容见表 1－2。[①]

表 1－2　空间分析网络

	可达性与延展化	空间的占有和利用	空间的统治与控制	空间的生产
物质空间的实践（体验）	资金流、劳动力流、信息流……“距离”	土地利用和建成环境，“地盘显示”	通过等级划分、排他控制、符号资本构建区分边界	物质基础设施的生产，社会基础结构的地域组织
空间的表征（感知）	距离的社会心理和物理的尺度	被占有之空间的心理地图、空间等级与符号表述	禁区、领土规则、地区文化	地图、通信等的新系统，符号学……
表达的空间（想象）	吸引/拒绝……	熟悉程度、家庭生活、开放场所……	不熟悉；惧怕空间；符号障碍……	乌托邦计划，想象性景色……

哈维认为，空间组织不仅是“有其内部转型和构建的自身法则的一种独立结构”，还是“体现在某种更宽泛结构（如社会的各种生产关系）里的一整套关系的表述”。[②] 寻得区域空间形态变更的规律，有助于更好地理解空间的形成，空间背后蕴含的政治关系，以及空间对所涉及人群的影响。“居住空间不是一个单调的空间，用来承受城市化的发展，而是一个有结构的、自身充满活力的空间，它积极地参与居住着关心的种种事物。”故空间秩序中必然包含空间的

① 哈维.后现代的状况：对文化变迁之缘起的探究[M].阎嘉，译.北京：商务印书馆，2013：275.
② Harvey，D. Social justice and the city[M]. Oxford：Blackwell publishers，1973.

归属和使用。[①] 恰如研究 21 世纪城镇化教育问题时，并非简单地描述城乡之间的差异，而是纵观区域内部、区域之间的结构及其各类互动关系，或是城镇化固化现象背后的形成机制。如，批判教育学的分支——场域教育学吸收了社会学的空间视角，认为权力与统治内嵌于物理空间中，以此研究内城区的教育问题。[②] 此外，空间视角也有助于将城镇化教育问题视为一个“社会复杂问题”而整体视之，关涉不同空间结构与人员的能动性、归属感，进一步回答 21 世纪城镇化背景下人的发展问题。

三、中国城镇化的本土内涵

因所处时代的特殊性，中国的城市化集中显示了“多梯度型城市化”和“制度型城市化”，是以往包括西方城市化在内所不曾经历的城市化。[③] 换言之，中国的城市化因其地域广阔，经济基础迥异，呈现出多梯度的发展；加之政府主导，宏观布局，呈现出不同的发展动力。中国城镇化具有如下具体特征。

（一）行政导向的城镇化

中国的城市无论是规划、发展速度、人口增长还是产业模式，都是由政府主导完成的，以政府为主导的城市化是中国城市化的基本特色。在此背景下，中国的城镇化在一定程度上规避了国家干预与资本运作之间的张力，这股张力在西方国家尤其明显。尤其涉及大都市群的发展，公共服务质量需不断提升，福利成本也会随之增加，当西方国家利益集团试图降低公共成本时，就给国家造成了必要的压力。而中国的城市化历程虽然以工业化为基础，通过资本积累率先在大城市形成聚集效应，但由于国家的宏观布局与主动设计过强，导致部分地区忽视了市场规律和经济结构。如一些地方以 GDP 为标准制定经济发展规划的思路，以城市化率为标准制定城市化发展规划，导致“削山造

① 陈映芳.都市大开发——空间生产的政治社会学[M].上海：上海古籍出版社，2009：154.

② Haymes, S. Race, culture and the city: A pedagogy for Black urban struggle[M]. Albany: State University of New York Press, 1995.

③ 张鸿雁.中国城市化理论的反思与重构[J].城市问题，2010(12)：2－8.

城”“有房无人”等乱象。

与此同时，也正是因为中国城市化的政府主导，中国的城市变迁具有某种突变性。其外在表现是直接从农业社会向城市社会过渡，加之中国素来没有西方的“城邦”传统与“市民”阶层，导致城市在快速转型的同时面临“文化惰距”的问题。在社会变迁过程中，社会文化各部分变化速度不一，非物质文化变迁滞后于物质文化变迁，导致社会生活失调。[①] “差序格局、家族主义、礼治秩序、血缘联系等等，作为中国传统性的核心内容，不仅存在于传统中国的乡村社会，也存在于传统中国的城镇社会。”[②]这些文化、习俗的变迁需在城镇化历程中经历漫长的调适。当政府主导的城镇化发生时，居民的居住空间和族群关系发生变化，社会产生新的分层与联盟时，原有的文化惯习也将引来裂变与重塑。同时，文化变迁与制度变迁相互影响。“农民工”作为主要的流动人群，其身份变迁落后于职业变迁，不仅反映了社会转型中的城乡二元结构，而且分配和再塑了城镇化背景下的人群、价值及社会结构、观念。

（二）大都市区先行的城市群建设

霍华德（Ebenezer Howard）的《明日的田园城市》影响了英美城市规划和重建理论及其实践。今日中国城市内部问题重生时，对自然的怀旧与向往使得部分学者相信“无贫民窟无烟尘”的田园城市是规避现有城市问题的良方。正如霍华德在城市群的改革蓝图中所指出的：

> 环绕一个中心城市的布置，使整个组群中的每一个居民虽然一方面居住在一个小镇上，但是实际上是居住在一座宏大而无比美丽的城市之中，并享有其一切优越性；然而乡村所有的清新乐趣——田野、灌木丛、林地——通过步行或骑马瞬时即可享有。[③]

这一规划试图实现中心城市与周边城市的“共存”生态。雅各布斯（Jane

① 奥格本.社会变迁——关于文化和先天的本质[M].王晓毅，陈育国，译.杭州：浙江人民出版社，1989.
② 陈映芳.传统中国再认识——乡土中国、城镇中国及城乡关系[J].开放时代，2007(6)：95－104.
③ 霍华德.明日的田园城市[M].金经元，译.北京：商务印书馆，2014：107.

Jacobs)认为这本质上是一种“家长式”的城市规划,将提供健康的住宅作为城市规划的重点,仅从郊区的环境特色和小城镇的社会特征两个方面来界定健康住宅,把商品设定为固定、标准化的物品供应,只是为一个自我限定的市场服务。与此不同的是,雅各布斯认为大城市与小城镇各有其问题表征,她强调对大城市的“运作机制”的改善。如人行道和街道的安全主要是“由一个互相关联、非正式的网络来维持的,这是一个有着自觉的抑制手段和标准的网络,由人们自行产生,也有其强制执行”。[①] 换言之,人口迁移到郊区,或者一味改造城市的贫民区,对城市内部功能及其关联定位不准的话,相应的问题依旧会存在。

目前,在城镇化进程中,中国政府通过改变城市行政区域,实现农村人口的就地性质改变。这种做法也被称为“摊饼式”的城市扩张。如杭州在余杭、萧山两市划进六个镇,扩大行政区域范围;绍兴市从绍兴镇划进五个镇,市域面积扩大至原先两倍多。这种依托原市中心实现规模发展,只是迅速推动了人口结构的转变,并未带来人力资本的提升。城市之间的关联、运行机制也未跟上改革的步伐。

故中国的城市需要具备处理复杂性问题的能力,不仅要关注大都市区的建设,更需关注大都市周边的城市群,以此形成“大都市区化”,即大城市作为中心发挥辐射作用,带动周边地区的发展,使一定范围的地域变成城市化的地区。这意味着大城市的优先增长并不是大城市本身规模的无限扩展,而是作为地区的经济、政治、文化和创新中心发挥其扩散效应和辐射作用。在大都市首位发展、提升和整合的条件下,构建大中小城市(镇)并举、系统布局科学的、具有差异化格局的城市群结构关系[②]成为中国城镇化的发展方向。

(三)区域发展多样的城镇化

中国不同区域经济、文化发展的速度、水平不一,故中国城市化的道路并不仅限于“唯一正确”的一条,而是要充分考虑地区的原有样态。中国东部沿海的特大城市或一线城市因其地理、经济、信息发展等原因,呈现出与发达国

① 雅各布斯.美国大城市的死与生[M].金衡山,译.南京:译林出版社,2014:31.
② 张鸿雁.“大上海国际化都市圈”的整合与构建——中国长三角城市群差序化格局创新研究[J].社会科学,2005(5):4-13.

家城镇化速度相当的节奏。然而西部或偏远山区的工业化程度较弱，受全球化、信息化影响的力度也弱，故城镇化的发展速度明显降低。这一多元样态不仅体现为东西、南北之别，还存在于区域内部。如上海16个区的人口分布、经济基础、教育生态又有所不同。广州亦如此，李培林在《村落的终结》中指出：

> 据统计，广州市共有139条“城中村”，普通百姓和正式文字都以“条”而不是以“个”为单位来计算“城中村”的数量，表现出“城中村”融入城市街区的特点。这139条“城中村”，大致可以分为三种类型：一是处于繁华市区，已经完全没有农用地的村落；二是处于市区周边，还有少量农用地的村落；三是处于远郊，还有较多农用地的村落。①

上述这种“城市中的村落”，因居住其中的人群的土地制度、管理制度并未及时跟进，催生了城市中的“新阶层”和社会结构，也间接反映了中国的城镇化道路充斥着多元性，即便在一线城市内部都存在着不同层次的发展。

总体而言，中国的城镇化表现出多类空间并存，其中“文化惰距”的出现对培养城镇化背景下的“新市民”提出了迫切需求；现有户籍制度带来的“社会屏蔽”效应导致城市资源分配存在一定的倾向性，个人在公共资源供给中的选择性受限。所以，如何在行政支持下的城镇化历程中，激活市场机制，优化资源配置，成为中国城镇化必须面对的问题。城市之间的互惠发展成为未来的主要方向，城市之间与城市内部的多元生态对城市“定位”提出了较高的要求。相应地，本研究所理解的城镇化是广义上的城镇化，在内涵上，包含以县城（县级城市化区域）为中心的城镇化（townization），以大中城市（区域性城市群）为中心的城市化（urbanization）和以国际大都市（世界级城市群）为中心的大都会城市化（metropolitanization）②；在影响上，包括“人口迁移”和“生活方式转变”两个方面。也就是说，城镇化是一个国家或地区的人口由农村向城市转移，农村地区逐步演变城市地区，城市人口不断增长，或城市生活理念和方式

① 李培林.村落的终结——羊城村的故事[M].北京：商务印书馆，2010：7.
② 刘士林.关于我国城镇化问题的若干思考[J].学术界，2013(3)：5－13.

不断渗透的过程。需要注意的是，用"人口迁移"和"生活方式转变"来描述城镇化的影响，兼顾了城镇化初期、中期人口向城市流动，或人口转变为城市人口的趋势，以及城镇化后期不同区域人口生活理念与方式的转变。故城市化在一定程度上代表了对"更美好"生活的诉求，是社会进步的动力。同时，城市化的方向并不是单一指向现代住宅的"棋盘"格局，而是包含乡镇自身环境的建设与改良，不同类型城镇的互动共建。

第二节　教育质量及其保障系统的多元理解

设计并推动令大多数人受益的教育政策，推动教育系统的变革，需对教育变革的时代背景、社会现实进行系统的审视。中国行政主导的城镇化在为经济发展、社会转型带来巨大"红利"的同时，也对教育提出了诸多的挑战。教育是否能够回应城镇化进程的"人才储备"，并在社会转型与发展中发挥适当的"补救"或"完善"功能，也是当下迫切需要研究的问题。然而在回应上述这一问题之前，首先需要澄清的是：教育质量的内涵到底是什么？教育质量是否与城镇化的概念一样具有情境性？

联合国教科文组织在 2015 年的报告《反思教育：向"全球共同利益"的理念转变?》(Rethinking Education：Towards a Global Common good? 下文简称《反思教育》)中指出："当下的国际教育话语迎合指向学习成就的结果，忽视了学习的过程。"[①]教育质量简化为可测量的、指向个体的知识，对人与社会发展有重要影响，但难以测量的知识、能力、价值和态度被忽略了，学习的社会属性同样被忽视了。故《反思教育》重申"人本主义"取向，指出教育是一项共同利益。相应地，教育质量的内涵及其标准也应涵盖过程与结果，聚焦个人与组织双重行为，以动态生成的视角视之。

经济合作与发展组织在早期的报告《学校与质量》中曾提出，质量至少可以从以下四个方面判断：质量作为一种本质属性(attribute essence)或本质界

---

① UNESCO. Rethinking education：Towards a global common good[M]. Paris：UNESCO，2015.

定(defining essence);作为某种程度上的相对价值;是对一些“好的”或“卓越”的事物的描述;具有非量化的特征。① 这类归纳体现了质量在不同阶段的历史内涵及其市场化背景下的“比较价值”,但未澄清教育质量内涵发展的基本逻辑和学科依据。下面将从历史、语义修辞、政策的视角对基础教育质量概念与内涵进行重新界定。

一、教育质量与教育质量保障：历史的视角

古往今来,何为教育,教育的功能是什么,始终是一个争执不休的问题。教育质量的变迁与其所处的社会环境有关,内涵的演变中有其历史逻辑。

(一) 基础教育质量：从达成预定目标到追求卓越结果

奥兹加(J. Ozga)等人认为,“质量”的内涵具有多层次性。在前工业时期,质量意味着一些好的、高尚的、超群的、稀有的东西。工业时代,为了使大规模的生产合乎目标,质量被进一步抽象化,归结为预定目标或关键属性。对质量的控制由此产生,质量管理工作相继产生。此后,质量控制这一概念被提炼为质量发展。如今在新公共管理主义的影响下,伴随着控制、监督、风险规避的当代文化,质量演变为可测量、计算的标准。② 与质量一样,教育质量在不同的历史阶段也被赋予不同的意义。哈维(L. Harvey)和格林(D. Green)在探讨传统意义上的高等教育质量时曾指出,大学的质量是毋庸置疑的,是内隐其中的,并不需要依靠特定的标准去测量。③ 换言之,传统社会中,大学教育作为稀有资源,“高尚”“超群”的本质属性已经蕴含其中,可与“质量”直接画等号。

然而,义务教育与大学教育的产生、运作模式均不相同。在一些国家,义务教育的发展与工业革命的发展息息相关,大部分国家的基础教育在发展过

① Mortimore, P., & Stone, C. Measuring educational quality[J]. British Journal of Educational Studies, 1991, 39(1): 67-82.

② Ozga, J., Dahler-Larsen, P., Segerholm, C., & Simola, H. Fabricating quality in education: Data and governance in Europe[M]. New York: Routledge, 2011.

③ Harvey, L. & Green, D. Defining quality[J]. Assessment and Evaluation in Higher Education, 1993, 18(1): 9-34.

程中也采用了工业管理模式，如班级授课制取代个别教学，追求教育的数量与育人的效率，故基础教育隐含的质量观与传统的高等教育有别。格林在对英、法、美等国家的教育起源进行梳理时发现，国家在推行义务教育时带着不同的预设：为官僚组织培养人才，满足工业生产的需求，保护儿童的合法权益等。[①] 所以，在公共基础教育实施之初，教育质量蕴含了多种价值取向，体现在特定的目标之中。

当义务教育得到普及后，教育管理的工作日趋精细化，教育质量多层内涵得以展现。最为明显的是 20 世纪 80 年代新管理主义思潮混杂着有效学校运动、教育分权运动，加速了教育质量演变成可测量、可统计的质量。与此同时，相反的观点开始出现，认为教育质量不可化约，对教育的假设由“工厂”走向“服务”。如萨利斯（E. Sallis）认为教育质量是一个抽象的概念，很难进行有效测量。学校的硬件、软件、人员的愿景、能力等各种因素都是教育质量的组成部分，他对教育的假设是，教育是服务的提供者，服务的内容表现为建议、教导、评量、辅导。[②] 以此推断，服务质量成为教育质量的一部分，教师是教育质量的主要建构者，判断服务质量的人则是服务的购买者。这与消费主义的教育质量观相似，把教育质量阐释为满足消费者需求的目标及其程度。[③] 在此基础上，以消费者为导向的不断追求“卓越”的教育质量内涵开始出现。然而，何为卓越，仁者见仁，智者见智。正如现在各国追求的“优质”教育难以给出一个明确的界定，因为其背后渗透着教育相关利益者的多元诉求。

（二）基础教育质量保障：从教育视导到满足消费者需求

义务教育主要由国家举办或资助。各国在实行义务教育之初就设立了教育视导，监督教育经费的使用，检查教育目标的达成。故早期的教育质量保障以外部监控为主，教育质量保障人员多为隶属于教育行政管理系统中的官员或“准官员”，例如英国的皇家督学，美国的学区督学，中国的视学人

---

① 安迪·格林.教育与国家形成：英、法、美教育体系起源之比较[M].王春华，等译.北京：教育科学出版社，2004.
② Sallis, E. Total quality management in education, 3rd edition[M]. London: Kogan Page, 2002.
③ 吴清山，黄美芳，徐纬平.教育绩效责任研究[M].台北：高等教育出版社，2002.

员。随着教育多重功能的发现，社区、家长、学者等人员对教育质量保障产生了直接或间接的影响，教育监控的主体和方式日益多元化。莫蒂默（P. Mortimore）归纳了四种质量监控方式，分别是：由皇家督学和地方教育局视导实施监控；通过不同形式的测试、测验进行监控；通过家长的非正式评价进行监控；通过研究进行监控。① 原先以教育视导为单一行动主体的教育质量保障模式被打破。

研究人员的介入促使教育质量保障在实现监控功能之外，关注教育质量改进。“以评促改”成为20世纪90年代英美国家教育质量保障的主流声音。在这期间，学者与中小学教育实践者合作开发质量评估框架与标准，计划通过评价诊断教育中的不足，助其改正。评估框架通常包括四个方面：一是物质（财政）资源投入；二是教师素质；三是学校管理；四是学生的学习成果。② 其中每个类别又包含若干要求。这种从学校运作维度解构教育质量，进行评估的研究一直有延续。同时，各国的教育视导机构也经历不同程度的变革。分解教育质量内涵，对教育过程、结果进行评估的方式也被英、美等国的教育视导（督导）采用。最为显著的标志是，教育视导制定了外部评估的标准和细则，并提倡学校内部进行自评，以彰显各个学校的差异，展现学校的真实情况。由此可见，教育评估的发展丰富了教育质量保障的形式。

评估结果不仅为政府监督基础教育办学提供支撑，也为家长、社会判断教育质量高低提供参考。教育质量标准中开始纳入不同消费者的需求。霍斯（H. Hawes）和史蒂芬斯（D. Stephens）认为教育质量包含三个要素：效能（达到标准），相关性（与情境、需求、人性相关），一些特殊的因素（例如创造性、幸福感等）。③ 相应地，这些都要纳入教育质量保障系统中。教育质量保障不仅要关注国家对教育的期待，也要为不同的个体提供适宜的教育和发展的机会，满足不同消费者的需求。

---

① Mortimore, P. Quality control in education and schools[J]. British Journal of Educational Studies, 1992, 40(1): 23-37.

② Chapman, D. W., & Carrier, C. A. Improving educational quality: A global perspective[M]. Westport: Greenwood Press, 1990.

③ Hawes, H., & Stephens, D. Questions of quality: Primary education and development[M]. Harlow: Longman, 1990.

二、教育质量保障与教育质量控制、教育质量改进：语义修辞的视角

质量控制与质量保障用语均产生于工商管理。质量控制起源于 20 世纪 20 年代，意指为使产品、过程和服务达到和保持规定的质量要求所采用的方法、手段、操作能力和作业活动等综合性管理技术活动。① 质量保障是指在确信产品能够满足消费者要求的前提下，致力于向消费者提供具有适当质量的产品（有形的产品和服务）的有计划和系统性的活动。② 两者之间的差别不大，甚至有些活动是相互重复的。若要区分的话，前者主要是保证制成品的一系列技术、方法，后者还包括服务质量的维护，提供充分的信任和专业支持。③

（一）教育质量控制与教育质量保障

具体到教育质量控制与教育质量保障，学者对两者的用法出现了分歧。一些学者未作出概念上的区分，将教育质量保障视为政府的意图与行为，意图主要表现为提高学生的学业成就，行为主要体现在评估、督导方面。④ 有学者指出，有时候教育多样化与创新的实现是需要以教育质量保障为代价的。⑤ 从这个意义上而言，教育质量保障等同于教育质量控制。“控制”不完全等同于工商业质量管理中的“质量控制”，不是单纯地基于消费者需求而对期待的质量进行维护，而是蕴含政治因素，如教育督导在一些国家就有“督政”的功能。

也有学者坚持对教育质量控制与教育质量保障作出区分。其中，质量控制是一系列的操作技术和活动，致力于实现所提出的要求。而质量保障则将对结果（或产出）的关注拓展至产生结果的过程。⑥ 可见，质量保障不仅指向过去，还指向未来；不仅发挥评估的检验作用，还发挥评估的诊断与改进功能。教育质量

---

① 章渭基，秦士嘉，韩之俊，冯祥源.质量控制[M].北京：科学出版社，1988.

② 埃文斯.质量管理与质量控制[M].焦叔斌，主译.北京：中国人民大学出版社，2010.

③ Poole, B. Quality, semantics and the two cultures[J]. Quality Assurance in Education, 2010, 18(1): 6 - 18.

④ Mok, M. M. C. Quality assurance and school monitoring in Hong Kong[J]. Educational Research for Policy and Practice, 2007, 6(3): 187 - 204.

⑤ Ng, P. T. Quality assurance in the Singapore education system in era of diversity and innovation[J]. Educational Research for Policy and Practice, 2007, 6(3): 235 - 247.

⑥ Adegbesan. Establishing quality assurance in Nigerian education system: Implication for educational managers[J]. Educational Research and Review, 2001, 6(2): 147 - 151.

保障是一个程序化或制度化了的大系统，包含态度、目标、行为、程序等因素，通过使用这些因素，并与教育质量控制活动相结合，以保证维持和提高适当的学术标准。[①] 换言之，质量控制只是用于确保目标达成的一种技术手段，而质量保障则是一套机制，表现为对各种技术手段的统筹，确保它们的实施与改进。

不同国家对教育质量保障与教育质量控制的理解也不尽相同。以澳大利亚为例，由于受新管理主义思潮影响甚重，绩效管理在教育管理领域获得合法位置，并与传统的督学形成两套话语体系。前者为质量保障，后者为质量控制。质量控制表现为国家利用督导系统对教育的投入、产出进行监控。质量保障则蕴含了国家委托专业组织通过基于标准的评估改进教育的可能性与可行性。[②] 但在各国的实践中，督学与自评外评机制并非泾渭分明的两套机制，而是出现了交叉融合的趋势，用于保障教育质量。因此，有学者指出通过标准的自评与外评是一种远程控制的方式。[③]

仅从工商管理的角度而言，质量保障是对质量控制的进一步提炼与完善。在教育领域，由于涉及各个国家的文化传统、价值判断，对教育质量控制与质量保障的认识上存有差异。目前而言，国家依旧是基础教育质量保障的主要提供者，对教育的产出具有不同程度的期待与控制。

（二）教育质量保障与教育质量改进

如果把教育质量保障看作组织实施的一套方法学，用于判断宏观和微观的组织目的、目标达成的程度，那么教育质量保障也就无所谓“好”“坏”之分。它充其量只是扮演工具角色，产生的积极或消极的后果通常与它使用者的意图有关。有学者试图从问责与改进的视角区分教育质量保障与教育质量改进。[④] 具体差异见表1-3。

---

① Fadokun, J. B. Educational assessment and quality assurance implication for principal instructional leadership roles[C]. Abuja: 31st Annual Conference of International Association for Educational Assessment, 2005.

② Cuttance, P. Quality assurance review as a catalyst for school improvement in Australia. In D. Hopkins (Ed.), The practice and theory of school improvement[M]. Netherlands: Springer, 2005.

③ Apple, M. W. Markets, standards, teaching, and teacher education[J]. Journal of Teacher Education, 2001, 52(3): 182-196.

④ Sachs, J. Strange yet compatible bedfellows: Quality assurance and qualtiy improvement[J]. Australian Universities Review, 1994, 37(1), 22-25.

表 1-3 教育质量保障与教育质量改进的比较

	教育质量保障	教育质量改进
关注点	问　责	改　进
哲　学	工　具	变　革
控制点	外　部 管理层或政府驱动的	内　部 职员驱动
动　机	政府指令/政策	组织的改进需求
社　会	竞争性的	合作的
关　系	命令的	协商的
管理形式	权威的	共识的
行政结构	集权/官僚	授权代理/促进的
时　间	短　期	长　期
评　估	外部审查	同行评估
读　者	外部利益相关者	内部利益相关者
倾　向	过去的实践	将来的可能性
成功的标准	量化的	质化的

来源：Sachs,1994。

实践中很难将教育质量保障与教育质量改进截然分开。莫(M. M. C. Mok)等人的研究发现：由政府主导的教育质量保障与学校监督在一些国家和地区表现出类似的趋势——由集权方式向分权、合作的校本方式过渡；从本土化向国际化、全球化发展；强调教师质量和教师教育；从“对学习的评估”走向“为了学习的评估”；提高公开、透明度；多样化的标准；加强质量保障与学校监督的资源建设。[①] 根据这些趋势判断，基于外部控制的教育质量保障也蕴含质量改进的功能。

综上，在基础教育阶段，质量控制与质量保障的关系更像“实质”与“言语修辞”的关系。以国家为主体，相关利益者参与的教育质量保障的本质是质量

① Mok, M. M. C., 2007. Quality assurance and school monitoring in Hong Kong[J]. Educational Research for Policy and Practice, 6(3): 187-204.

控制。随着质量管理的发展，质量保障更能体现与控制相伴随的改进意图。简而言之，两者在内涵方面越来越接近，只是使用了不同的语言表述而已。较之质量控制，质量保障显得更为中性。基础教育作为国家主导的公共事业，由政府对其进行质量控制是其应有之义。然而，控制只是其职能之一，无论是从“谁”的立场出发，发展教育已成为每个国家的要务。所以，教育质量保障兼具质量控制与质量改进的功能。如何借助专业力量，从内部提升教育质量，已经成为教育质量保障必须面对的问题。

三、教育质量保障与教育问责：政策的视角

当下各国政策中，教育问责无一例外地被视为提高教育质量的重要手段。美国2002年颁布的《不让一个孩子掉队法》（No Child Left Behind Act，简称NCLBA）的关键词就是“问责”。中国也正在建设和完善各类教育标准，对原先的问责机制进行改革，澄清教育问责中的权限等。欧洲各国通过学习测验、教师资格认定等措施加强对教育场域中的人的问责。所以，在各国追求优质教育的热潮中，问责已成为一个政策借鉴活动，在各国的教育政策和教育实践中流行。那么，教育质量保障和问责是怎样的关系？

（一）指向质量控制的问责：记录、报告与奖惩

“问责”一词最先来源于会计用语，有“记账、说明”的意思。如今问责不仅盛行于工商管理领域，还被广泛应用于行政管理、专业治理等。20世纪80年代，欧美国家重新审视政府的权力，在公共部门改革中引进市场的力量，强调实地管理、绩效评估等措施，并树立了“消费者中心”的意识。教育管理领域对此有所呼应，日益重视学生、家长的声音，社区的力量。教育管理的权限下放，校本管理开始兴起。与之相伴随的是问责形式的多元化。利思伍德（K. Leithwood）和厄尔（L. Earl）具体分析了管理问责、分权问责、市场问责和专业问责在教育质量管理中的运用及其表现形态。[①] 其中分权问责、市场问

① Leithwood, K. & Earl, L. Educational accountability effects: An international perspective[J]. Peabody Journal of Education, 2000, 75(4): 1-18.

责均试图激活教育质量管理中的自主、竞争机制。分权问责强调在学校治理中增加社区、家长等相关利益者的声音。市场问责强调教育消费者的选择权，进而在选择性竞争中提高学校教育质量。管理问责则遵循了传统的"目标导向、结果控制"的路线。在竞争文化和分权管理下，学校理所当然地成为被问责的对象，要求履行问责的原意——"记账、说明"，即学校需要记录自己的经营、发展状况，向政府、消费者、相关利益群体报告自己的成绩或不足。专业问责相信专业实践对学校质量结果的核心作用，提升了教师在学校决策中的影响力，通常表现为实施以校为本的专业控制模式或专业标准为导向的教师、校长认证。

由此可见，问责是希望通过"记录、报告"的操作机制要求学校及教育专业人士履行应尽的责任。这与教育质量保障作为工具，通过系统化的运作提高教育质量并无实质性的区别。同理，问责若在"记录，报告"之外附加了奖惩措施，则在很大程度上表现为外部驱动，隐含了控制。例如，报告学生成绩的"排行榜"一方面满足了学生家长的知情权，为其择校提供了依据；另一方面令学校承担特定形式的奖惩后果。开出奖惩单的不仅仅是家长，还有政府。例如，美国实行的"年度进步计划"政策加强了对表现不良学校的惩罚，情节严重者，会面临"限期改正"或"关闭重组"的命运。故标准化的问责还会带来学校的"常模化"和"层级化"，阿普尔(M. W. Apple)指责这是"表现主义"与"核数文化"(audit culture)的体现。[①] 如果问责仅仅通过标准要求专业人士运用特定知识和能力，会带来教师的"去能力化"，[②]即教师不再构思其工作，只需要刻板地执行工作即可。在此情况下，教育政策倡导的基于标准的问责并没有获得一部分学者、专业实践者的认同。教育问责被等同于控制取向的教育质量保障。

（二）指向质量改进的问责：责任共享

学者之所以对问责持谨慎态度，一部分原因是将问责看作外部规约的任

---

① Apple, M. W. Education, markets, and an audit culture[J]. Critical Quarterly, 2005, 47(12): 11-29.

② Ball, S. J. The teacher's soul and the terrors of performativity[J]. Journal of Education Studies, 2003, 18(2): 215-228.

务。另外，从教育政策实践的角度来看，学校校长、教师在没有外部约束、奖惩机制的影响下，也会主动地履行相应的责任。格尔（D. Gurr）将其视作道德问责和专业问责。其中道德问责旨在满足家长和学生的需要，专业问责旨在满足教师自我与同侪的需要。格尔发现，在澳大利亚，道德问责、专业问责和旨在满足系统需求的契约问责是同时存在的。[①] 埃尔莫尔（R. Elmore）在学校变革的研究中发现，外部问责与内部责任是可以调和的，前提是教师的个人责任与集体期待达至相对平衡的状态，促使教师集体内部生成相对稳定的规则（非正式的问责），进而可以对外部正式的问责作出内化、调节甚至抵制。[②] 由此可见，在政策执行过程中，教师与校长实际上是教育质量保障的直接执行人，他们如何应对外部问责，直接影响了教育质量保障的价值取向：控制或改进。如果教师、校长能够依据学校的实际情况，形成比较一致的期待，发挥自身的能动性，就能够形成学校"自内而外"的质量改进。除此之外，也有研究者将"责任"与"义务"放置在"问责"话语中统一考虑，打破了传统意义上的单向问责，走向互动的问责。也就是，教育的利益相关者既有向学校要质量的权利，也有提高学校教育质量的义务。[③]

综上，在政策设计环节中，问责是保障质量的有效工具。教育放权之后，为防止政策愿景在实施过程中偏离目标，问责成为放权的策略补充。它通过具体的、量化的标准或记录式的报告，检验教育目标的达成程度，确保下放的权力用得其所。然而学校、教师期待的权力下放，是获得更多的自主空间，依据专业知识与能力行使专业判断，进而提高教育质量。"记录、报告"本身不会给学校、教师带来消极的影响，具体效应视乎"记录、报告"的对象与用途。专业实践者可以进行质量报告，但只用于专业社群内部的反省与改进，而非向政府报告"表现"，接受特定的奖惩。只有如此，在政策实施环节，才能避免专业人士的内部责任意识被外部规约的任务侵蚀，主动地改进教育质量。

---

① Gurr, D. Diversity and progress in school accountability systems in Australia[J]. Educational Research and Policy Practice, 2007, 6(3): 165 - 186.

② Elmore, R. School reform from the inside out: Policy, practice, and performance[M]. Cambridge: Harvard Education Press, 2004.

③ 沈伟，卢乃桂.问责背景下的教育质量：何为与为何[J].全球教育展望，2011(2)：56 - 61.

四、教育质量及其标准的内涵界定

通过上述分析可知，教育监测、各种类型的教育评价只是教育质量保障的组成部分。基础教育质量保障是由政府、专业群体及其利益相关者共同参与的质量管理活动，兼具质量控制与质量改进的功能。理解各国基础教育质量保障必须置于特定的情境、语境中。具体而言，教育质量及其保障内涵如下。

（一）教育质量："谁"的质量？

大规模的基础教育在实施之初，就承载了国家教化、发展人才的使命。除此之外，相关利益群体也期望通过教育实现自己的理想或目标。故静态的教育目标之下，实已包含多重声音。如温奇（C. Winch）所言，教育质量体现在具体的课程、教育标准和教学中，是各种利益协商的结果，其中隐含着语言修辞、意识形态与政治关系。[①]

教育质量管理中的消费者与工商管理中单一指向的消费者不一样。学者界定教育领域中的消费者时没有局限于学生或家长。如吴清山等人指出，教育客户应该包括现在的客户和未来的客户。现在的客户以学生、家长和教师为主，这类客户又叫作内部客户；未来的客户则以政府机关、用人机构或企业机构为主，这类客户又称为外部客户。[②] 就内部客户而言，其目标是聚合的，指向学生的发展，这与最终的外部客户的需求并不抵牾。要实现这些多元客户的需求，关键在于倡导"为了学生"的评价，唤起学校、教师的能动性与专业责任，实现教育质量的改进。

（二）教育质量标准的弹性属性

追求卓越是教育质量保障的趋势，但卓越是一种不稳定的状态。以此为依据开发教育质量的标准，不可穷尽。尼克尔（J. Nikel）和洛（J. Lowe）提出

---

① Winch, C. Quality and education[M]. Cambridge: Blackwell, 1996.
② 吴清山，黄美芳，徐纬平.教育绩效责任研究[M].台北：高等教育出版社，2002.

了理解教育质量的弹性框架，将教育质量分为效能、效率、公平性、回应性、相关性、反思性、可持续性七个维度，它们的关系如图1-1所示。

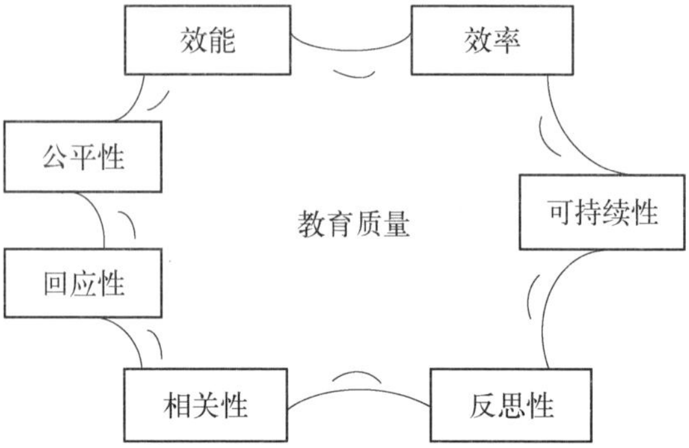

图1-1　教育质量结构图

效能指教育各个层面的影响，衡量达到教育目标的程度；效率指资源最大限度的使用；公平性指教育在提高或降低社会公正上所起到的作用；回应性指重视学生的个性，因材施教；相关性指教育的目标、手段的运用要满足国家、社群、学习者生活情境所需；反思性是指在越来越不确定、快速变化的世界里，教育要对学习者的个人发展方向有所贡献；可持续性是指教育应对全球环境变化、人类世代的幸福承担责任。① 与单纯的标准开发不同，尼克尔和洛勾勒出教育质量的结构，回答了保障“什么”的问题。同时指出，上述维度既存在张力，也能互相补充，所以应持动态的视角看待教育质量。这也意味着教育质量的保障要置于特定情境之下，视其所需，在不同阶段给予其恰当的支持。

（三）教育质量保障的行动价值

实现教育质量保障的改进功能，并非完全否定教育质量保障的控制功能。质量控制作为保障预定目标实现的技术，在基础教育中有其存在的必要性。尤其在宏观层面，以质量控制为导向的技术、活动对于监控国家教育发展水平，预测教育投入，分配教育资源有着重要作用。然而回归教育最终目的时，需要将质量改进作为保障的源动力，因为质量改进与内部问责所持的价值相一致，是基

① Nikel, J., & Lowe, J. Talking of fabric: A multi-dimensional model of quality in education[J]. Compare: A Journal of Comparative and International Education, 2010, 40(5): 589-605.

于学校自身需求，由学校内部成员驱动，指向未来发展的一项活动。

在全球化背景下，教育问责已经发展成最为普遍的教育现象，但不能将其简化为教育质量保障中的“记录、报告、奖惩”环节。而应透过问责，反思“什么是有价值的知识，如何学习、教学、养育、领导，如何促进社群中的利益相关者（stakeholder）履行义务”。[①] 这也意味着内部问责的完善还有赖于外部利益相关者的支持。发展教育是多个利益群体的共同诉求，保障教育质量也应成为各个利益群体应尽的义务。因此，共享的责任成为教育质量保障的行动依据。

综上，教育质量的内涵有其时代烙印和学科背景，并因教育政策修辞[②]的影响，表现出多样化的理解。可以确定的是，进入 21 世纪之后，在工具理性与人文主义的张力之中，单纯依赖外在监督的方式难以提升教育质量。教育质量保障机制的核心价值在于改进，而这类改进需要发挥专业人士的主导作用，融合不同利益群体的支持和共治。恰如城镇化进程中，每一个空间形态有其独特性，在此空间形态下的教育质量在结构上有其不同的表征。就 21 世纪能力的培养而言，经济发达地区的优质学校具有相对充足的资源培养学生的高阶思维、人际关系、解决问题的能力等，其教育质量中的“反思性”“回应性”得以呈现。而资源相对匮乏的区域，借助“联盟体”“人员流动”等措施解决课程不齐、师资不足问题的学校更关注的是教育质量中的“效率”。在此情况下，无论是迥异于 20 世纪的信息通信技术能力，还是得益于传统教育哲学的问题解决能力，在这类学校中都面临先天不足的困境。此时，整个教育系统中的“公平性”维度得以凸显。因此，思考 21 世纪教育发展和质量提升，需关注情境的多样性、教育质量的不同结构，以及提升教育质量的关键动力。

第三节　21 世纪区域教育质量的标准：研究设计

虽然教育公平是城镇化进程中的主要议题，也是教育质量的有效组成部

① Macpherson, R. J. S. Accountability in city schools: Theory and practice in urban educational administration[J]. Education and Urban Society, 1998, 30(4): 443 - 458.

② 政策修辞（policy thetoric）是政策研究的固定术语，通过判断政策文本的文体风格来反应政府的劝说术。

分，但城市教育的问题不可简化为政府通过干预实现教育资源的高效分配，保障教育公平。正如格莱泽所言："城市贫困的重大悖论是，如果某个城市通过完善公立学校或学校公共交通的方式改善了现有贫困人口的生活状况，那它会吸引来更多的贫困人口。"[①]城镇化进程中的教育问题充满了内在的张力，不可化约为教育内部问题，它与社会转型、人口流动、结构变迁、人才供给等密不可分。

一、区域教育质量标准的生成框架

前述有关我国城镇化、教育质量内涵的分析，都揭示了教育质量的多维并存，故因时、因地制宜开发区域的教育质量标准成为城镇化背景下的重要议题。在现实中，质量的某些维度之间是互斥的，例如提高教育质量的"效率"可能以"回应性"为代价，因为效率更关注的是资源的最优配置与使用，而回应性则反映了教育对个体的关照。所以，在某一段时间内，要集中解决教育质量内涵中遭受冲击最大的问题；在某种情境下，力所能及地解决教育质量内涵问题。

（一）倡导多元主体参与的"共识性"行动，提高教育质量

我国当前实施义务教育质量保障的主体是政府。在解决人口迁移导致的教育资源分配、产业结构调整引发的人才培养目标的重新审视等方面，政府发挥着重要作用。但是，单一的质量保障主体尚不足以解决社会快速变革中的教育问题。欧美国家在改进教育的路径中，采取了不同利益群体之间的多元合作，以应对全球化、信息化背景下的教育变革与质量保障。相应的启发是，我国在建构区域性的教育质量保障机制时，也要考虑到多元主体的参与。这样可以汇聚力量，尝试多种途径解决结构性问题。鲍尔（S. J. Ball）在分析英国教育变革中的公平问题时提及背后的结构因素——市场个人主义与竞争导致的"自相矛盾"的政策限制了降低教育不公平的努力。[②] 换言之，每一个参

---

① 格莱泽.城市的胜利[M].刘润泉，译.上海：上海社会科学院出版社，2012：67.
② Ball, S. J. The education debate[M]. Bristol: Policy Press, 2008: 153.

与教育质量保障的主体不可避免地携带着所属群体的目标和利益取向。在这种情况下,多元群体的介入,尤其是第三方专业组织的加入能从专业的视角对教育质量的要素匹配形成保障,促进教育更好地为不同人群服务,提高教育质量的相关性和回应性。

投入是教育质量保障机制运作的起点,也是后续工作的监控目标或服务对象。20 世纪 90 年代,有研究论证了教育投入在缓解财政资源、学生背景、教师素质、父母与社群规范中的重要性。[①] 由此可见,不仅是学校教育因素影响着教育质量,社会、社群等多重因素均在影响着教育质量。这从侧面反映了教育质量保障机制的建构要兼顾多元力量。形成多元力量之间的合作,重点在于不同利益群体在教育质量保障方面达成共识。也就是说,在城镇化进程中,不同的利益群体首先应作出观念上的改变,在教育目标上重塑公共教育的价值,摈弃将教育视为社会阶层流动的工具观,以培养新型城镇公民为目标。新型的城镇化着力打破城乡二元分裂的局面,故在教育观念与目标的设计上,要传递城乡一体,做"人中人",而非"人上人"的理念,[②]然后在上述目标的引导下,研发区域教育质量标准。

(二)完善教育质量标准的设计,体现教育质量的多维特征

教育质量标准是教育目标的具体化,是教育过程实施的主要依据,是衡量教育结果的主要参照物。当教育质量保障机制表现为以"教与学"为核心时,教育质量标准的设计自然更为关注学生的学业成就。设计本身无可厚非,需警惕的是,当学业成就成为唯一的教育质量标准及实施奖惩的依据时,会加剧教育中的"表现主义",导致学校、教师、学生之间的不良竞争。这有违教育质量保障的本义。它忽略了影响"教与学"的其他因素,导致教育质量的单一化发展,有悖于城镇化进程中不同地区教育发展的实情与需要。所以,在城镇化进程中,学生的学业成就只是我国衡量教育质量的有效标准之一。除此之外,要综合考虑教育质量的多个维度。

---

① Porter, A. C. Creating a system of school process indicators[J]. Educational Evaluation and Policy Analysis, 1991, 13(1): 13－29.

② 杨东平.培养合格的公民:重新理解教育目标[N].中国青年报,2013－4－16,(2).

欧洲委员会教育文化总司(European Communities)曾针对欧洲教育面临的五大问题——知识的更新、教育体制的分权、资源配置的变更、社会融合、数据的变化与比较，开发出衡量学校教育质量的四大领域(包括核心科目的教育成就、教育阶段的完成和转换、学校教育的监督、资源和结构)与十六项标准。① 开发衡量我国义务教育质量的标准时，也要契合我国城镇化背景下面临的教育挑战。我国的义务教育及其质量保障表现出不同的发展阶段。在普及义务教育之初，教育质量保障的"结果监控"部分重在检查"两基"的完成情况；当教育完成了量上的要求时，对教育的质就更为关注，主要表现为教与学的精致。鉴于中国地域辽阔，地区差异明显，地方教育发展水平不尽相同。整体而言，不同时期的教育发展模式在中国同时存在，这要求教育质量标准的研发要遵循历史发展规律，坚持从当地的实际出发。

究其实质，指向结果的教育质量标准——学生学业成就，只是教育质量的"终端"。不同区域内部教育生态不同，影响这一"终端"的因素组合自然也不尽相同。从整个教育系统而言，更应结合特定区域环境，关注"学校—教师—学生"三个层面如何互动，进而表现出不同的教育质量模式。本研究的教育质量标准生成框架如图1－2所示。

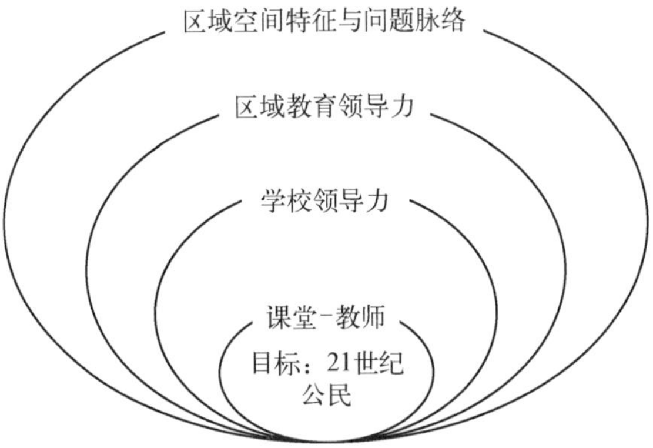

图1－2 教育质量标准的生成框架

① European Commission Directorate-General for Education and Culture. European report on the quality of school education：Sixteen quality indicators[R]. Luxembourg：Office for official publications of the European communities, 2001：13.

简言之,城镇化进程中,以“21 世纪公民”为培养目标,教育质量标准的核心依旧以“教与学”为核心,但从课堂、学校、区域三个层面逐层剖析,推导出促进区域教育质量提升的有效标准。在这之中,教师无论是作为“21 世纪公民”价值的落实者,还是课堂教学的实践者,在 21 世纪教育质量提升中扮演着不可替代的角色。因此,学校、区域层级的行动指标都是为教师专业行为与发展服务的。换言之,提升 21 世纪的教师质量成为内嵌于区域教育质量保障的行动诉求。

二、问题脉络与个案选择

本研究循着“国际比较—现状调查—系统合成”的思路展开。国际比较用于澄清不同城镇化进程中教育质量的价值诉求,为研发教育质量标准提供情境分析;现状调查服务于我国不同地区教育质量的生态分析与标准提炼;系统合成建立在比较研究、实证研究的基础之上。

比较研究并非单纯地介绍国外的教育质量标准,而是聚焦问题脉络:澄清特定情境下教育质量标准的重要维度为何?比较研究的焦点不在于“真相”或“事实”,而在于特定的“问题”。[①] 为了对特定情境下的问题做更好的诊断,需兼顾比较的时间维度。首先是时间的宽度,即将历史视为动态的流动,将“现在”视为转变的过程;其次是时间的密度,将现实视为多层问题的交叠,是“多线缠绕的绳子”。在此研究中,多层交叠通过空间来表述。换言之,城镇化作为横跨 20 世纪、21 世纪的共同现象,在不同国家呈现出不同的发展脉络和节奏。本研究在分析 21 世纪的教育质量问题时,将叙述这一问题的历史维度,描述其当下空间特征。

比较法作为社会人类学的基本方法,表现出对文化现象背后的独特性及其规律的探索。本研究中使用的比较法也重在探讨不同区域建构教育质量的独特性与共同性,凸显教育质量的情境性。能够体现不同时空背景下教育质量形态的研究方法,则为个案研究。殷(Yin)指出案例研究适用于以下三种情

---

① Anto'Nio No' Voa & Yariv-Mashal. Comparative research in education: A mode of governance or a historical journey? [J]. Comparative Education, 2003, 39(4): 423－438.

形：需要回答“怎么样”“为什么”的问题时；研究者几乎无法控制研究对象时；或者关注的重心是当前现实生活背景下的实际问题。① 本研究并非通过标准实验控制检验既定的教育质量标准的适切性，而是结合本土现实形成具有生成性的区域教育质量标准，以此回答“符合区域现实情况的教育质量标准是什么”“区域质量标准为何表现出此类形态”，故选择案例研究。案例研究分两个层面，即国际案例比较与本土案例比较，案例选择及其展开脉络如下。

（一）国际比较的案例选择

本研究选择英国、美国、韩国、巴西为国际比较案例。选取这四国进行比较，主要原因如下：这四国的城市拥有不同的城镇化动力机制，处于不同的城镇化进程中。对它们进行比较分析，有利于了解不同发展阶段、不同文化背景下教育质量的实践内涵。作为发达国家，英国和美国的城市化进程表现出循序渐进的趋势，多为工业革命的产物。在英国，工业化是推动其城镇化的最初动力；在美国，东北部城市与中部、西部城市化走的是两条截然不同的道路，前者以传统的工业化模式为先，后者表现为“速成型”城市，发展带有跳跃性，走的是以城市为依托的“西部开发”模式。英美国家在20世纪六七十年代先后进入“逆城市化”的进程，城市的人口迅速向郊区回流。在这个过程中，产业结构变迁、人口流动带来的教育质量问题受到关注，尤其是传统城区公立学校的教育质量问题。韩国作为转型国家的代表，因政府主导，城市化进程迅速。其长期奉行的“工业为主，大企业为主，大城市为主”的政策，表现出自由的人口流动政策和高度集中的城市化管理模式，在有序发展的过程中内含资源配置的张力。巴西的城镇化进程反映了发展中国家城镇化的若干问题：机械模仿欧美模式，起点低而速度快，出现城市拥挤不堪、贫富分化加剧、生活环境恶化、失业与犯罪率居高不下、医疗卫生教育等公共服务短缺等“城市病”。在此背景下，公共教育资源短缺、区域教育发展不均衡等成为重要问题。据联合国经济与社会事务部发布的报告《世界城市化展望》（World Urbanization

① 罗伯特·K.殷.案例研究：设计与方法[M].周海涛，李永贤，李虔，译.重庆：重庆大学出版社，2010：15.

Prospects),至2014年,英国、美国、韩国、巴西的城市人口比重均在80%以上,2018年各国城市人口有不同幅度的增长(见表1-4),至2050年,全球城市人口总量将增加25亿,其中中国将新增2.25亿。目前世界上有55%的人口居住在城市地区,至2050年这一比例预计将达到68%。而新增城市人口中,有近90%的人口居住在亚洲和非洲,中国属于人口高度集中居住的国家之一。

表1-4 五国城市人口比重及年变化率①

国家＼年份	城市人口数量(千)			城市人口比重(%)			年变化率
	1990年	2018年	2050年	1990年	2018年	2050年	2015—2020年
英国	44 683	55 521	68 008	78	83	90	0.9
美国	190 156	268 787	347 346	75	82	89	0.9
韩国	31 696	41 678	43 616	74	81	86	0.3
巴西	110 404	182 546	215 063	74	87	92	1.1
中国	310 022	837 022	1 091 948	26	59	80	2.4

以美国地理学家诺瑟姆(Ray M.Northam)的城市化进程"S形曲线"观之:英国、美国、韩国、巴西均处于城市化后期阶段(城市化率70%以上),而中国则处于城市化加速阶段(城市化率30%以上)。恰如《世界城市化展望》报告中所指出的,中国在未来将面临城市化人口的激增。城市人口的流动必然对公共教育资源配置提出挑战。分析不同动力机制下的城镇化的教育质量价值与提升策略,可为中国区域教育质量标准研发提供思路。

全球化带来的"时空压缩"加速了发展中国家城镇化的进程速度,但是并未剔除城镇化进程中的"常态"问题。巴西面临的"城市病",英国在20世纪30年代也曾面临过。这些现象折射的重点之一就是城市的公共资源配置。教育是重要的公共资源,如何在不同的城市化阶段提供有质量的教育,是拥有多样化区域特征的中国必须回答的问题。"时空压缩"的现象正在中国发生着。正如景天魁、朱红文所言,我国改革开放的时间性特点是,许多应该发生在不

① United Nations, Department of Economic and Social Affairs, Population Division. World urbanization prospects 2018: Hightlights[EB/OL]. https://population.un.org/wup/Publications/.2018-10-12.

同历史阶段的事情，被压缩和重叠在同一个时间段内。[①] 截取其中一个时间段，可以看到中国不同区域的空间“熔层”，这为理解我国城镇化的复杂性提供了基本的参照坐标。

需要注意的是，全球化的渗透在城镇化问题上并未带来“同质化”效应，虽然发展中国家表现出对发达国家的模仿，但其内部生态问题呈现出“本土化”的样态。英美国家在城市化历程中的改革措施及其评价标准虽有借鉴意义，但是不可直接用于中国城镇化进程中教育质量标准的建构。原因有二，首先，中国城市在城镇化历程中具有不同的历史条件和现实基础，在政策实施过程中产生不同的改革张力，教育质量标准的结构、要素及其权重会出现不同；其次，若以欧美经验为直接参照，不仅可能导致中国的区域教育质量标准出现“削足适履”现象，还无法了解中国区域教育质量标准的生成路径。鉴于此，在研究认知上，有关中国区域教育质量标准的建构应“基于实现”（realization-focused），而非“基于安排”（arrangement-focused）；在方法上，更倾向于“扎根”取向下的田野数据挖掘。但这并非否定欧美“质量标准”的意义。研究结合欧美教育质量的理论与实践，考衡我国义务教育质量的内涵和结构，为质量标准的建构提供学理基础。在内容上，研究同时关涉城市与农村的区域生态问题。正如欧美教育改革历程中所示，在城镇化过程中，城市内部学校也出现了各类分层，故研究选取我国不同的区域，挖掘其内部的多样性。

（二）本土现状调查的案例选择

在中国，城市是一个地方的行政机关与管辖实体。按照行政级别，中国的城市分为直辖市、地级市和县级市三个级别。以此为前提，本研究选择上海、郑州、海门为调研对象，聚焦区域教育特征，挖掘教育质量标准。具体原因如下。

首先，上海作为直辖市，地处中国东部沿海地区，长江三角洲前缘。截至2016年底，上海的户籍人口为1 450万人，常住人口2 419.70万人，其中外来常

---

① 德雷克·格利高里，约翰·厄里.社会关系与空间结构［M］.谢礼圣，吕增奎，等译.北京：北京师范大学出版社，2011：3.

住人口 980.20 万人,城镇化率达到 89.6%。上海的生成与发展是中国城市进化与社会变迁的典型代表,同时也是中国城市社会问题演化的典型大舞台。[①] 在吉恩・戈特曼(Jean Gottmann)的研究中,将“以上海为中心的长三角城市群”视为世界六大城市群之一。这一组群,由苏州、无锡、常州、扬州、南京、南通、镇江、杭州、嘉兴、宁波、绍兴等城市与上海一起组成,面积 10 万平方千米。“城市群”的形成意味着区域空间经济的发展进入成熟阶段,形成多支点的都市区,并在人口和经济活动等方面形成一个巨大整体。然而就目前来看,以上海为中心的长三角城市群依旧以上海发展为龙头,希望上海可以发挥特大城市的辐射效应,带动组群的发展。因此,研究上海的教育质量标准,有助于为其组群成员提供发展思路。

从城镇化的发展程度而言,上海进入郊区化阶段,但这一郊区化与美国中产阶级的主动选择有所不同。上海流动人口的类型更为复杂多样,“近郊”与“远郊”的产业结构,经济基础也不尽相同。中心城区人口大量外迁,导致市中心区生源大量减少,教育负担减轻,教育资源相对过剩。而规划中的 9 个新城区、60 个新市镇、600 个中心村的逐步形成,以及第二产业的梯度转移,导致郊区农村人口、外来务工人员向农村镇区和城郊接合部聚居,对这些区域的教育资源供给提出了新的挑战。因此,上海基础教育发展最大的问题是市区中心与郊区、城区与农村义务教育发展水平的差异。它们主要表现在教育投入、教育负担、教育文化与环境以及优质教育资源与教师队伍等多方面。[②] 针对此,上海通过委托管理、城郊办学联合体、教师轮岗,以及学区化、集团化办学,实现优质资源的辐射,减小城乡差距。2014 年,上海率先实现县域义务教育均衡发展,所辖 17 个区县在国家督导检查中全部合格。目前,上海正在探索“内涵发展”,以注重教育过程,提高教育质量,关注学生差异,促进学生个性发展为标志。此外,伴随着国际学生评估项目(Program for International Student Assessment,简称 PISA)等国际测试的开展,上海屡获佳绩的事实,也吸引了西方国家对“上海教育”的关注。上海的教师队伍,教研文化成为国际解析上海教育质量的主要原因。基于此,上海的教育质量标准的建构聚焦“区域”层级,

---

① 张鸿雁.中国城市化进程中的社会“解构”与“结构”——新城市社会学的视角[J].社会科学,2012(10): 77 - 87.
② 尹后庆.见证变革——站在上海基础教育转折点上[M].上海: 上海教育出版社,2014,83.

以学生多元发展为核心，探索区域教育领导力的有效标准。

其次，郑州地处华北平原南部、黄河下游、河南省中部偏北，是中国地理中心，也是中国中部地区重要的工业城市。作为河南省的省会城市，现辖6区5市1县，全市总面积7 446平方千米，人口956.9万人，城镇化率69.6%。[①] 然而在一项城镇化的质量调查中，研究者发现河南在中部六省中，城镇化质量普遍偏低且差异明显。相较于河南其他城市，郑州的城镇化质量则处于中上游。[②] 随着人口的增长和进城务工人员的增多，郑州市流动人口"上学难"、中小学"大班额"的现象依旧突出。2014年，郑州全市中小学招生29万人，随迁子女人数将近8万，市区85%的中小学实际班额超过国家规定标准，故新建学校，配备合格的师资成为郑州市在义务教育阶段着力要解决的问题。所以，对郑州的教育质量标准的提炼，依旧以"学生多元发展"为核心，主要聚焦在课堂层面，挖掘如何为不同人群提供有质量的课堂教学。

再次，海门隶属于江苏省南通市。作为县级市，海门地处长江入海口，与上海隔江相望。海门市设有3个街道，9个镇。截至2016年，全市总人口100.098万人，城镇人口占全市总人口比重的59.1%。海门名列"第十五届县域经济和县域基本竞争力百强县"第22位。海门顺利通过义务教育均衡发展市复查，获评"2015年国家义务教育质量检测县级优秀组织单位"。然而在城镇化的过程中，人口涌向城镇，农村不断萎缩。海门的学校深受时代变迁的影响，学校的形态发生改变。以前海门仅有一所"袖珍型学校"，位于偏远的海涌小岛。如今，"被小型化、被小班化"的农村学校越来越多。而且这些学校中不乏师资、生源曾处于优秀状态的百年老校。如今，农村优质师资的流失，教师年龄结构老化成为困扰许多农村校长的共同问题。海门曾连续10年开发校长成长课程，实施封闭式培训，以提高校长素养和办学质量。在此背景下，校长如何促进教师队伍的发展，提高办学质量，成为海门教育质量提升的关键。所以，海门教育质量标准的建构聚焦"学校"层级，探索学校领导力的有效标准。

---

① 郑州市人民政府.郑州概况[EB/OL]. http://www.zhengzhou.gov.cn/html/www/view1.html, 2016-8-16.

② 刘静玉，孙芳，杨新新，崔祥，刘士锐.河南省城镇化质量的区际比较及区域差异研究[J].河南大学学报(自然科学版)，2013，43(3)：271-278.

总体而言,上述调研个案的选择兼顾了不同的城市类型,既有第三产业发达,兼具智慧城市特征的超大城市上海,又有地处中原,为传统工业城市的郑州,还有第二产业与第三产业增长迅速的县级城市海门。聚焦三类城市独特的教育问题,针对人口流动背景下的学生类型多元问题,以"教与学"为核心,开发不同层次的教育质量标准,不仅可为同级城市提供经验,而且有助于结合问题脉络,寻找特定情境下的有效做法。

三、研究方法与分析技术

本研究主要以个案研究为主。在社会科学研究领域,就个案研究的应用而言,量化取向与质化取向并存。传统的量化取向的个案研究并不能系统地描述行为、能动作用和复杂事件的顺序,[①]故阿尔伯特(A. Abbott)区分了个案的叙述性解释(narrative account)和因果解释(causal analysis)方式。前者的分析建立在特定经验证据之上,后者的分析建立在大样本、变量控制基础之上。本研究综合了两类个案分析方法,并在个案中运用如下数据搜集方法。

(一)半结构性访谈和认知访谈

访谈是质性研究中最常用的搜集资料的工具。其中半结构性访谈能够帮助研究者迅速聚焦特定的研究问题,同时又保持访谈的开放性与生成性。本研究针对教研员、校长、教师及相关人员的访谈主要采取面对面的、半结构性的个人访谈。围绕不同的数据搜集问题,访谈所运用的技术也有所不同。

针对教研员的访谈,研究者主要采取"故事线"的方式,让教研员在对话中再构"一堂好课"的基本元素,并结合情境、时序对其展开细致的描述。对校长、家长、教育官员的访谈主要以了解信息为主,不强调对"意义"的抓捕。

对教师的访谈主要用作信息的验证。具体访谈信息与编码规则见表 1 - 5。

---

① Abbott, A. What do cases do? Some notes on activity in sociological analysis. In C. C. Ragin & H. S. Becker (Eds.), What is a case? Exploring the foundation of social inquiry [M]. Cambridge: Cambridge University Press, 1992: 53 - 82.

表 1－5　教师访谈信息与编码规则

访　谈　主　题	访　谈　人　员	编　　码
各地教育发展概貌与特点	上海市教育行政官员	S－UG－130515
	郑州市教育行政官员	Z－UG－140920
	海门市教育行政官员	H－UG－160311
区域层面对教学改进、教师发展的促进	上海市拓展教研员	S－CO－T－131123
	上海市科学教研员	S－CO－X－130520
	上海市语文教研员	S－CO－Y－130520
	上海郊区科学教研员	S－RO－X－131114
	上海城区拓展教研员	S－UO－T－131107
	上海城区语文教研员	S－UO－Y－131107
	上海城区语文教研员	S－UO－Y－130516
	上海郊区拓展教研员	S－RO－T－131102
	上海郊区科学教研员	S－RO－X－131028
	上海郊区语文教研员	S－RO－Y－130517
校长问卷的认知访谈及学校发展概况访谈	上海郊区学校校长	S－RH－150620
	上海城区学校校长	S－UH－150620
	海门郊区学校校长	H－RH－150904
	海门城区学校校长	H－UH－150904
教师问卷认知访谈及课堂教学概况访谈	郑州城区学校教师	Z－UT－140916
	郑州郊区学校教师	Z－RT－140514
	上海郊区学校教师	S－RT－140516
	上海郊区学校教师	S－RT－140530
家长对学校教育质量的感知	上海郊区家长	S－RP－150922
	上海城区家长	S－UP－150923

其中教研员、校长、家长、教师的编码均采取“Q－MN－日期”的格式，Q 代表调研区域，S 为上海，Z 为郑州，H 为海门；Q_1，Q_2分别代表非目标调研区域；MN 中的 M 代表城乡所属地，U 代表城区，R 代表农村；N 代表职业属性，G 代表官员，H 代表校长，T 代表教师，P 代表家长，O 代表教研员。以“S－RT－150530”

为例，代表访谈对象是上海农村地区的教师，访谈的日期为2015年5月30日。教研员的编码在原先"Q－MN－日期"的结构中多一级学科代码，即"Q－MN－A－日期"，A为教研员所属学科，其中X代表科学，Y代表语文，T代表拓展。

在上述所有人员的访谈中，访谈者基本扮演了"矿工"的角色，即"从主体的纯粹经验中挖掘出知识的天然金块"。① 换言之，访谈者将访谈对象视为主要的知识建构者。虽然在访谈过程中，访谈者以"挑战性"问题促进访谈对象进行反思性陈述，但是访谈者避免对直接经验的干预。在数据分析阶段，通过开放编码、主轴编码、主题编码技术，对直接经验进行系统抽象，和访谈者共建区域教育质量的"现实"。在这过程中，访谈者并不排除自己在研究中的能动作用，但在资料收集阶段遵循访谈对象的经验构建，而在资料分析阶段，融合访谈者和访谈对象理解，在经验层面提炼现实。

本调查主要访谈教育官员3名，教研员10名，校长4名，教师8名，家长2名。校长和教师的访谈分为两类：一是聚焦城镇化背景下学校、教师变革进行的半结构性访谈；二是针对大面积问卷调查之前进行的认知访谈。

（二）问卷调查

问卷调查主要分为两部分，一部分是对校长教学领导力的调查，一部分是对教师工作状态和课堂实践的调查。两部分问卷的研发思路分别在第五、第六章介绍。

问卷调查主要分为三个阶段。第一阶段为问卷的设计与修订，第二阶段为问卷的发放与搜集，第三阶段为数据分析。具体工作见表1－6。

表1－6　问卷调查工作阶段表

	校长问卷	教师问卷
第一阶段	完成问卷初稿；在海门、上海进行认知访谈，修订问卷，检测问卷的结构效度和信度（r=0.82）	完成问卷初稿；在郑州、上海进行认知方案，修订问卷，检测问卷的结构效度和信度（r=0.83）

① Kvale, S. & Brinkmann, S. Interviews: Learning the craft of qualitative research interviewing[M]. Thousand Oaks, CA: Sage, 2009: 48.

续 表

	校长问卷	教师问卷
第二阶段	在海门发放问卷2 400份，收回有效问卷2 049份	在郑州发放教师问卷1 500份，收回有效问卷1 024份，聚焦初一、初二语文、数学教师问卷570份
第三阶段	通过因子分析、回归分析等揭示研究发现	通过因子分析、聚类分析等揭示研究发现

（三）文献比较分析

文献分析是本次案例研究中的重要方法。国际案例比较分析主要建立在文献的搜集与分析基础之上。搜集的文献类别主要有三类：一是国际组织的权威报告，便于对各国的城镇化程度，教育发展程度有一全貌式的理解；二是各国教育政策类的文献，以此探寻各国在不同脉络下的教育质量发展重点；三是各国教育重要议题的相关研究，以此建立学术分析的基本框架，并在学术文献的反思中厘清质量背后的价值与建构路径。国内三个城市单案例分析虽然建立在实证研究的基础之上，但是各类官方文献、学术研究资料均是实证研究的重要背景信息。

综上，本研究采取混合研究的方法，包括质化取向的访谈和量化取向的问卷调查。其中个案分析分两次实施，第一次是国际比较中的个案分析。本研究选取发达国家（英国、美国）、转型国家（韩国）、发展中国家（巴西）中的若干区域，比较它们的教育质量保障活动、质量标准结构。第二次是实地调研中的个案分析，选取上海、郑州、海门三个城市，系统分析它们在城镇化过程中面临的教育挑战，并辅以问卷、访谈的方式，运用软件SPSS21和Nvivo11分析、确定不同区域的教育质量保障目标。在探索性研究中，注重数据的集成效应，通过多种途径（访谈、观察、问卷、文献分析）搜集数据，应用数据挖掘技术，提炼教育质量行动标准。

21st

Education Reform for
the 21st Century Skills:
China and World

第二章

城镇化进程中教育质量的价值诉求：国际经验

20 世纪六七十年代，英美国家城市的快速发展催生了连片的城市区域，它们被命名为“日常城市体系”。自此，城市教育问题成为国家教育的常态问题，区域内部复杂性与多样性开始茁生。同时，巴西和韩国伴随着大量农村人口的外流，产生了农村“空心化”的现象，农村教育问题积弊重重。基于此，各国形成了不同的教育质量保障措施。

第一节　英国：逆城市化背景下的教育质量挑战

英国在 20 世纪 60 年代开始进入逆城市化阶段，中心区外的城市圈人口开始增加。这一时期又被称为逆城市化。有学者认为，逆城市化是更高层次的城市化，是城市化的继续和深化，是城市文明的普及和城市生活方式的扩散。[①] 但是，逆城市化时期，种族、性别、社会阶层、教育的“集权化”、城市中社经地位不利群体等问题的互相作用对个人教育成就和学校标准提出了挑战。如英国中央教育咨询委员会(Central Advisory Council for Education)在 1967 年发表了《普洛登报告》(Plowden Report)，指出“贫穷与不利状态的环境直接而明显影响到学校和学生的学业成就”。报告指出要关注劳工阶层子女的未来，实现教育机会均等，并提出了“教育优先区”的设想，即通过国家干预，对那些处于教育优先区的贫困、处境不利儿童给予额外的教育资源。虽然英国在 20 世纪 60 年代意识到城市化引发的教育危机，然而以解决城市教育出现的政策修辞“失败”“修补”塑造了负面的“城市问题”形象。20 世纪八九十年代教育政策开始转向“学校改进”，以此挽救不利群体。伴随着《1988 年教育改革法案》(Education Reform Act 1988)的颁布，地方教育局的权力被削减，中央政

① 辜胜阻，刘传江.人口流动与农村城镇化战略管理[M].武汉：华中理工大学出版社，2000.

府与学校的权力变大，导致了学校的准市场化和城市教育"原子化"。① 不利群体的处境并未得到改善，城市教育的议题再次被推上日程。

自此，英国政府推行了一系列区域创新计划（Area-Based Initiatives），如社会发展计划（Community Development Programme）、教育优先计划（Educational Priority Programme）、城市计划（Urban Programme）等。这些计划都采取合作、赋权的方式，强调社区参与，初衷是为了解决薄弱地区的社会排斥问题，后日益发展成为改进薄弱学校、多元治理、提高教育质量的运动，具体措施如下。

一、为处境不利学生提供提前干预和财政支持

2007年，英国儿童、学校和家庭教育部（Department for Children，Schools and Family，简称DCSF）公布了针对0—18岁儿童事业与基础教育发展的十年规划——《儿童规划：建设更美好的未来》（The Children's Plan：Building Brighter Futures，简称《儿童规划》）。该计划将儿童和家庭的需要摆在教育工作的中心地位，也意味着政府逐渐改变针对儿童与青少年的管理方式，提前干预成为改善不利处境儿童的重要手段。在《儿童规划》中，DCSF明确"政府并非儿童的抚养者，政府应当采取更多行动支持父母和家庭"，"各类服务设施的创建应当依据儿童与青少年及家庭的需要和反馈意见"，②在其举措中，拨款配备家庭教育指导专家，扩大基于学校的家长支持顾问，为家长提供学生成长记录，创建家委会为政府提供政策支持，均成应有之义。对于有特殊需求的家庭，政府开设专门机构和设施，设立专项基金，为其提供针对性的帮助。此外，政府逐步推动"每一个儿童会阅读""每一个儿童会计算""每一个儿童会写作"计划，并为过早辍学的学生开设实训学校。

2013年，英国进一步提高对不利儿童的资助。英国教育标准办公室（Office for Standards in Education，Children's Services and Skills，简称Ofsted）

① Whitty，G.，Power，S.，& Halpin，D. Devolution and choice in education：The school，the state and the market［M］. Buckingham：Open University Press，1998.

② DSCF. Children's plan：Building brighter futures［R］. London：DCSF publications，2007：5－6.

在《被忽视的孩子》(Unseen Children)调研报告中指出，国家的富强、繁荣取决于教育，尽管英国的教育系统 20 年来变得越来越好，但是处境不利的学生依旧被系统忽视，导致人力潜能的浪费，社会也为此付出代价。在破解“处境不利与学业失败”的相关中，英国教育标准办公室指出，“期待”的贫弱比物质的贫弱更令人担忧。处境不利的家庭对子女持有期待，并提供支持时，处境不利学生获得成功的可能性会更大。另一个关键点是，在高度贫穷的区域，教育在改善处境不利学生的学业成就方面作用有限，故形成家庭、学校、社会的合作网络是主要趋势。在 2014—2015 年期间，英国政府为学校提供 25 亿的“学生奖学基金”，要求学校通过网络汇报其使用情况及其取得的成效，并由督学来检验其成果；确保学校在进步不佳时，得到专业人员的帮助；通过教育捐赠基金会(Education Endowment Foundation，简称 EEF)帮助处境不利的学生，开发教学工具箱，促进有效教学实践的传播。

二、积极差别对待原则下的城市教育改良

城市内部的教育差异逐渐被关注。如英国在 20 世纪 90 年代的报告《城市教育中的准入机会和成就》(Access and Achievement in Urban Education)发现，城市中处于不利地位、社区的学校未能获益于当时的教育变革。政府先后实施了“教育行动区”(Education Action Zone)和“都市卓越计划”(Excellence in Cities，简称 EiC)，试图改变城市内相关学校的命运。教育行动区由政府主导，结合多种力量，为弱势地区有需要的学校提供针对性的支持。政府一般将 15—25 所学校聚合在一起，对其管理权进行公开招标，由当地工商企业、学校、家长、地方教育当局和其他机构、部门组成一个联合体，向教育主管大臣提出申请，接管学生学业不良的这批学校。EiC 实施之初，主要有三项计划：聘请“学习导师”帮助学习或行为有问题的学生；通过“学习支持小组”帮助学习困难的学生；开展“天才计划”为学校 5%—10%的学生提供额外的帮助。总体而言，英国教育标准办公室的视导报告肯定了两项计划在改进薄弱学校、促进融合、提高学业成就方面具有积极作用，并强调“有效的领导与管理”在其中起了关键作用，校长的坚持不懈、积极进取及长期策略型的领导被发掘。

前两项计划在改变教育行政部门角色，实施“城市学习中心”和“优秀实践共享”方面作出了有效的尝试。

三、指向特定城市或学校的教育成就提升策略

英国教育和能力部门（Department for Education and Skills，简称 DfES）①在2002年酝酿了针对伦敦中等教育的一揽子政策，目标在于：提高表现不良学校的水准，缩小伦敦学生的学业差距，创造更为优秀的学校。“伦敦挑战”（London Challenge）是一项旨在改变首都城市教育现状的计划。计划不仅对表现不良的学校提出挑战，还鼓励伦敦学校里的多样性，与当地社区进行合作。计划于2003年正式启动，面向伦敦的中等教育，调动教育行政部门官员、专业人士的合作，为表现不良的学校提供一系列的支持，其间尤为关注学校领导力；2008年延伸至初等教育，并推行到大曼彻斯特和英格兰中部地区。英国教育标准办公室在2010年的视导报告中发现，相较于国家17.5%的优秀率，30%的伦敦学校被评级为“卓越”。在2013年的报告中进一步指出，伦敦学校持续进步的关键因素是“伦敦挑战”计划的成功实施。“伦敦挑战”的成功直接促发了2008年的“国家挑战”计划。作为“伦敦挑战”计划在全国的推广，“国家挑战”旨在确保英国每一个社区的年轻人都能有良好的学习机会，为薄弱学校改进提供全方位的支持。如重视学校之间的联盟，通过“改善网络”实现优秀学校的资源辐射；聘请顾问服务薄弱学校；通过激励政策吸引优秀教师到“国家挑战学校”任教；创建“国家挑战信托学校”“公办民营学校”改善贫困社区教育环境。挑战计划被视为由政府资助，区域为本的改善社交不利人群的“成功”范本。它的主要特征表现为，高水准的政治问责，由敬业的顾问和系统领导组成的团队诊断式地运用表现性数据，学校之间的有效支持

---

① 英国的教育与能力部等同于现英国联合政府治下的教育部（Department for Education）。英国工党在2001年大选胜出后，在重组部门的过程中，将原先的“教育与就业部”（Department for Education and Employment）更名为“教育与能力部”。2007年，英国政府又将“教育与能力部”拆分，原先隶属于教育与能力部的19岁以下的青少年的教育工作转交至新成立的“儿童、学校与家庭部”（此为当时的“教育部”）。2010年，英国联合政府又把“儿童、学校与家庭部”改为教育部。故本文中出现的“教育与就业部”“教育与能力部”“儿童、学校与家庭部”实为英国的“教育部”。

以及结构的有效调整。①

“信托学校”“公办民营学校”也属于“特色学校计划”的一部分。2003年，英国教育与能力部出台了《特色中学新制度：中等教育改革》(A New Specialist System：Transforming Secondary Education)的白皮书，强调学校需正视学生的多元与差异，满足不同的需要。特色学校强调每一所学校应有自己的特色，通过合作推广优秀办学实践，领导团队实现系统变革，赋予教师更多的自主权。它的出现实质上是对教育质量“回应性”维度的体现，也反映了教育质量理解趋于多元。2009年，英国儿童、学校与家庭部发布题为《你的孩子，你的学校，我们的未来：建立21世纪的学校体系》(Your Child, Your Schools, Our Future：Building a 21st Century School System)的白皮书，主张通过提供优质教学、建立学校伙伴关系、实施学校改进和问责，保障每个孩子都获得成功。鉴于以往资助计划显著改变了英国学校的质量，英国教育部于2016年11月决定再度追加学校改进资助计划，以确保所有儿童“上好学”。自2017年起，英国每年向当地政府拨款0.5亿英镑，继续用于表现不良的公立学校的改进；设立新的“学校改进战略基金”(Strategic School Improvement Fund)，拨款1.4亿英镑，用于社会团体资助的公立学园(中学)和公立学校，以促进需要帮助的学校提升水准；与此同时，EFA在未来两年拨款0.2亿英镑用于提高、推广证据为本的项目和方法。英国的学校改进与教育公平运动相结合，政府不仅提供、调动资源，还予以具体的方法论支持。

四、综合治理背景下的城市再生与教育改善

1998年，英国工党政府为了改善贫穷社区，推出了“社区新政”(New Deals For Community，简称NDC)提案。作为一类“城市再生”计划，教育是其改善的要素之一。新政伊始，政府促成了17组当地伙伴。如东曼彻斯特作为社区新政的探路者之一，在城市委员会、当地社区及其合作伙伴的共同领导下，对贝斯威克和奥彭肖大部分区域的改进进行投标，以解决当地的安全、住

① Ofsted. Unseen children：Access and achievement 20 years on[R]. London：Ofsted, 2013：53.

房、教育、环境、就业、健康这一系列问题。随后，“社区新政”拓展到 39 个地区。“社区新政”没有全面铺开，而是依据特定指标筛选出贫弱地区，集中资源，进行“地方”与“人”的系统变革，致力于城市生态的整体改变。其改革框架如图 2－1 所示。

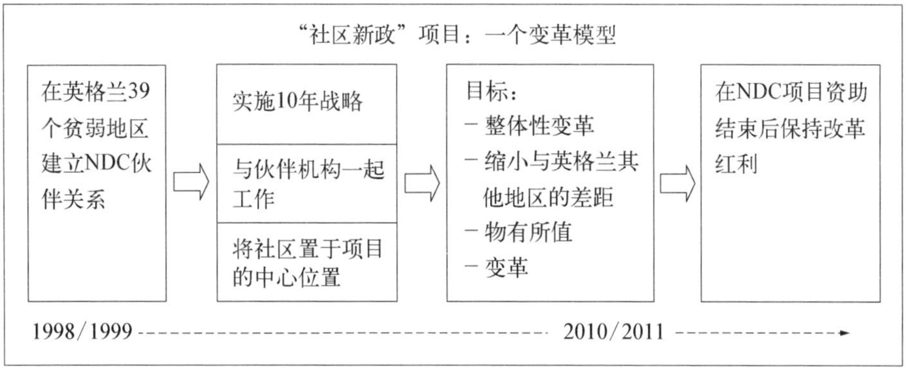

图 2－1　英格兰“社区新政”的变革模型①

社区是“社区新政”的核心所在。系统的变革有赖于与当地机构的深度合作。在“社区新政”项目中，地方警察、基础医疗信托机构、学校、就业中心等均是重要的参与者。“社区新政”强调制定现实的改革目标，有策略地推进整体性变革，建立可持续发展的机制。

10 年间，“社区新政”花费在教育上的经费达项目总支出的 17%。围绕教育制定或深化若干项目，如“每个孩子都重要”“学生路径”“青年能力建设和发展”“少年探究”等，这些项目的实施有助于促进社区青少年的就业，降低社区犯罪率。换言之，“城市再生”作为一项综合治理计划，促使教育与其他公共事业的联系度愈加紧密。

2018 年，英国教育部部长指出，英国未来的计划是通过改善表现不佳的学校，提高薄弱区域的机会，来提升教育水平。针对薄弱区域，其措施有三：首先，拨款 4 500 万英镑用于成功的信托机构，帮助能量不足区域的学校进行改进；其次，拨款 2 500 万英镑发展 75 个项目为学校提供支持，大部分项目用于

① Batty, E. et al. The New Deal for Communities experience: A final assessment[R]. London: Queen's Printer and Controller of Her Majesty's Stationery Office, 2010: 13.

提高学生的读写和计算能力；最后，继续推进“优先区域”(Opportunity Area)计划。“优先区域”是英国政府2016年10月开始启动的项目，通过广泛的社会合作，整合措施为长期以来处境不利的区域提供支持和发展动力，以实现“没有一个社区掉队”(No community left behind)，人才合理流动的目标。“优先区域”强调基于地区实际情况、证据为本的教育支持与学校改进。方案的实施体现了教育在促进社会流动中的积极作用。

从英国“社区新政”到“优先区域”，反映了教育是社会综合治理的重要组成部分。教育质量提升与社会治理之间存在着良性的互动。通过专业支持，改进区域内部的人才结构，发挥“积贫”地区人才的潜能，有助于改变区域内部的生态，为区域发展赢得更多的空间；通过改善区域的整体情况，有助于提供教育发展的良性土壤。无论执政党是谁，英国在城镇化后期应对教育不公平时，倾向将其置于更为广阔的社会背景下，统筹企业、社会力量，进行系统改进。

五、英国21世纪教师队伍建设

英国政府逐渐意识到，数字技术之于21世纪，恰如书本之于19世纪。英国教育与能力部在2003年发布的白皮书《21世纪能力：实现我们的潜能》(21st Century skills：Realizing our potential)中指出，拉近英国与其主要竞争对手之间的差距的关键在于确保雇主拥有支持其企业成功的人才，在于个人具有就业和自我完善的能力。这与英国20世纪90年代人才培养与市场需求失衡，劳动力就业市场不景气有一定的关系。随着信息技术的快速发展，相较于20世纪，人们在工作、生活、自我实现所需要的能力发生变化。当常规、例行活动被电脑替代后，人的熟练思维和复杂沟通能力变得尤为重要，信息通信技术(information and communications technology，简称ICT)成为能力的重要组成部分，教师掌握ICT成为21世纪教育的题中应有之意。早在1998年，英国就启动了学科教师ICT能力的培养，促进教师掌握ICT知识，并在教学中正确使用ICT。并在学校资助中包含“实地支持”(Hands on Support，简称HoS)项目，以便于学校购买外部专业服务，帮助教师在学科教学中熟练应用ICT。2005年教育与能力部颁布了《利用技术：改变学习与儿童服务》(Harnessing Technology：

Transforming Learning and Children's Services）的信息化战略，进一步明确为全体公民提供在线综合的信息服务，为学习者提供个性化学习活动的协作机制，并为教育工作者提供高质量的ICT培训与支持等。

进入21世纪之后，英国在OECD主持的成年人能力评估报告中发现，英格兰人的读写素养处于OECD成员国的平均水平，数学素养低于平均水平，且16—24岁的年轻人群体相较于其他国家同类人群也处于“低能力”水平状态。对此现象进行分析时发现，低标准的初等教育是重要原因之一。因此，开发贯通教育各阶段的“基本能力”，提升关键学科的教学质量成为重要对策。在此背景下，英国的教师肩负着提升学生的基本能力，培养以信息素养为核心的21世纪能力的重要使命。英国教育部部长尼克·吉伯（Nick Gibb）在2016年发表讲话《什么是好的21世纪教育》（What Is a Good Education in the 21st Century），重申了学科知识和优秀教师的重要性。他认为教育给予的不仅仅是“知识”，还有创新创造、问题解决、批判性思维，但是后者离开了学科知识是无法实现的，而优秀的教师可以改变学生的生活，他们是学科知识的精熟者，他们传递智慧、启迪心灵。①

英国教师标准的更新意味着政府、社会对教师角色的期待在21世纪有所变化。1998年，英国教育与就业部（Department of Education and Employment）提出了以合格教师标准为依据的绩效管理框架，制定了初任教师、资深教师及高级教师的专业标准。同年成立英国教学委员会（General Teaching Council for England，简称GTCE），负责合格教师标准的审核、授予与管理，以提升教师就职标准及学习的质量。2001年，教育与就业部颁布的绿皮书《学校：建立在成功的基石上》（Schools：Building on Success）提出，教师作为21世纪的专业需接受问责，并寻求最佳实践。同年，苏格兰建立了一个多部门参与的联合执行组织，起草和完成了题为《21世纪教师专业》（A Teaching Profession for the 21st Century）的报告，将教师视为“拓展的”专业，为教师专业发展提供物质和制度的支持。此后的十余年，英国一直坚持教师标准的“阶段性”和“内

① Gibb, N. What is a good education in the 21st century?［EB/OL］https://www.gov.uk/government/speeches/what-is-a-good-education-in-the-21st-century. 2016－2－5.

在一致性”。[①] 2012年，英国教学署（Teaching Agency）颁布的《教师标准》（Teachers' Standards）将2007年5个层级内的102个条目的教师标准简化为11个条目，对原有标准中重复性的内容进行了删减和合并，以增强教师自信，推动教师专业发展。2012年版的《教师标准》主要由“教学”和“个人和职业行为”两大类构成，涉及“对学生高期待”“教师责任心”“学科知识”“有效地组织和教学”“因材施教”“营造优质、安全的学习环境”“完成更广范围的专业使命”“道德素养与举止行为”“遵守校风”“承担法律责任与义务”。《教师标准》内容的转变也蕴含着英国政府对教师“专业属性”认识的转变。在21世纪，教师的“教学”和“伦理”依然是其职业的重要组成部分，然而教师这一职业除了对既定的“学生”负有教学、教育责任之外，也对学校使命的实现、同事的专业发展负有特定的责任。

此外，面对英国PISA成绩的滑落，2010年英国教育部发布的白皮书《教学的重要性》（The Importance of Teaching）指出，“教师质量和教学水平是学生学业表现的决定性因素”，重申了教师专业的地位与权威。2011年，英国教育部出台新政《培养英国下一代杰出教师》（Training Our Next Generation of Outstanding Teachers），提出三个改进教师质量的途径：挑选优秀的毕业生作为教师候选人，采取高效的投入政策支持教师教育与培训，改革教师培训制度和模式。这些建议的提出综合了英国实施“教学优先”（Teach First）的经验和英国对“学校本位”与“大学本位”的教师培养方式的反思。“教学优先”是21世纪初由慈善组织介入，社会多元群体参加的雇佣本位的职前教师培养计划。该计划通过严格的遴选程序、灵活的就业途径，吸收优秀人才进入教师队伍。英国在教师发展的新政中有意推广这一举措，并鼓励大学-中小学的合作，进一步扩大学校的自主权，对特定学科的教师给予更多的支持。为了确保不同办学团体培养的教师均符合资质，国家教学与领导学院（National College for Teaching and Leadership，简称NCTL）委托相关机构对新任合格教师开展年度调查。调查内容不仅涉及新任合格教师对不同师资培养项目的感知，还涉及

① 阶段性表现为英国对职前教师、合格教师、教师领导制定了不同的标准，并对不同年段的阅读、数学、科学教师制定了不同的评估内容。然而这些标准和内容之间均凸显了“学生为中心”的主旨。这一主旨集中体现在英国的《教师标准》里，其后的《教师评估和能力：学校的政策模型》《教师专业发展标准》等文本均重申了这一主旨。

新任教师是否为教学做好准备、入职期间的工作量等，为改进教师培养提供反馈。除此之外，英国教育标准办公室还会对职前教师教育展开专项视导。在启动督导工作之前，英国教育标准办公室会制定《职前教师教育视导框架和手册》的草案，开展咨询，在听取、综合各方意见后，按既定程序对职前教师教育的质量、效能、课程、特定主题等进行全面审视、检查，并形成报告，在英国政府的官网上公布。

综上，英国在其城镇化历程中，将学校改进作为提升教育质量的重要举措。无论是"教育行动区""追求卓越的城市教育"，还是"国家挑战"，都将改进薄弱学校，缩小阶层差距，提升教育公平，促进学生发展的重要手段。这与英国《1998 年学校标准与框架法》（School Standards and Framework Act 1998）中明确的"让每一所学校都卓越，让每一个儿童成功"的教育目标是高度契合的。此外，教育改革中"区域本位"趋势日益明显。"社区新政""国家挑战""优先区域"等计划均反映了教育改革是社会改革的一部分，综合治理有助于解决教育的结构性问题，缓解因社会阶层、贫富差距投射在教育内部的公平问题，提升教育质量。

在区域综合治理和学校改革的一系列措施中，提高师资水准是英国历届政府的共同举措。平衡教师的知识、能力与专业自主权一直是英国教师专业标准制定的核心问题。进入 21 世纪之后，鉴于英国学生在国际能力测试中的表现"一般"，英国政府和专业团体尤其重视发展教师的"学科知识"，先后开展了教师学科知识精熟、提升项目，并拓展了教师的专业职责，希望教师成为提升职业水准、教育质量的关键力量。

此外，英国的政党制度和协商过程也对教育质量的维度有重要影响。英国传统政治分歧的焦点问题在于社会公平与经济效率、政府与市场的关系。新工党所持的"第三条道路"的基本立场是超越传统的"左""右"政治观念的束缚。[①] 在国家与市场的联姻下，英国教育质量的公平与效率维度尤为凸显。英国综合中学和特色中学的改革历程即可见此特性。综合中学反映了英国早期国家干预下的教育社会公正的诉求，而特色中学则反映了 1988 年之后英国自由市

① 何伟强.英国教育战略研究[M].杭州：浙江教育出版社，2014：35.

场前提下的经济效率，但同时也兼顾了教育公平。总体而言，英国以学校改进为其政策热点，表现出区域为本的改革动向，以求实现“公平而卓越”的教育。

第二节　美国：郊区化进程中的教育质量挑战

20世纪60年代，美国大城市的经济基础发生变化。制造业雇员锐减，去工业化进程开始，郊区化进程明显加速。扩张性的大都市化伴随着政治管辖权，与广泛的零散化和加速的去中心化并行发生，进一步助长了城市内部核心的有选择性遗弃。[①] 美国城市人口主要有两个来源：一是国内郊区人口流入城市；二是外来移民，大都市内部经济分层与种族分层加剧。在城市内部居住着低收入居民，城市外部居住着中等收入的居民，城市的外围和郊区居住着高收入人群。位于城区的为不利或弱势人群提供服务的教育系统，以及位于郊区的好学校是两种不同的教育生态。教育的阶层分化与自动隔离依然明显。

总体而言，城市规模的扩大、人口流动率的增长以及人口密度的降低是当代美国城市的主要特征。在以种族和社会等级为核心的社会隔离下，中心城市和郊区成为两个截然不同的社会。解决“两个社会”的教育落差、促进融合，提高内城区公立学校的质量成为美国城镇化历程中的重要议题。

一、为不同人群提供差异化的教育支持，促进融合

20世纪60年代，科南特(J. B. Conant)在其著作《贫民窟和郊区：评大都会地区的学校》(*Slums and Suburbs: A Commentary on Schools in Mentropolitan*)发现了内城区和郊区截然不同的教育图景，认为郊区中学最大的问题在于如何刺激那些具有学术天赋的学生，大城市中学则应发展现实且富有挑战性的职业课程，以吸引并保持有辍学倾向的青少年的兴趣。[②] 然而此分类措施并不能

① 爱德华·W.苏贾.后现代地理学——重申批判社会理论中的空间[M].王文斌，译.北京：商务印书馆，2007：275.
② 韦恩·厄本，杰宁斯·瓦格纳.美国教育：一部档案历史[M].周晟，谢爱磊，译.北京：中国人民大学出版社，2009：447.

解决教育公平问题。1966年《科尔曼报告》(Coleman Report)的发布，揭示了经济阶层、种族与学业成就之间的关系后，如何为不利人群提供支持，促进融合，实现所有人的发展，成为政府的教育政策着力点。

1965年，美国国会通过的《初等和中等教育法》(Elementary and Secondary Education Act)鼓励黑人学校和白人学校的合校工作，然而种族差异、阶层隔离在城镇化进程中更为显著。“白人飞走”现象反映了国家干预的教育公平与个人自由选择的教育效能之间存在着张力。加之美国的公立学校大部分由本地房地产税支持，高房价的郊区教育经费充足。因此，20世纪六七十年代，美国大量的中、上层阶级白人涌向郊区时，城市政府和学校系统的税收基础变弱，收入不高的“新移民”(以非裔和西班牙裔美国人为主)无力支持日趋增长的高质量城市学校的运营成本。城市教育系统开始面临严酷的财政缩减，故需要州或联邦政府的拨款来维持教育的公共服务。

在提高学生成绩方面，为保证所有学生三年级都能达到既定的标准，美国联邦政府也形成了诸多的差异化策略。通过儿童早期特别工作小组(Early Childhood Task Force)，确保联邦早期教育项目能够促进学生认知与识字能力发展；通过“早期阅读优先”(Early Reading First)项目对孩子早期认知发展进行积极干预；通过“公平起步”(Even Start)项目确保每个孩子的阅读学习都有公平的开始。[①] 由此可见，美国政府希望通过提供差异化的支持，以实现教育的公平与优质。

二、通过学区改革和问责制度改进学校

在城市化进程中，学区作为美国教育行政管理的基层单位，其规模、功能都发生了重要变迁。在郊区人口锐减，城市人口增加的20世纪五六十年代，学区就面临了城市学生类型日益多元的挑战。之后城市人口日趋增加，出于教育的规模经济效应，出现了学区合并的潮流。然因美国各州情况不一，也出现了一些特例。如新泽西州学区贫富差距大，是美国种族隔离最严重的地方，

① 薛二勇.教育公平与公共政策：促进公平的美国教育政策研究[M].北京：北京师范大学出版社，2015：345.

按地区划分学区在当地成为政治禁忌。与学区合并的国家潮流相反，新泽西州不断分设出更小学区，由地方控制资源。[①] 由此可见，学区在美国的城市化历程中，因各地政治、经济背景不同，集权化和分散化的趋势并存。

学区的变革必然带来学区与学校关系的重塑。从特许学校的产生到特许学区的产生反映了美国教育放权的进一步实现。[②] 与放权相伴而生的是日益加强的问责系统，学区对其属下学校负有改进的责任。尤其在解决贫困学区的教育质量问题时，美国政府采取了积极的措施。1997年，推动教育优先区(Education Opportunity Zones)，通过下列步骤来推动高度贫困的学区改革：第一，这些学区必须采用较高的学科标准与学生学习成绩测验等措施，并须对学生、教师与学校提供必要之协助；第二，这些学区必须推动保证有质量的教学，更具挑战性的课程，以及延长学习时间等措施来防止学生成绩之低落；第三，这些学区必须取消齐头式的升级制度，并有挽救学校免于破败之决心。通过加强在这些社区的教育投资、改变评价体制、提供学习工具等措施来帮助学生提高学习成效、提供额外的资源以提升教学品质与领导才能、对教师与校长提供密集的专业发展训练、改革教师评价模式、用相互竞争的补助办法来支持有发展潜力的教育模式等。[③] 随着2002年《不让一个孩子掉队法》的颁布，对学校的问责日趋增强，学生成绩成为判断教育质量的主要标准。“学校报告卡”和“适当年度进步”评量对学生在核心课程的学业成绩进行记录、评估、汇报，并伴之以奖惩措施。

在实施标准问责的同时，各州对于标准的应用不完全相同。2008年3月，美国联邦教育部颁布了《差异化绩效责任试点计划》(Differentiated Accountability Pilot Program)，选取一定数量的州作为试点，让参与的州建立差异化绩效责任制，强调对需改进学校进行差异化处理，促进学区、学校均衡发展。以田纳西州为代表的“教育增值评价”模式是基于本土现实对教育质量的灵活解读。其增值评估在应用上有三个特点：第一，标准变量多样化；第二，数据搜集广泛、深入；第三，统计方法灵活、立体。其中，学生的进步成为核心考核点，围绕此

① 薛二勇.教育公平与公共政策：促进公平的美国教育政策研究[M].北京：北京师范大学出版社，2015：205.
② 冯大鸣，赵中建.美国学区管理体制改革的第三里程[J].教育发展研究，2004(4)：36－39.
③ 何克抗，赵兴荣.美国义务教育均衡发展的政策与措施[J].基础教育参考，2010(4)：18－20.

对教师效能、学校效能的相关面进行评估。由此可知，无论运用何种方法对教育质量的若干维度进行测量，学生的学业成就是无法绕过的核心要素。

标准问责背后渗透的是美国在国际学业成就竞争中的恐慌。2012 年，美国外交关系委员会发布的《美国教育改革与国家安全》（Education Reform and National Security）报告陈述了美国教育的种种不足，提议推进“共同核心”（common core）标准的应用，开展“国家安全预备程度审计”（National Security Readiness Audit，简称审计），完善教育问责制度。审计采集学校数据，进行国际比较，不断追踪教育发展成果，形成有关各州的教育发展的独立报告，借此在资源、师资、学校改进上提出建议。让学校和政策制定者对评估负责，并提高公众意识。

诚然，强问责措施一度提高了美国的教育质量和教师质量，但是面对因问责而产生的“为考试而教”“教师去专业化”“学生发展不均衡”等批评之声，美国参议院和众议院对基础教育质量的展开讨论与反思，奥巴马政府在 2015 年 12 月签署了《每一个学生成功法案》（Every Student Succeeds Act，简称 ESSA），以取代实施 10 余年的《不让一个孩子掉队法》。ESSA 最为显著的一个变化是终结了原来联邦主导的以学业成绩为基础的问责制，代之以多种评估方法与内容并行的州问责制，教育管理与问责权限归还到各州和地方学区手中。在此背景下，联邦强制推行的教师评价也告一段落，然而确保每个学生都有优秀的教师的目标一直未变。自此，联邦政府从强干预者转变为协调与支持者，为学校改进、教师发展、社区联合等优先事项提供资金。

三、通过经济激励与制度创新保留和发展优秀师资

在 20 世纪 90 年代之前，美国州政府应对师资队伍短缺或其他教育问题时反应迟缓，各地的教师发展呈碎片化局势。这与 1958 年《国防教育法》（National Defense Education Act）中的联邦政府“加强干预”教育的“基因”有很大关系。随着专业协会、私人基金会就教师教育议题展开的政治辩论和媒体宣传，美国国会和白宫意识到“国家干预，州政府最小参与”的模式需要改变，应实施一种新的、复杂的“由国家和地方共治”的模式。在此背景下，联邦

教育部支持、鼓励州与学区改善教学质量，并通过全国教学专业标准委员会（National Board for Professional Teaching Standards，简称 NBPTS）与各种联邦项目提高教师素养。如致力于提高核心学科"教与学"的艾森豪威尔专业发展项目（Eisenhower Professional Development Program），提升职前教师教育和在职教师专业发展的"教师质量伙伴关系资助项目"（Teacher Quality Partnership Grant Program）等。在这些项目中，国家、地方机构和大学均为培养、吸引、保留高质量的教师发挥了作用。为促进师资队伍的建设，联邦政府提供了充分的资金支持，除年度财政拨款外，还通过"总统教学奖学金""教师奖励基金""有效教育者发展支持计划"和"教师和领导创新基金"等项目基金的方式，资助来自贫困家庭的优秀未来教师、鼓励优秀人才从教、优秀教师持续发展，减缓师范生贷款压力，提高教师留任率。

为所有学校提供高质量教师，为贫困地区保留优秀师资成为美国提高教育、教学质量的有力措施。然而教师质量参差不齐，特定地区教师数量不足一直是困扰美国教育质量的现实问题。在教师结构性短缺的压力下，美国替代性教师培养项目自 20 世纪 80 年代就在各州获得了生存空间，并在标准驱动下，进一步演变为替代性教师认证项目（Alternative Teacher Certification Program，简称 ACT）。ACT 充分调动各类服务机构（地区教育办公室、学区、互联网公司、私人顾问、营利性和非营利性组织）、学院和大学参与教师培养，为持有学士学位的非教育专业毕业生提供从教的机会。ACT 阵营中包含"为美国而教""得克萨斯明日教师"等知名项目。21 世纪初，在资源匮乏地区实施的教师驻校计划（Teaching Residency Program for Critical Shortage Areas，简称 TRP－CSA）由联邦资助，旨在为城市内部高需求学校招募/预备/保留能力扎实，具有教育热情，尊重学生需求的教师。TRP－CSA 的师资孕育目标之一为"文化的回应性"，即发展教师对不同文化、学业、语言、社会背景学生进行教育的有效能力。为了确保不同机构培养的师资质量合乎要求，美国先后成立了全美教师教育认证理事会（National Council for Accreditation of Teacher Education，简称 NCATE）、教师教育认证委员会（Teacher Education Accreditation Council，简称 TEAC）、教育工作者培养认证委员会（Council for the Accreditation of Educator Preparation，简称 CAEP）、教育工作者培养质量提升委员会

(Association for Advancing Quality in Educator Preparation，简称 AAQEP)等教师质量认证机构，根据时代发展的现实需求，制定并实施不同的认证标准，保障教师教育的质量。换言之，美国政府不仅在数量上保障高需求学校的教师配备，还通过制度创新为这类学校提供优秀师资。

为增强教育的竞争力，创建世界一流的教育体系，美国在 21 世纪初教育改革的关键词是“问责”，这对“高质量”的教师队伍及其高效的教师评估提出了迫切的需求。在 2001 年签署的《不让一个孩子掉队法》中，美国政府明确提出实施“教师质量”项目，[①]以帮助学区招募、保留和提供优秀师资。2004 年，联邦教育部根据其提出的阶段目标，针对农村教师、科学教师工作量大，多学科教师科目不固定的现实情况，采取灵活认证或考核的措施。但不变的是，每一类教师均需证明任教学科的专业性。同时期，美国还成立了教师绩效评估联盟(Teacher Performance Assessment Consortium，简称 TPAC)，在美国教师教育学院联盟(American Association of Colleges of Teacher Education，简称 AACTE)和全美首席教育官理事会(Council of Chief State School Officers，简称 CCSSO)的帮助下对教师的绩效进行评价，为教学效能提供证据，提升师资培养项目，为政策制定者提供有关提升“教与学”质量的建议。

然而，问责政策引发了教育研究者与实践者的不满。若干教师成为区域、学校治理不良的“代罪羊”。2010 年，联邦教育部出台的《为教师而建——改革蓝图如何赋权于教育工作者》(Built for Teachers—How the Blueprint for Reform Empowers Educators)纠正了 NCLB 中强问责催生的“为考而教”“为学校、教师贴标签”等现象，指明了将教师视作重要的专业人士，正确运用学校评估数据等方向。2013 年教育部发布《提升和转变教学专业蓝图》(The Blueprint for Elevating and Transforming the Teaching Profession)，进一步提出

---

① 根据 NCLB 法案，美国教育政策中界定的“高质量”教师具有如下三个特点：拥有学士学位；拥有州教师资格证书或许可证；用以证明任教学科专业性的材料。以 NCLB 法案实施为分界点，在 2002—2003 学年之后，上岗的教师必须是“高质量”教师。并用 4 年左右的时间，即在 2006 年时，所有公立学校的主要学科的教师均需达到“高质量”教师的要求。为了方便教师专业性的认证，美国开发了“高水平、客观、统一的国家评估标准”(High，Objective，Uniform State Standard of Evaluation，简称 HOUSSE)，作为拥有学科知识的高水平教师认证的补充手段，在这一考核中，教师可以提供有关教学经验、专业发展、专业知识的材料。除了 HOUSSE，教师(初中和高中)还可以通过提供“任教课程的主修证书”“同等学力(学分)”“州考试通过证明”“州高级证书”“研究生学历”来证明自己的能力。

“建设共享责任和领导力的学校文化氛围”“提供专业化的职业组织和有竞争力的待遇”[①]等多项建议，促进教师发展。这也从侧面反映了提高教师质量，需要从外部问责走向内部责任的共享。

由于美国各州在教师认证、考核上存在较大的自主权，其流程与标准不尽相同。参与教师培训、认证的组织类型多样，导致“教师作为一名专业人士”在美国不同区域、不同项目中，有不同的指标呈现。但是教师任教的学科知识这一类目从未改变，且各类标准均关注教师的教学能力，及其对学生学习的影响。如 2016 年全国教学专业标准委员会对教师的知识、能力进行了修订，形成新的五大核心主张，即“教师是致力于学生学习的专业人士；教师知道教什么，以及如何教给学生；教师主导并监督学生的学习；教师系统思考其实践，并从经验中学习；教师是学习共同体的一员”。[②] 随着教育技术的广泛运用，数字课堂的推广，美国联邦教育部和教育技术办公室（Office of Educational Technology）在 2016 年发布的《提高教师教育中的教育技术：政策简报》（Advancing Educational Technology in Teacher Preparation：Policy Brief）中提及，教师培养项目中应敦促专家教师掌握“整合技术的学科教学法知识”（Technological Pedagogical Content Knowledge，简称 TPCK）。TPCK 的出现意味着 21 世纪的教师需将学科内容知识、教学法知识、技术知识进行整合，促进学生的学习。

四、通过多种途径实现补偿教育

美国的补偿教育奉行积极差别对待原则，对有特殊需求的学生进行资源倾斜。有学者将美国的补偿性教育措施归结为四类：校外项目、附加项目、班内项目和替代项目。[③] 20 世纪 70 年代的一项跟踪研究发现补偿性教育对学生的学业成就产生了积极的影响，成绩不良的学生在阅读、数学、科学有大幅度的提升。[④] 其

---

① Department of Education. A blueprint for RESPECT[EB/OL]. http://www2. ed.gov/documents/respect/blueprint-for-respect. pdf. 2013 - 04 - 30.

② National Board for Professional Teaching Standards. Whant teachers should know and be able to do[EB/OL]. http://www.nbpts.org/standards-five-core-propositions/. 2017 - 12 - 20.

③ 薛二勇.教育公平与公共政策：促进公平的美国教育政策研究[M].北京：北京师范大学出版社,2015：137.

④ National Assessment of Educational Progress. Low achievers improve reading skills, But top students lose ground in math, science[N]. NAEP Newsletter, 1983, (XVI): 1 - 2.

中提前开端(Head Start,又称启智计划)取得了良好的社会与政策效应,得以长期运营。提前开端作为联邦政府独立运作的项目,通过向家庭、社区机构与教育部门提供资金,建立各种日托中心,帮助贫困儿童获得智力、情感的和谐发展,提高其学习成就及社会适应性。

《不让一个孩子掉队法》中明确提出“每个孩子都应该受到发挥其全部潜能的教育”。在这一理念的影响下,美国联邦教育部推出“移民教育公平开始”(Migrant Education Even Start,简称 MEET)项目,帮助移民家庭克服文化障碍,消除教育导致的贫困恶性循环。MEET 不仅提供普及文化水平的成人教育,还提供早期幼儿教育,并教给移民家庭教育子女的方法。2009 年,以“一揽子经济激励”而出名的《美国复苏与再投资法案》(American Recovery and Reinvestment Act)拨款 30 亿,作为学校改进基金(School Improvement Grants,简称 SIC),持续帮助表现不良的学校。此外,美国的州政府、社会团体、慈善组织也投身于对社会弱势群体的教育补偿。如美国明尼苏达州推出了一系列教育项目,为移民和难民群体提供语言、文化教育,基础教育,能力教育等。伊利诺伊州的教育局、公共事务部门、幼儿教育与家长联合会(The Early Childhood and Parenting Collaborative)、伊利诺伊儿童行动(Illinois Action for Children,简称 IAFC)等组织均投身到建设高质量的早期护理和教育体系,支持社会不利人群的子女教育,通过教育减少代际贫困。美国的补偿教育虽以联邦政府为主导,但也集合了多类教育资源;补偿对象总体为不利人群,但在项目设计上包含早期教育的干预,多元文化的支持,薄弱学校的改进等。

综上,美国为提高教育质量,促进教育公平,“在法律层面经历了或渐进或激进的演化,较为充分地调动了联邦政府、州政府、学区的积极性,编织为联邦政府的补偿性教育政策,州政府的绩效责任政策、学区的有效学校改进政策的公平政策网络”。[①] 美国多样化的教育生态环境支持了教育的多种探索和创新,各类决策单位各自进行相对独立的决策,易于产生新的可行的教育方案,[②]在教育质量的“效率”“效能”“公平性”“回应性”“相关性”“反思性”维度

---

① 薛二勇.教育公平与公共政策：促进公平的美国教育政策研究[M].北京：北京师范大学出版社,2015：130.

② 郑太年.美国教育的基础性制度和发展战略的嬗变[J].教育发展研究,2018(11)：18－26.

上表现突出。但由于美国郊区化的历程，导致用于补偿教育的资源和政治影响力主要集中在白人聚集的郊区，公平化的财政建议较难得到州议会的支持，这也可以解释联邦政府在促进教育公平中发挥的重要作用。美国为教育质量的管理建立了明确的标准和问责系统，在国际测试的影响下，日益关注指向结果的学生学业成就。因此，美国学界判断教育“产出”的标准通常表现为：学生在标准测试中呈现的学业水平；高中毕业率；高等教育入学率；学生的社会协调与公民身份；道德与伦理感；就业率。[①] 而对导致结果的教育过程或“工具”的探寻主要反映在对“教师效能”和“学校效能”的测量上。1996 年，美国教学和未来委员会（National Commission on Teaching and America's Future，简称 NCTAF）认为，教育改革议程的核心是教师质量，在其《什么最重要：为美国未来而教》（Doing What Matters Most：Teaching for America's Future）的报告中指出，教师的知与行对学生的学习有着最为重要的影响。这一认识在今天依旧被美国联邦政府和教师协会所认可。故在《不让一个孩子掉队法》颁布后，责令 2006 年学年结束前，所有任教核心学术课程的教师均要获得教师国家认证。此间，促进美国教师多样化培养的替代性认证也由此兴起，即未接受过传统师范教育课程的教师候选人依旧可以通过职业考核进入教师职业。这一方面解决了特定区域教师供给不足的现状，一方面也对教师专业性形成了冲击。与此同时，未来教师的图景也在报告《教学 2030：我们必须为学生和公立学校做些什么？——现在与未来》（Teaching 2030：What Do We Must Do for Our Students and Public Schools—Now and in the Future，简称“教学 2030”）中呼之欲出。在未来社会，教学是一项复杂的工作，应注重教师混合角色的建构与培养。所谓“企业家型教师”（teacherpreneurs），应具备企业家“寻找变化，回应和利用各种机会”的精神，是对同事、学生尤其对协作创新与创造文化有着深刻理解的教学专家，而且承担着教师教育者、社会组织者、政策研究者、虚拟导师等角色。[②]

---

① Ellett, C. & Teddlie, C. Teacher evaluation, teacher effectiveness and school effectiveness: Perspective from the USA [J]. Educational Assessment, Evaluation and Accountability. 2003, 17(1): 101 - 128.

② Berry, B., & the Teacher Solutions 2030 Team. Teaching 2030: What we must do for our students and our public schools——Now and in the Future[R]. New York: Teachers College Press, 2011.

第三节　巴西：过度城市化背景下的教育质量挑战

巴西城镇化加速发展于20世纪五六十年代。80年代，受经济危机和经济持续低速增长的影响，其城市化速度逐渐放缓。在发展城镇化的过程中，巴西充分利用了“卫星城”的做法。例如，在圣保罗老市区50—80千米半径范围内建设了8个卫星城，卫星城成为缓解人口压力和经济社会环境问题的重要手段。然而也正是这一做法，蕴含了后续“城市集群”和“边缘化”城市的资源配置问题。巴西的东南部聚集了大部分人口，而且大部分居住于城市及其周边。由于中心城市吸纳劳动力的能力有限，生活成本较高，因此人口迁徙过程中，与城市集群毗邻的边缘城市成为移民的首选。[①] 城市建设的步伐跟不上人口城市化的速度，城市不能为居民提供必要的就业机会和生活条件，地域转换之后没有实现相应的职业转换，导致“过度城市化”现象。具体表现如下：土地资源闲置，农业人口减少；城市周边存在大量贫民窟，市政基础设施和公共服务配套跟不上，社会不稳定；阶层差距、贫富差距、城乡差距在区域不均衡发展的背景下尤为凸显。

巴西虽为拉美地区综合实力最强、工业体系最完整的国家，却也是贫富差距最大的国家。根据OECD的数据，巴西在2013年的基尼系数0.47，而世界银行2018的数据则为0.539。在1985年之前，巴西经历了君主制、寡头政治、民粹主义和军政府。之后，军政府交权于公民领导，形成了联邦共和制。然而多年动荡的政治生态格局未能很好地服务于教育，教育成为各个政党输送利益的渠道，中等教育发展滞后。在此背景下，完善公共资源，补偿不利人群，提升中等教育，提高国民综合素养，成为巴西教育政策的重点。

一、推进全民教育，完善教育资源配置

1988年，巴西萨尔内政府颁布新的宪法，提出了“全民教育计划”，通过增

① 吴国平，武小琦.巴西城市化进程及其启示[J].拉丁美洲研究，2014(2)：9－16.

加初等教育的入学机会和提高初等教育的质量，减少社会欠债和履行国家对贫穷市民的教育义务。具体措施包括增加入学机会、提高初等教育的效率、提高教师地位、扩大教育经费的来源。在这期间，巴西改进学校的空间布局，新建和改建了一批学校，以应对人口流动对教育需求的挑战。

1993年12月，政府推出全国“全民教育十年计划（1993—2003）”，强调政府必须履行其职责，按标准调整地区教育差异，使教育资源的使用表现公平性。巴西政府先后实施了“全国学校教科书计划”“教具计划”和“交通计划”等，保障了基础教育硬件设施的供给。其中，“全国教科书计划”规定全面援助公立学校一至八年级的学生，教师选择并确定分发各校的课本，课本的平均使用年限为3年。“教具计划”在于为基础教育公立学校的学生提供基本学习用具。该计划具有较好的延续性，2005年时其受惠对象延伸到基础教育第一阶段（学前教育阶段），而且教具类型日益丰富。除此之外，为解决农村学校学生的出行问题，保障出勤率，1993年巴西针对农村学校推出“交通计划”。同时，巴西政府高度重视儿童的营养问题，认为儿童的营养状况可以直接影响学生的入学率、出勤率、升学率等，与教育质量密切相关。[①] 为改善学生的营养状况，巴西制定了免费午餐计划。该计划对于午餐的质量与管理有详细规定，加之实施力度强，使巴西成为营养项目成果较为显著的国家之一。在2004年的公共政策中，继续深化“全国学校供餐计划”。这一计划是放在一个粮食安全的框架内，旨在减少营养不良儿童的数量，同时改善学校的入学率。

完善资源配套，有意向贫困地区和成绩不利的群体倾斜。如由政府划拨专款，在学生成绩普遍偏低的初等学校设立“快速补习班”。为促进教育的均衡发展，政府推行“东北地区基础教育计划”。1993—1999年期间，在东北9个州投入了大约8亿雷亚尔（1雷亚尔约等于0.17美元），给东北地区各州的公共教育提供技术和财政方面的支持；制定和实施教师和学校管理人员的培训和进修计划；为改建、扩建学校和添置学校设备提供资助；促进学校的发展。巴西教育部在20世纪90年代开始关注文化多元性问题，承担印第安人正规教育的责任。出台“印第安人教育计划”，成立印第安人学校，形成具有印第安

① 万秀兰.巴西教育战略研究[M].杭州：浙江教育出版社，2014：206.

人特色的教育。

在资源配置方面，具有创举性的行为是1996年基础教育发展基金会（Fund for Maintenance and Development of the Fundmental Education and Valorization of Teaching，简称FUNDEF）的成立。FUNDEF的宗旨在于推动基础教育的普及，改善质量，促进公平。作为具有独立核算性质的基金会，最大的创新在于改变了全国公共基础教育的融资结构，突出了州一级政府统筹本辖区内基础教育发展的功能，建立了规范的基础教育财政转移支付体系，缩小了州与州之间的教育投入差异。2006年，FUNDEF进一步拓展，拨款范畴从原先的义务教育衍生至学前教育和高中教育。通过相关利益者共同参与的教育财政问责机制，保障经费来源，大幅度缩小地区教育投入的差异。① 但是，与巴西高等教育的资源配置相比较，初等、中等教育的资源配置依旧显得不足。

二、改进中等教育，完善教育体系与内容

巴西的基础教育年限较短，学段之间的衔接性弱。中等教育的脱节导致其未能为工业化、城市化储备人才，加之巴西历来重视精英教育，将培养高等人才视作适应工业化发展所需，这间接导致巴西的中等教育成为一个“历史遗留问题”。一方面，中上阶层的家庭倾向于选择私立学校；另一方面，公立学校的学生成分可覆盖所有社会阶层。在巴西，学校的良性循环成为衡量民主教育的基本标准。换言之，学校不可成为社会分层的加速器，不同类型学校的学生均享有获得成功的机会。然而，在现有的巴西教育体制下，初等教育由州和市级政府共同管理，高中教育由州政府管理。面对严苛的地区差异以及滞留在学校的大量青少年，中等教育成为改革的重点。如通过统一考试检测中等教育质量，加强技术教育的硬件投入，促使技术教育大众化，以此来增强学生的就业率，提升中等教育对国民经济的适应性。

与此同时，巴西政府开始着手中等教育内容的改革，以提高教育的效率。

① 田志磊，周娟.巴西基础教育发展基金会述评[J].世界教育信息，2014(23)：44－49.

巴西教育界人士认为，如果无法拥有扎实的基本知识和基本能力，设置再多的科目也无济于事。2009年，巴西教育部门计划减少中学课程的科目，并将每年的最少教学时间由2 400小时增加到3 000小时，把接受中等教育的年龄段确定为15—17岁，为更多的青少年提供接受中等教育的机会。即便如此，为社会培养所需人才的使命依旧任重道远。巴西15岁学生在数学能力方面表现不佳，职业教育的入学率（8%）也远远低于OECD的平均值（46%）。巴西政府应提高中等教育的质量，加强中等教育和高等教育的联系，为学生提供适应于未来的合适能力。① 巴西政府在2011年通过了“国家职业教育和就业项目”（National Vocational Education and Employment Programme），力图稳定各类职业教育提案，如在高中教育和在职培训中增加职业课程，提供培训补助金等。其间，巴西联邦教育部先后通过和实施“创新中等教育项目”（Innovative Secondary Education Programme）、“国家巩固中等教育的协定”（National Pact for Strengthen of Secondary Educaiton），促进高中教育课程的变革。

三、关注儿童和青少年权益，着力降低辍学率和留级率

在20世纪60—80年代，巴西初等教育的辍学率和留级率居高不下。据统计，1960年每百名进入初等教育一年级的学生中，升入二年级的只有41人，到1980年也只有53人。② 而且巴西学校的入学率和文盲率在地区、种族方面分化严重。东南部的里约热内卢地区就学率一直较高，西部地区亚马逊州、东北部马尼拉尼昂等州的就学率最低，且东北部的文盲率也高出国家平均数许多。农村的文盲率是城市的3倍。年龄在25岁以上的文盲率，白人为15%，黑人为35.2%，混血种人为33.6%。上学9年或9年以上的人口比重，白人为26.7%，黑人为9.3%，混血种人为12.7%。③ 为了保护儿童和青少年的受教育权利，巴西教育部在20世纪90年代制定了“全面援助儿童和青少年计划”，鼓励全社会共同解决巴西儿童和青少年发展中面临的极为严重的社会问题。其

① OECD. Education policy outlook：Brazil[EB/OL]. http://www.oecd.org/edu/profiles.htm. 2017-09-15.
② 周世秀.90年代巴西教育的改革和发展[J].拉丁美洲研究，2000(3)：41-45.
③ 张宝宇.巴西教育问题：发展经济学的视角[J].拉丁美洲研究，1998(5)：39-43.

工作范畴包含“儿童和家庭的保护、促进儿童和青少年的健康、托儿所和学前教育、正规学校教育、体育运动、文化、职业教育、营养”八个部分，每个部分均着重一个优先援助的领域，并考虑到儿童发展的不同阶段的特殊性、儿童家庭的客观条件以及地方社区的社会、经济和文化环境。[①] 2006 年，巴西实施“家庭补助金”（Bolsa Familia）计划，通过有条件的现金转移支付和学校入学率的监测，激励家长送孩子入学。这一计划有效降低了贫困人口的辍学率，并为贫困阶层的社会流动提供了机会。截止到 2010 年，巴西的功能性文盲在经济活动人口中的比例已不足 20%，而且功能性文盲大多集中在老年人群体。年轻人普遍完成了基础教育，超过 70%的年轻人完成了 8 年学校教育，年龄超过 18 岁的高中教育人口由 1980 年的 620 万人增加到 2010 年的 3 970 万人。[②] 2015 年，巴西通过“国家在适当年龄的扫盲协定”（National Pact for Literacy at the Right Age），要求各级政府确保学生在 8 岁时具有识字能力，进一步巩固其扫盲的成果。

根据 OECD2015 年的报告，巴西的学生留级率高达 36.1%，远远高于 OECD 成员国的平均数（12.4%）。留级率的存在不能提升学生的在校表现，导致教育成本提高，并可能进一步导致退学率，故巴西为降低学校留级率作了巨大努力。政府通过“年龄/学龄调整计划”（National Programme for Age/School Year Adjustment）为有需要的 15—17 岁的学生提供个别指导，使其完成初中教育；对年满 18 岁，依然滞留在学校中的学生，采取“压缩饼干”式的教育，一旦他们通过相关课程考试，即可获得中等教育毕业证。然而快速培训出来的人才与就业市场的匹配性不高，对低迷的经济无直接的贡献力。

四、提高教师待遇，加强教师培训

教师收入低、水平参差不齐一直是困扰巴西教育质量的重要问题，加之城市的密集建设，受教育人口大多集中在城区，农村学校中，只有一个班级、一位

---

① 黄志成.巴西教育［M］.长春：吉林教育出版社，2000：330.

② Arretche, M. Paths of inequality in Brazil：A half-century of changes［M］. Gewerbestrasse：Springer International publishing AG, 2019.

教师的学校数量超过一半，这些学校采取不分教育水平的混合教学，提供3—4门初级课程。[①] 此举对拥有合格教师比例较低的农村地区的教育质量提出了严峻的挑战。20世纪80年代，在一些经济落后的州，教师的收入不到最低工资的10%。联邦政府于1996年12月26日创立了“基础教育发展和教师专业发展基金”，由联邦政府、各州与各市政府从财政中拨出150亿雷亚尔，按各校人数将一部分资金发到每所公立中学和小学，要求教师具有大学认可的资质，为教师提供免费的初任教师在职教育，增加实践教学的时间。在设立教师专业发展基金之前，鉴于边远地区一些小学设备破旧，教师工资偏低的情况，政府已设立了“直接到位补贴经费”，[②]教育部根据一些小学的困难情况，直接拨到应当接受补贴的特困小学，以缩小学校在经济方面的地区差异，改善落后地区办学条件。“基金”的成立进一步明确了联邦政府保障最低生均经费，该项经费的60%用来支付在职教师的工资。

加强教师培训，提高教师的社会地位。“基础教育发展和教师专业发展基金”允许在计划实施最初的五年内，使用部分经费培训不合格教师。这些举措大大提升了学校“合格教师”的数量，间接提高了学校教育教学的质量。此外，针对教师专业提升的“远程教育计划”也在1995年得以推进。政府资助初级学校安装电视教学设备，每天可接受3小时的高质量教学节目。巴西大约有12万教师完成了开放大学提供的培训课程，其中3.2万人获得了大学学位。21世纪初，第6775号总统令确定了2009年至2014年基础教育教师培训的国家政策和规划，在3 294个市为79 060位没有大学证书的教师提供培训。2010年，“国家农村教育项目”（National Programme for Rural Education）通过一系列组合政策为农村地区提供财政和技术支持，包括为特定地区培训教师，改进教与学，改善基础设施。即便如此，巴西的教师教育和教师发展的支持力度依然不足。在2013年的“教师教学国际调查”（Teaching and Learning International Survey，简称TALIS）中，巴西的全职教师只占40%，过去一年获得专业发展的

① Barretto, E. & Souza, S. Z. Learning cycles: Transition policies for a new logic of compulsory schooling in Brazil. In W. T. Pink & G. W. Noblit (Eds.), International handbook of urban education[M]. Netherlands: Springer, 2007: 601 – 618.

② 周世秀.90年代巴西教育的改革和发展[J].拉丁美洲研究,2000(3): 41 – 45.

教师占89.5%，但有14.7%的教师在专业发展时未获得任何支持。[①]

巴西总统既是国家元首，也是政府首脑。既有的权力结构、国有部门的腐败等导致的经济颓势使得社会保障资源不足；政党之间相互倾轧，当“选民至上”变成一种政治口号和逐利工具时，教育质量的提升举步维艰，这也间接导致了巴西教育改革政策口号多，执行力不强。巴西的义务教育发展缓慢，义务教育质量取得进展的标志主要体现为：入学率提高，义务教育年限延长，教育结构、体系趋于合理，合格教师增多。教育的不公平体现在城乡之间、阶级之间、种族之间。

20世纪90年代始，巴西联邦政府对教育的干预力度增强，投入增多，但地方政府的非税收来源不足，导致教育投入不足。[②] 此外，地方政府的腐败导致中央层面下拨的“教育一揽子拨款”未能有效改进地方教育事业，甚至影响了学生的在校学习。[③] 2000年之后，巴西联邦政府通过对国家教育发展基金的重新分配，使得公共资源的部署更为公平，教育也从中受益。巴西政府在《国家教育规划：2014—2024》(The National Education Plan for 2014—2024)中承诺，用通过20年的时间消灭社会不平等。基础教育阶段的目标包括：提供针对所有4—5岁儿童的早期教育，提供九年义务教育，将中等教育的入学率提高到85%；不断提高教育财政，争取2018年国民收入生产总值的7%投入到公立教育中；至2020年时，将国民收入生产总值的10%投入到公立教育；在2016年之前，每位教师需建立包含专业发展活动的职业规划，所有的教师应接受高等教育中的特定学科课程培训，基础教育教师有一半达到研究生水平，具有学士学位的教师的工资应与其他专业人士的工资齐平。由此可见，作为发展中国家的巴西日益认识到“提前干预”对人力资本储备与社会公平的重要性。社会分层并非在中等教育时才开始，幼儿早期的营养与发展在其后期的学业成功中也扮演着重要的角色。在巩固义务教育成果，提高入学率，降低留级率的过程中，巴西作为一个人口大国，不仅要关注“量”的供给，还需进一步细化教

---

① OECD. Education policy outlook：Brazil[EB/OL]. http://www.oecd.org/edu/profiles.htm. 2017-09-15.

② 黄志成，郑太年，徐辉富.巴西初等教育的改革[J].外国教育资料，1997(2)：35-42.

③ Ferraz, C. Finan, F. & Moreira, D. B. Corrupting learning：Evidence from missing federal reducation funds in Brazil[J]. Journal of Public Economics, 2012(96)：712-726.

育的目标，回应21世纪人才培养的使命与价值。而师资队伍建设是达成这一目标的关键所在。

第四节　韩国：行政推动工业化背景下的教育质量挑战

20世纪60—90年代，韩国城市化进程发展迅速，“首都圈”的概念在这一时期形成，首尔成为全国企业和人口的聚集地。20世纪80年代，首尔周围拥有6个卫星城。韩国政府开始实行“政府主导性增长战略”，奉行“工业为主、大企业为主、大城市为主”，形成以低工资为基础、轻工业为中心的输出主导型开发政策。[①] 在政府和市场的共同作用下，韩国形成了都市圈、城市群和城市带的稳定结构，出现了大都市的人口向郊区分散，欠发达地区的人口进一步减少，新兴的城郊地带和新中心城市的人口快速增长的现象。在此背景下，首尔、釜山、大邱等传统都市的功能开始弱化。加之工业化的快速发展，农村出现空心化、务农者高龄化的现象。对此，韩国着力推行农村工业化，鼓励传统加工工业，发展农村工业园，降低都市圈的工业集中度，缩小了城乡之间的差距。

然而政府推行城镇化背后带来的地区发展不均衡等问题，给韩国的教育资源的配置带来重重压力；传统文化对学生学习、教育质量的影响不可漠视。在此情况下，韩国也面临着“优质”与“均衡”的教育难题。

一、统筹教育资源，深化学校布局，促进教育公平

20世纪60年代，韩国各级学校的升学率已接近西方发达国家的水平，但是城市化带来的人口流动，对韩国的城市教育的容量、规模、效益造成了挑战。韩国城市学校开始增多，出现学校过大、班额过大和二部制等现象。城市校舍的建设赶不上学龄人口的增长和学校规模的急剧扩增。与此相反

① 顾朝林，赵民，张京祥. 省域城镇化战略规划研究[M]. 南京：东南大学出版社，2012：140.

的是，农村学校规模日趋变小。韩国政府于20世纪80年代，着手标准化建设，实施农村小规模学校的合并政策。首创教育税，以确保教育投入的财政来源。2006年，韩国人力资源部（2008年改名为“教育科学技术部”）发布了《农村小规模学校合并和适当规模学校建立方案》。然而以“60名学生为标准”的农村学校合并政策的实施并没有破解这类学校的教育质量与发展。诸多小规模学校合并之后仍是小规模学校，无法保障正常教育课程。[①] 加上人口的继续外流，家长对小规模学校的不信任，逐渐形成一个恶性循环。此外，伴随着政府推动的学校“标准化”建设，学校的基础设施、硬件均得以提高，大城市学校的容量得以控制，城乡学校的面貌得以实质性的改善。以师生比为例，韩国小学的师生比由1990年的35.6下降到2013年的15.3。[②] 在义务教育标准化建设中，师资的统筹成为推进教育公平的重要举措。韩国确立了教师公务员的身份，推动教师每4年一次，校长每2年一次的轮岗，以促进区域教师资源均衡。

此外，韩国完善了相关教育法律，促进教育公平。如《岛屿、偏僻地区教育振兴法》规定，国家要优先保证岛屿、农村、渔村、山区、矿山等艰苦地区实施义务教育的经费，在上述地区以及大城市里的弱势群体中实施“国库投资”发展教育事业，优先解决学校用地、教室、医务室和必要的设施、设备、教材、教具，为学生提供教科书和为使学生上学应采取的必要措施。[③] 该法在1990年12月被修订，国家、地方自治团体振兴岛屿、偏僻地区教育的任务和职责得以进一步明确。故韩国与西方发达国家类似，通过补偿性政策将公共教育资源优先给予不利群体。因其重教的文化传统，以及政府一贯的主导角色，故民间各利益团体之间的抵牾不及美国严重。

鉴于家庭在课外教育上的投入差距很大，间接导致学生的学习成绩差距。韩国教科部学校政策促进团适时提出了“放学后教育”实施计划。该计划囊括了学校艺能兴趣教育、小学的课后课堂、中学的补充辅导等项目，最终实现任何人都能在学校接受高质量、多样化教育的理想目标。[④] 为了确保“放学后教

---

① 韩春花，孙启林.韩国农村小规模学校合并政策实施效果及对策研究［J］.外国教育研究，2010（11）：10－15.

② Statistics Korea. Explore Korea through Statistics［EB/OL］. http://kosis.kr/eng/. 2016－12－11.

③ 孙启林，金香花.韩国教育督导制度及其特点评析［J］.外国教育研究，2007（7）：1－5.

④ 艾宏歌.当代韩国教育政策与改革动向［M］.北京：社会科学文献出版社，2011：16.

育”项目的顺利实施，教科部在2009年启动“无校外教育学校”资助项目。该项目鼓励高学历的学生家长参与指导学生学习，强化学校的公共教育，开发和编排教育课程等，以提高学生和家长对学校公共教育的满意度。如今，“放学后教育”项目已经拓展到3—5岁儿童的养护，早期教育中的综合课程将时间扩展至每日最多5小时，政府为此提供额外的费用，以示支持。由此可见，韩国力图通过政府资助和干预，让人人享受公平的学校教育，并充分调动社会、家长的力量，投入到教育中来。

二、优化教育结构，倡导多样选择

为了适应产业结构的调整，韩国政府也对人才培养的导向进行调试。韩国在1960年之前，教育扩充的速度已然超过经济发展的速度，导致一部分受教育者无业可就。对此现象的解读既可视为教育的“超前发展”，也可视为韩国受儒家传统的影响，素有重视教育的风气。也正因为此，它为韩国教育经济的腾飞起到了人才蓄水池的作用。20世纪60—80年代，韩国的产业结构发生了巨大变革（见表2-1）。第一产业锐减26.51%，第二、第三产业均有所增加。与此同时，重型化工业取代制造业，取得大幅发展。这也就要求教育为国民经济输送合乎需求的人才。然而，“学而优则仕”的文化脉络下，如何发展职

表2-1　韩国工业发展与教育扩张[①]

年　代	教　育　发　展	工业发展及其所需劳动力
1961—1980	普及中等教育，扩充职业教育	劳动密集型的制造业 能力导向的重工业和化工业
1981—1997	普及、扩充高等教育 质量提升	高能力劳动力 技术产业导向的经济重建
1998—现在	创新的、高科技的、有质量的教育；终身学习	知识为本的劳动力 知识为本的高新技术产业

① Ministry of Education. Education: The driving force for the development of Korea[R]. Seoul: Ministry of Education, 2015.

业教育，适应工业结构的变迁？韩国教育部提供了一系列条件以激发学生接受职业教育的积极性，包括优厚的奖学金及承诺安排就业等。[①] 同时，韩国采取“高中均等化政策”（High School Equalization Policy），取消公私立学校的入学考试，抽签决定入读学校；废除重点中学，采取学群制，促使升中学考试降温。

韩国在自然资源有限的情况下，能跻身21世纪高科技国度，政府将其归功于“人力资源”的部署。20世纪80年代之后，韩国大力发展高等教育，回应知识工业的需求。韩国积极参与国际组织的各项倡议。如2014年，韩国教育信息研究院（Korea Education and Research Information Service，简称KREIS）和联合国教科文组织共同举办了“教育中的信息通信技术”中亚研讨会，和世界银行共同举办了“教育中的创新”国际研讨会。2015年在仁川举办的世界上最大的教育领域的会议——世界教育论坛，着重介绍了韩国信息通信技术教育政策和主要成就，有效地向各个国家展示了韩国提供的未来教育议程。2015年11月，韩国教育信息研究院和联合国教科文组织等联合举办了主题为“学校创新”的ICT国际研讨会。为了培养符合全球化所需的人才，韩国政府非常重视英语教育。国家承诺负责英语教育，力争把英语课外教育费用缩减一半；在国内引入全球化教育区，规定学校用英语授课、交流；利用教育特别援助经费和民间捐款等财源，用于英语教师培训、英语课程开发、培养教员支援海外实习等。[②]

三、提高教师地位，更新教师能力

韩国重视教师的工作状态与待遇，认为优秀教师是教育质量的关键保障。为了确保优秀教员能够安心从教，鼓励更多的优秀学者从事教育工作，国家制定《优秀教员确保法》，明确规定了教员的经济收入、身份保障、劳动条件、安全事故保险、福利等内容。以教师津贴为例，既有所有公立学校教师都享受的“普通津贴”，也有为偏远地区、具有特殊需要学生服务的教师提供的“特殊津

① Shin-Bok Kim.韩国教育模式的变革与发展[J].教育发展研究，2005(10)：29－34.
② 艾宏歌.当代韩国教育政策与改革动向[M].北京：社会科学文献出版社，2011：17.

贴”，还有教师因工作需要而产生的补贴，以保障教师的社会地位。

在教师养育上，采取分类培养的思路。幼儿园教师主要由专科大学培养，小学教师由教育大学培养，中学教师由师范大学和普通大学的教育专业和教育课程培养。若要取得教师资格证，需参加省级资格考试，一般每年的通过率为20%—30%。[①] 可见韩国在教师准入环节采取了较高的标准。同时，就教师的在职发展，机构培训、校本培训、个人培训三者并存，而且韩国政府鼓励教师跨专业学习及国内外研修；以能力为中心，作为教师升迁的标准。韩国重视教师的通讯信息技术的培养。自1996年以来，韩国基本上每隔4—5年颁布教育信息化的总体规划，计划每年有25%的教师接受ICT能力的培训。2002年韩国所有的初等教育阶段的学校均配置了电脑和网络，并相应提供了优秀的教学材料，以便于教师备课、教学。同时，计划在2001—2003年期间为每所学校培训一名信息技术专家，每五所学校培养一名技术维护人员，每年对1/3的教育机构负责人进行ICT培训，每年为所有教师提供不少于15小时的校本ICT培训。2014年，韩国教育部和韩国教育信息研究中心联合发布的《教育中的信息通信技术：第五个总体规划（2014—2018）》（The 5th Master Plan for ICT in Education（2014—2018））列举了提高教师信息通信能力的措施，希望通过信息通信技术的使用减轻学校里教师和职员的工作负担。在发展韩国教师的ICT能力中，政府经历了完善基础设施，构建网络培训系统；开发学科ICT能力培训项目，促进在线学习制度化；推进教育职能培训，促进技术与教学深度融合的过程。教师对ICT的学习与应用也经历了从掌握“技术素养”到促进“知识创新”的过程。

为了保障教师培养的质量，韩国教育部在2001年颁布了《教职发展综合方案》，对提供教职课程的学校进行评估，敦促其积极改善课程，提高教师培养的质量。2008年韩国试行“硕士教师提案”（Master Teacher Initiaitve），意味着有能力的教师可通过评审委员会的评估，获得“硕士教师”的任命。这类教师需要继续教学，并承担若干研究活动，以应用于专业发展项目中。韩国的“硕士教师”不仅是一种荣誉，还与职业晋升相联系。具有“硕士教师”

① 中央教育科学研究所国际比较教育研究中心.中国教育竞争力报告2010[M].北京：教育科学出版社，2011：165.

称号的教师可以申请副校长的职位。2010年韩国政府推行“全国教师专业发展和评估系统”(National Teacher Professional Development and Evaluation System)，以提高教师效能和专业性，目前已被所有的中小学采纳。需额外关注的是，TALIS的比较研究发现大部分的韩国教师认为其职业被社会重视，但若有第二次选择职业的机会时，选择教师职业的人数只占小部分。[①] 为了提高教师士气，韩国教育部针对工作超过10年的基础教育阶段的教师引入“留职休假”，给予这类教师不超过一年的假期，用于培训或自我提升，或为退休做好准备。此外，韩国还成立了“教师教育情感中心”(Teacher Education Emotion Centres)，为在学校环境下受到情绪伤害的教师提供帮助，保护教师的权益。

韩国的教师政策中将教师问责视作提升教育质量的关键手段。在韩国，无论教师的合约状态如何，基础教育阶段的教师每年都要接受评估和监测。无论是教师的“绩效工资”考核“专业发展”评估，还是“职称晋升”考核，“教学”与“学生指导”是必须考察的重要部分，而且在不同阶段、不同评估中有不同的要求。以“专业发展”评估标准为例，在教学、学生指导方面，对教师的评价标准如见表2－5。

表2－2　韩国教师专业发展的评估标准[②]

领　域	要　素	标　　准
教　学	准　备	理解课程，努力改善教与学的方法 开展学习者分析，教学分析 确定教与学的策略
	实　施	导入　　教师提问 教师态度　　师生互动 教学材料　　教学活动 总结与综合
	评价与应用	评价学生的学习(标准和方法) 评估结果的运用

① OECD. Education policy outlook: Korea[EB/OL]. http://www.oecd.org/edu/profiles.htm. 2017－09－15.

② Choi, H. J. & Park, J.-H. An analysis of critical issues in Korean teacher evaluation systems[J]. Center for Educational Policy Studies Journal, 2016, 6(2): 151－171.

续 表

领 域	要 素	标 准
学生指导	人格发展	理解学生个性，实现其个性发展，促进创造力培养 与家长合作指导学生 基于学生的兴趣和特长进行生涯指导
	社会发展	培养良好的习惯 促进学生在校适应力 培养民主社会公民

由此可见，韩国教师的专业发展建立在“教学”这一专业活动的精进和学生发展结果基础之上。若干专业行为不可量化，实施教师专业发展评估的同行、教育领导者需依据基本要素和标准清单，通过开放式问题搜集教师的主观意见。

四、保护英才，促进教育信息化，培养创新人才

“教育立国”与“技术立国”一直是韩国发展的战略措施，这对韩国的城镇化发展和经济腾飞起到了推动作用。20世纪80年代之后，韩国政府积极治理应试教育，改变教育教学方式，思考教育如何为未来社会做好准备。1985年成立总统教育改革委员会（Presidential Committee for Educational Refrom，简称PCER），为21世纪的教育战略与政策提供咨询。1995年PCER发起的“新教育改革”（New Educational Reform）强调通过教育制度、体制改革，教育数字化，为学生的灵活入学，接受全学段教育，提升创造力营造氛围。1996年，韩国教育开发院为了顺应了21世纪信息化、国际化和对人才多样化的要求，保障宪法中“公民根据个人能力享有均等教育权”的规定，设立英才教育研究小组，逐渐形成完备的英才教育制度体系。其中在小学和初中设置和运营英才班级。

在20世纪末，韩国文教部启动了“面向21世纪的韩国大脑”（Korea Brain21，简称KB21）的高等教育改革计划，以培育世界水平的研究院，加强教育的竞争力。在“面向21世纪的韩国大脑”的综合背景下，基础教育对于人才培养方式也进行了一系列的尝试，大力推广探究式的教学方法，着力培养学生的探究力和创造力。各地区扩大设置科学高中，开展全国性的数学、科学竞赛；各学校定期发掘数学、科学英才；改编现有课程，通过国际测试与比较研究确认韩国学

生在数学、科学方面的国际位置。2013年，韩国教育部推行“自由学期制”（Free Semester System），即免除考试，让学生专心于自己的特长，探索各种兴趣与职业选择。此外，韩国将首尔女子大学、公州国立大学、大邱大学、木浦大学作为信息技术培育机构的区域中心，服务于在信息技术素养方面具有天赋的青年。这些区域中心按照中学教师的推荐，而非简单的学术成绩来招收具有潜质的学生。

韩国政府致力于通过信息技术提升教育。从1996年的《教育中的信息通信技术：第一个总体规划》（The 1st Master Plan for ICT in Education）到2014年的《教育中的信息通信技术：第五个总体规划（2014—2018）》期间，韩国政府强化电子学习支持系统的发展，加强教师信息技术素养的培养，构建智能教育、云平台战略等。值得注意的是，在“第五个总体规划”中，KERIS提出了为幼儿园、中小学提供“定制化”的教育支持系统，其中七大策略见表2－3。

表2－3 韩国促进定制化教育支持系统的策略①

1－1	通过资源的良性循环，建立以课程为本的教育资讯设施
1－2	建立一个创造性的教学支持系统
1－3	计划和开发国家在线课程
1－4	开发定向的职业信息推送服务
1－5	支持创新的教学系统
1－6	提供一个包容、普遍可享用的学校环境
1－7	强化信息技术教育，培养在ICT教育中有天赋的人

总体而言，韩国学生在利用电脑搜集信息、数字阅读方面的素养高于OECD平均水平，与韩国长期以来注重信息通信技术在教育中的应用有关。韩国在2000年之前完成了“电子校园”的初步建设。如今更是以21世纪学校为导向，增强学校自主权，通过教育管理和信息系统（Educational Management and Information System，简称EMIS）提高学校管理的效能和效率，通过各类在线平台促进资源共享和质量提升。

韩国的城市化历程及其教育质量提升行动均带有较强的行政干预特色。在其城市化发展快速期，政府的“据点开发”战略使得首尔、釜山不到1/4的国

① Lim, S. B. White paper on ICT in education Korea[R]. Seoul: Korea Education and Research Information Service, 2014.

土面积上，集中了全国半数以上的人口和大部分工业产值。此后政府重新调整战略，开发新城，并对新城的公共资源进行主动干预、配置。在配置资源方面，韩国的义务教育采取了“渐进式”的策略和积极差别对待原则，即先实现小学免费义务教育，再向后延展。坚持经济发达地区收入高阶层子女缴纳学费和经济落后地区低收入阶层子女少缴纳或不缴纳学费的原则，保障了初、中等学校的入学率和巩固率。提倡职业教育，发展英才教育，让不同的人群享有不同的成功机会。提供“放学后教育”项目，确保所有人在获得教育公共服务上的一致性。所以，韩国的城镇化及教育在政府主导下，呈现出有序发展的一面，同时也因重教传统和人口自然流动的复合影响，加剧了政府调整资源的难度。如人口自由流动的同时，私人与公共的教育资源投入并没有减少，但家庭对优质教育资源的追逐，导致韩国的择校现象盛行，以此造成了教育质量中“个人利益”与“公共利益”的张力。

综上，不同国家城市化的历程、动力机制不同，对教育产生的挑战也不尽相同。鉴于英国的私立学校大多位于郊区或乡村，拥有丰富的教育资源和精英教育传统；而位于大都市内城区，以及工人、平民和少数族群聚居区的公立学校，其师资、教学、学生成就均相对薄弱，故提高城市学校，扶助城市弱势群体成为英国提高教育质量，促进教育公平的首要措施。美国的郊区化不同于英国，虽然美国和英国都经历了农村人口向城市流动再向郊区流动的过程，但是美国的郊区化过程中蕴含的“社会隔离、种族隔离”在这个原先以“熔炉”著称的国家显得更为严重。美国的郊区化过程呈现出后工业化城市的若干特征：工业疏散、逆城市化、种族隔离加剧。[①] 美国联邦政府财政的支持，公共服务的健全，以及政府对城市问题的关注，导致美国在卫星城遍布的同时，并没有产生巴西城市化历程中兴建卫星城的后果。美国因高速公路网络的发展带动了数以百计的卫星城市与睡城(dormitory towns)的发展，其流动人口也逐渐变为具有教育产品选择权的中产阶层，部分郊区逐渐由单一的居住功能变成具有各种城市功能的居住区。而巴西因城市公共服务资源跟不上，流动人口主体依旧为低能力劳动者，城市中心及卫星城里贫民窟聚集，流动人口基本没

① 宋金平，李香芹.美国的城市化历程及对我国的启示[J].城市问题，2006(1)：88－93.

有教育产品的选择权。而经历了朝鲜战争，在 20 世纪 60 年代开始向城市化迈进的韩国，因有较好的人力资源基础和重教传统，家庭在个人教育支出上扮演了重要角色。据韩国教育开发院 1995 年发表的一项研究，在韩国教育投资的构成中，私人教育费占了一半左右的比重，而其发展趋势将超过公共教育费。这意味着增加教育投入不仅是政府行为，还是全社会共同努力的结果。[①] 此外，国家政府层面的“积极差别对待政策”在韩国遭遇的抵制要远远小于美国。韩国的教育质量处于稳步提高的阶段，在 PISA 测试中处于前 10 名的位置。

如今，英国、美国、韩国、巴西的城镇化率都达到 70%以上。需注意的是，四个国家进入 21 世纪时的现实基础不一，对 21 世纪教育的展望、人才的培养要求也不尽相同。当巴西还在为识字率、留级率制定对策时，韩国已在思考创新性的国际人才的培养；当美国开发核心素养，通过法案帮助每个学生发挥其潜能时，英国则在探究教育背后的社会根源和劳动力市场问题，形成了一套“21 世纪能力”的培养路径。换言之，在公平的基础上，英国的教育战略指向“世界一流的教育和关怀”；美国的教育战略附加了“卓越”，并为“全球竞争力”做准备；而巴西在“过度城市化”背景下，将教育公平作为主要的教育战略目标；韩国强调“为未来培养具有创造力的人才”（具体见表 2－4）。

表 2－4　四国教育战略及其对教师的期待[②]

国别 21 世纪教育	英　国	美　国	巴　西	韩　国
教育的时代背景	逆城市化	郊区化	过度城市化	行政推动工业化
教育战略目标	提供世界一流的教育和关怀，无论背景如何，每一位儿童和青年都能发挥其潜能（2015—2020）	通过卓越而公平的教育提升学生成就，为迎接全球竞争力做好准备（2018—2022）	普及义务教育，扩大教育的机会，减少不平等，保持多样性，促进教育公平（2014—2024）	为所有人提供平等、可发挥潜能、促进性格养成的、幸福的教育，为未来培养具有创造力的人才（2013，2017）

① 余伟民.私人教育费在韩国教育发展中的地位和作用[M]//复旦大学韩国研究中心.韩国研究二十年（文化卷）.北京：社会科学文献出版社，2012：255.

② 四国的教育战略分别来自英国《教育部 2015—2020 战略：世界一流的教育和关怀》；美国《教育部 2018—2022 年战略规划》（草案）；巴西的《国家教育计划（2014—2024）》；韩国的教育战略综合了韩国教育发展研究所的《韩国教育 2020 愿景：教育战略》、韩国教育部 2013 年的《国家政策框架和教育部门的贡献》及《2017 年教育规划》，且重点呈现了基础教育部分的内容。

续 表

国别 21世纪教育	英　国	美　国	巴　西	韩　国
教育质量保障措施	区域(城市)—学校—教师	区域(城市)—学校—教师	区域(农村)—学校—教师	区域(偏僻地区)—学校—教师
教师角色期待	优秀教师	优秀教师	合格教师	优秀教师

上述各国均形成了“区域—学校—教师”三级教育质量保障系统，但不尽相同。英国、美国的区域计划更多以城市为对象，如“教育行动区”“都市卓越计划”“教育优先区”等，而巴西和韩国的区域大部分为欠发达的农村区域或偏僻地带。英国、美国倾向于通过学校改进、学校问责来提升办学质量，而巴西和韩国通过解决学校布局问题来应对流动人口的教育问题。此外，英国、美国、韩国已有的教育政策文献中均出现了“优秀教师”(或优秀教员)的相关标准(或条件)与使命。但巴西面临的是如何让大多数教师尽可能地接受高等教育的课程。这意味着21世纪能力的实施在各国有着不同的现实基础。如果城市的重要特点如格莱泽所言是“商业、技术和企业创新”，那么英国、美国、韩国在培养学生的信息技术、创造力、企业家精神方面已经具备现实土壤，而巴西则有更长的路要走。

从20世纪到21世纪，城镇化是英国、美国、巴西、韩国共同经历的时代背景。各国在城镇化进程中，基于各自的现实情况制定了各类计划，发展了若干教育质量提升策略，关注“质量”与“效能”的并重。如英国在不同教育政策文本中提及的“物有所值”“确保每一分钱都能传递最大价值”。但是在提高教育质量的举措中，各国最突出的相似点就是教育公平和师资队伍建设。城镇化作为影响教育质量的外因，必然带来资源的重新配置、人口的大规模流动、生活价值的冲突等，经历城镇化的国家均需通过积极干预措施减少教育不公平。四个国家无一例外地认识到早期干预的重要性，通过各类拨款资助贫困家庭，并为特定地区、特定种族、特定性别的儿童提供的教育支持。此外，发展师资是各国提升教育的共同战略。美国的“驻校教师计划”和“另一种途径”的认证方式，英国的“教学优先”打破了传统的教师培养方式，力图吸引更多优秀的人才进入教师队伍。英国和韩国的教师认证中，对“高级教师”和“硕士教师”另辟获得“硕士”的途径，鼓励其发展专业领导力。如英国政府在2010年的《教学的重要性》中明确指出：“我们计划核心是将教师视为我们社会最有价值的资产，我们都知道，没有什么能比让每个儿童都获得最好的教学更能提高教育水准了。没有什么号召是比教学更为高贵的，没有什么职业是比教学更为必要的，没有什么服务是比教学更为重要的。”[①]美国为提高学生的科学素养，在2010年的两份战略报告——《培养下一代科学创新者：识别并发展我们国家的人力资本》（Preparing the Next Generation of STEM Innovator：Identifying and Developing Our Nation's Human Capital）和《准备并激励：为了美国的未来进行K－12科学、技术、工程和数学教育》（Prepare and Inspire：K－12 Science，Technology，Engineering，and Math Education for America's Future）中提出“支持严格的、以研究为基础的科学教师培养项目”“招聘和培训10万名优秀的科学教师、创建精通科学的教师团队”等建议。这些均表明促进学生发展的直接动力为教师。从质量保障的视角而言，强调质量的“公平”“效率”“效能”“可持续性”等特征，最终都要回归教育对受教育者本人的影响，而教师是其中重要的影响因素。

① HM Government. The coalition：Our programme for government[Z]. London：Cabinet Office，2010：28－29.

第三章

城镇化进程中的教育质量：中国图景

城镇化对教育的影响也表现出层次性、地方性的特点。如我国经济水平发达的大型城市在倡导教育的内涵发展，实施优质教育的时候，我国若干农村地区的教育在学校布局、资源配置、师资稳定上还面临挑战。另外，城镇化进程中存在的“城中村”的现象反映了同一区域内人员结构多样，教育资源参差不齐，流动人口子女入学、社会交往、社会融合等问题一直存在。一言以蔽之，城镇化带来的深刻变革对区域教育质量产生了不同程度的冲击与挑战。已有研究从教育公平的视角对上述问题作了分析和应答。但是在保障区域教育质量方面缺少系统的视角，加之已有的教育质量研究更关注宏观布局，追求国家标准的建立、问责系统的完善，鲜少与城镇化背景下的区域特征结合起来审视，对区域教育质量改进的关注不够。鉴于此，有必要澄清城镇化对教育质量的挑战，进而提出区域教育质量标准的建构思路与运作方式，以增强社会变革背景下教育的应变与保障能力。

第一节　城镇化对中国义务教育质量的挑战

教育质量是一个多维的概念，包括与教育相关的诸多方面，如课程与教学、教师与学生、建筑与设施、仪器与设备等教育所包含的功能与活动。教育质量是一个多层次的概念，涵盖学习者一生中正规和非正规的不同层级、不同类型的教育和培训活动。各教育利益相关者对教育目的有不同的期许，因此对教育质量的理解和侧重也存在明显的偏差。[①] 简而言之，无论是资源还是相关利益群体，都涉及教育质量“应然”与“实然”两个层面。城镇化进程中，义务教育质量的七个维度——效能、效率、公平、回应性、相关性、反思性、可持续

① 袁振国，苏红.教育质量国家标准及其制定[J].教育研究，2013(6)：4－16.

性，受到了不同程度的挑战。

一、城镇化过程中人口迁移对教育效率和效能的冲击

就城市发展的规律而言，人口聚集将激发区域经济发展的正效应。但中国“抄近路”的发展模式导致缪尔达尔（Gunnar Myrdal）“循环积累因果关系理论”中关键环节的断裂，形成“人口聚集”增大但地方普遍无利的局面。[①] “循环累积因果关系理论”虽陷入“结构”与“人力资本”自我循环的解释，但启发了政策制定者在解决发展问题时澄清贫穷尤其是代际贫穷背后的迭代原因。要加强教育对人力资本的重塑作用，而不是在已有的结构环境中加剧不同群体的教育鸿沟，这就涉及教育资源如何分配，流动人口教育如何保障等问题。

（一）学校布局：从效率优先到需求回应

中国的城镇化以行政为主导，主要表现为农村人口向城市的流动。随着劳动力的外流，农村的“空巢化”“空心化”现象屡见不鲜，农村学校数量锐减，由此导致的学生上学安全，以及教师编制、队伍的结构性矛盾也浮出水面。2001 年国务院颁布的《关于基础教育改革与发展的决定》明确指出：“因地制宜调整农村义务教育学校布局。按照小学就近入学、初中相对集中、优化教育资源配置的原则，合理规划和调整学校布局。”自此，中国学校布局力度加强，而且主要是在农村中小学，并以小学为甚。10 年来，减少了 27.98 万所中小学，其中 21.5 万为农村中小学，小学达 20.6 万所。[②] 这并不是一个单纯的“文字上移”过程，而是内嵌在社会变迁中和教育管理制度变革宏观语境中的综合性问题。熊春文的观察发现，当人口激增，学校总量递减时，“人口因素不能解释当前中国乡村教育发展轨迹”，而是“离土中国”背景下核心社会群体“协商”的结果。[③] 部分县级教育行政部门信奉规模效应，认为大规模的学校可以聚集师资，为学生提供丰富的课程，完善教育设施设备，在降低教育成本的同

① 刘洁，王宇成，苏杨.中国人口分布合理性研究——基于发展方式角度［J］.人口研究，2011(1)：14 – 28.
② 邬志辉，史宁中.农村学校布局调整的十年走势与政策议题［J］.教育研究，2011(7)：22 – 30.
③ 熊春文.再论“文字上移”：对农村学校布局调整的近期观察［J］.中国农业大学学报（社会科学版），2012，29(4)：22 – 36.

时还能提高教育质量。因此，农村小学出现急剧收缩的“袖珍学校”，城市出现巨型学校或大班额课堂，均有其时代烙印。如H市教育局行政官员指出：

> 过去我们只有一所袖珍学校，那还真是因为地处偏远，人也不多，自然的“小”。现在是，我们农村被掏空，微型的学校越来越多，是被动的“小”。（H－G－20160311）

2012年《国务院办公厅关于规范农村义务教育学校布局调整的意见》指出：“对学校规模不足100人的村小学和教学点按100人核定公用经费，并切实落实。”在此背景下，部分地方教育行政部门为获得更多的公用经费，忽视教育的“效能”，将一些完全小学拆分为多个教学点。上述做法体现了城镇化进程中，学校布局政策在实施过程中的复杂情境和过程。农村教育需求还表现出多元化和分层化的特点。之所以如此，与农村家庭所处的地理位置、家庭收入有关，故稳定学校数量，关注农村弱势需求和农村小规模学校的发展成为重要的政策建议。[①] 国家层面也投入专项资金解决不利人群的教育问题；实施特岗教师制度，补充农村师资；建立互联网，共享教育资源；加强对中西部农村地区教师的培训。由此可见，当下讨论学校布局问题，已不能单纯地从规模效应上考量教育的“效率”，在这个变动不居的环境里，更要注重教育的“回应性”问题，即教育对不同群体需求的回应。

（二）流动人口教育：从扶助不利群体到因材施教

据统计，2011年义务教育阶段随迁子女（流动儿童）和留守儿童人数分别为1 260.7万人和2 200.3万人，分别占义务教育阶段学生总数的8.4%、14.7%。[②] 可见，因人口流动造成的留守儿童和流动儿童的总数接近义务教育阶段学生总数的1/4。早期，对流动儿童的研究主要以不利群体为对象。例如随迁子女所在的棚户学校、打工子弟学校状况、就读条件直接冲击了大众和学

---

① 雷万鹏.家庭教育需求的差异化与学校布局调整政策转型[J].华中师范大学学报（人文社会科学版），2012，51(6)：147－152.

② 刘利民.城镇化背景下的农村义务教育[J].求是，2012，(23)：55－57.

者的视线；随后，留守儿童的营养、心理健康、安全等问题也受到研究者关注。

随着“两为主”（即以流入地政府为主，以公办学校为主）政策的公布与实施，城镇化的深入发展，在同一个城市的不同地区，流动人口的分布及结构都不尽相同。根据“中国第六次人口普查”的数据分析，上海外来常住学龄人口的空间移动呈现地带性及区域分散与集中相结合的特点。其中，外来常住小学、初中学龄人口增量主要集中在近郊和远郊，引发教育资源供给的结构性矛盾。[①] 提升郊区的办学质量，引导人口的合理流动，促使教育资源的配置与常住人口分布相适应，成为上海郊区化进程中提高教育质量的重要议题。这也从另一个侧面反映了中国大都市的“郊区化”不同于美国，并不是中产阶级的主动选择。在中国大城市的郊区及城郊接合部，聚居着大量外来务工人员。他们借由大城市发达的交通系统，租住在邻近的郊区或城郊接合部，以降低生活成本。他们的流动性强，相应地，带来学校生源、师资队伍的不稳定。加之上海中学考试系统的封闭性，一些学校在临近中考、高考时会丧失一部分学生；间接影响了学校的“质量”。

> 我们学校60%的学生属于外来人口，但我实话告诉你，这60%的学生，真的差的不多。而且邻近城市，江苏来的一些学生，其实很愿意学习，学习成绩也好。但是一到中考，他们就要回户籍地了。从这方面来说，我等于是流失了好学生，如果可以，我也不愿意他们走啊。（S－RH－20150620）

这种情况提醒政策制定者和研究者应审慎地看待“流动儿童”。以往的研究一步步褪去流动儿童是“问题儿童”的标签。时至今日，也需重新看待流动儿童的学习能力，以及流动儿童所在学校的质量。随着人口的频繁流动，一个区域内部人口类型的日趋多元，对教师“因材施教”的能力提出了新要求。

研究预测表明，至2030年中国的城镇化水平将达到70%，中国总人口将超过15亿人，届时居住在城市和城镇的人口将超过10亿人。也就是说，未来

---

① 吴瑞君，曾明星.人口迁移流动对城乡社会发展的影响［J］.人民论坛，2013（11）：10－12.

20年，大量的农村人口将持续涌进城市或城镇，所以无论是农村还是城市的教育，都要为人口大规模的迁移及其内在结构变迁做好资源配置、因材施教的准备，不仅使教育资源能够物尽其用，而且为达到优质、公平的教育目标奠定基础。

二、城镇化过程中群体融合与分化对教育反思性和可持续性的冲击

我国的城镇化正处在快速发展的阶段，社会结构转型剧烈，社会分层愈加复杂。以上海为例，主城区、次城区、城郊接合区、郊区、偏远郊区在资源充裕程度、育人理念方面并不是一个层层减弱、纹理分明的截面。

（一）教育半郊区化带动的社会分层日益明显

教育的半郊区化特指郊区地带学校之间呈现出一种非同质化、混合化、马赛克化，以及入学群体呈现出的社会阶层区隔化、身份认同内卷化的状态。① 这固然与农村在城镇化进程中演变为郊区有关，也与房地产以名校推高房价，企业以教育资源吸引高端人才，大学扩张带动配套的基础教育外迁有关。由此导致郊区除了呈现上文所提的流动人口呈"地带性"分布特点，也出现了各类学校并存的局面。虽然在推进教育公平政策的过程中，各级政府一方面禁止"以权择校"，另一方面发挥优质资源的辐射效应，争取建立更多的"优质"学校，但是，家长择"良校"而栖的情况反映"市场"逻辑在教育资源的分配与消费中扮演重要角色。在此情况下，家庭的社会经济背景导致选择空间出现大小之别，也进一步凸显出社会分层问题。

> 我们原来这一块儿其实挺荒的，但是交大、华师大，尤其是华师大搬过来之后，他们一套附属学校都跟着过来了。这个地方现在叫作教育园区。为了孩子能上这儿的初中，就买这边的学区房，还是要比市区划算很多……（S－RP－20150922）

① 熊易寒.城市化的孩子：农民工子女的身份生产与政治社会化［M］.上海：上海人民出版社，2010：99.

此家长所提的“教育园区”位于上海的郊区，其产生除了与高等教育分校郊区化有关，也与区域产业转型、吸引人才和房地产商借此收利有关。与该区域两条街道之隔的中学则显得教育资源平平。在郊区“有房”的城区家长，住在郊区就职于科技园的技术人才，毗邻而居的高校教师等均将子女送到教育园区的学校。而住在郊区的购买能力弱的一般流动人口，只能将子女送至“片内”一般学校。半郊区化带来学校多样性的同时，也使得基于资本的分层在超大城市更为显性化。

从普遍意义上看，我国外来流动人口大部分是农民工，他们的流入推动农村贫困问题向城市转移。这一转移加重了城市群体间的社会排斥和特定群体的边缘化，城市中的穷人和富人不论在空间上还是情感上都是“分割”的，并处于“经济上接纳、社会上歧视、文化上排斥、制度上限制”的境地。[①] 这些直接影响了学校的氛围，但更严重的是学校里人的发展，即在家庭教育投入不均的前提下，学校教育如何更好地为学生个人的发展建构愿景，提供支持。

（二）“新移民”的社会融合问题日趋复杂

社会分层的加剧和复杂化，必然带来群体融合问题。尤其在城镇化背景下，城市、郊区的人口结构随着社会资源的再分配和家庭社经背景的积累而日渐复杂。农民工子女与其父辈相比，他们在社会化的初始阶段就进入了城市接受教育。即便如此，如何在校园内部融合依然是一个问题。熊易寒的研究发现：

> 与父辈相似，农民工子女与上海本地小孩的交往也不多，从我们调查的数据来看，只有一成左右的孩子自称有很多上海朋友，有将近一半（44.6%）的孩子没有上海朋友；尽管这些孩子客观上与上海本地社会存在一定程度的隔绝，但他们主观上却有比较强烈的同本地同龄人交往的意向，有61.3%的孩子表示“非常希望”或“希望”与上海的同龄人交朋友；有近20%的孩子表示经常受到上海人的歧视，有45.5%的孩子表示有时感觉到上海人的歧视，两者合计约65%，而这些孩子之所以这么认为，主

① 吴瑞君，曾明星.人口迁移流动对城乡社会发展的影响[J].人民论坛，2013(11)：10－12.

要原因是“他们态度很高傲，不愿意跟我们交往”（41.4%），“他们喜欢称我们为‘乡下人’‘民工’，说我们坏话”（21.4%），还有22.8%的受访者表示“说不清楚什么原因，反正就是这么觉得”。[①]

人为上形成的空间区隔越来越明显，除了上述所说的流动人口的聚集带之外，本地人群的“教育流动”也日益明显。调研中，地处城郊接合部的一部分学校，本地生源递减的原因一方面出于其更多的选择，另一方面也隐含着美国20世纪60年代“白人飞走”的隐蔽逻辑。在这种情况下，农民工子女接触到上海同龄人的比率会更少，在大城里本地人拥有的“优越感”加速了学校所在社群的内部分化。以农民工子女为主体的“第二代移民”处于“融不进，退不回”的尴尬境地。社会化初始阶段接触的城市文化与自然携带却陌生的农村背景始终存有一股张力。更现实的是，经过高等教育获得一定社会认可的来自农村的人才也面临上述张力。如陆巍成对“上海高学历新移民的居住选择与职业机会”的研究发现：

高等教育带来的社会上升流动的可能性，深刻地植根于大都市的城市秩序和社会规范之中。部分在家乡有稳固社会关系网络的高学历者，如不愿意在大都市奋斗，随时可以回到家乡，通过家庭的社会资本来换取一份稳固的工作。而那些在老家无法继承有利社会资本的个体，最好的选择仍然是留在城市中，以自身的文凭和能力来换取工作的机会。对于这部分人而言，大都市恰恰因劳动力市场的规范，成为他们通过教育实现上升流动的最好平台。[②]

人口从农村流动到城市，背负了既定社会结构给予的重重压力。概念上的“城市文化”与“城市生活”的渗透不会自然而然的发生。韩（Han）在研究中指出，“第二代移民”面临着难以逾越的鸿沟——社会融合。作为离乡人的后

① 熊易寒.城市化的孩子：农民工子女的身份生产与政治社会化[M].上海：上海人民出版社，2010：99.
② 陆巍成.大都市空间中的“人才”：上海新学历新移民的居住选择与职业机会[M]//见陈映芳，水内俊雄，邓永成，黄丽玲.直面当代城市：问题及方法.上海：上海古籍出版社，2011：291.

代，他们生长在城市，不愿回到乡村，却难以融入所在的城市。贫穷被代际传承，而且逐渐凝固化。[①] 在这一过程中，教育没有很好地完成促进社会公正的使命，因受制于资源分配、既有观念等的影响，一定程度上复制了原有分殊的结构。

相较于"第二代移民"，"新移民"是一个更为复杂的群体。它泛指在新城镇化背景下的流动人口，在类型上包含了上述所提的第二代移民。然而"新移民"或他们的父辈在迁移至城市时，持有不同的人力投资成本，进入不同的生产部门，享受不同的城市资源，导致流动人口内部的层次性多样化。在相对稳定的同一空间下，不同群体之间互相作用，进而形成新的社区或亚群体。这看似是一个群体融合与分化的过程，实质上蕴含着社会结构的塑造和群体社会身份认同。

中国在城市化进程中暴露了不少问题，如人口城市化严重滞后于工业化和非农化，土地城市化远超人口城市化；半城市化为乡城迁移人口城市化的主要形态，造成社会不平等及家庭分离等若干重大社会问题。[②] 在此进程中，人群出于不同目的主动或被动地流动，但是对城市的生活方式，城市的主流文化难以认同，或"被排斥"。教育在其中尚未彰显"反思性"与"可持续性"，在学习者的个人发展、在人类社群的世代幸福方面应作更多的尝试。

三、城镇化过程中产业结构调整对教育回应性和相关性的冲击

工业化是若干发达国家城镇化最先经历的阶段。中国当下的城镇化处于全球化、信息化、工业化的多重背景下，导致其产业结构的变化呈现出复合型的特点。一方面，大城市不再是工业的集结地，大型企业的生产基地开始向中小城市转移；另一方面，以"北上广"为代表的大都市，依然释放着多种就业机会，但岗位设置、人才要求不同于简单的工业大生产。因此，产业结构调整考验着不同地区教育的"相关性"与"回应性"。

---

① Han, J. L. Rapid urbanization and the aspiration and challenge of second-generation urban-rural migrants[J]. Chinese Education and Society, 2012, 45(1): 77 - 83.

② 王桂新.城市化的基本理论与中国城市化的问题及对策[J].人口研究，2013(11)：43 - 51.

（一）农村课程难以融合地方特色

虽然我国进行了课程管理体制的改革，在三级课程框架中保留了地方、学校的课程开发权限，但校本课程尚不足以回应教育中多元消费者的需求。有研究指出，农村基础教育的课程与现实脱节问题十分严重，一方面课程内容守旧、呆板，与现代科技生产和社会发展、农村的产业结构尤其是农村的现代化发展不相适应；另一方面，课程内容不能引起农村学生的兴趣，课程结构单一，学校教学主要围绕必修或必考的课程展开。① 随着新基础教育课程改革的深入发展，当农村学校开始尝试校本课程开发时，依然面临重重问题：

> 我们学校在创编卓越课程过程中，走了一条很长的道路。学校是1904年H市内第一所农村小学，地处状元故里，有很深的文化积蕴。但是走入现代社会，我们的校本课程研发，就需要立足在校园文化的传承和创新。……经过反复论证，我们确立了张謇文化、陶行知文化和生本成长文化作为学校核心文化和课程文化背景，编了教材。但是这套教材离心目中的卓越校本教材还有很大的距离，原因是教师的古典文化积蕴不足，而教师也没有足够的时间、精力去不断深入。（H－RH－20150904）

一方面，农村教师结构性缺编，优秀人才流失成为困扰农村学校办学的关键问题；另一方面，农村教师队伍老化、理念滞后、“安于现状”的状态导致农村学校课程开发与教师发展处于“胶着”状态。农村学校不乏能够结合本土资源，思考为学生提供什么样的课程，但是学校普遍缺乏课程开发的知识，学校的文化定位时常发生变更，课程的结构性不强，课程内容处于零散状态。加之每个学校力求呈现“与众不同”的办学特色，出现了各种各样的办学口号。对校本课程与国家课程的关系思考不透彻，导致学校的课程既不能体现当地的文化特色，又未能较好地培养学生特定的能力。因此，改变课程内容，回应城镇化背景下的教育消费者的需求，为其提供适应城镇发展的知能已成为必需。

① 刘世清.论城镇化进程中农村基础教育的问题与政策建议［J］，教育科学，2005(3)：21－24.

（二）高问责制度导致不同课程实施力度不一

多恩豪尔（K. Donehower）、霍格（C. Hogg）和谢尔（E. E. Schell）指出，“世界标准正在消除文化、种族、阶层和语言上的差异”。[①] 地方政府对国家政策和商业课程的推崇，正在普适化学生所依赖的现实。[②] 而在中国，教材的“城市化”倾向则成为媒体、学界所批判的问题。如《中国教育报》首版刊登的《教材城市化困扰农村学生》一文中提到了一位教师的看法：

> 不少课文脱离了农村学校学生生活实际，很多东西学生甚至从未见过，这些不利于调动学生的经验世界，让他们通过自己的经历、体验来学习语文，结果造成了学生刚上中学就不爱上语文课了。[③]

因此，在围绕课程改革城市化取向展开的批评中，不乏学者提出复兴农村文化，并将农村教师作为乡土中国的价值与知识的传承者，同时也存在更为积极的观点，即认为农民工二代融入城市社会涉及两个必要前提：一是掌握在城市就业的必备知识与能力；二是养成适应城市社会的生活方式。[④] 换言之，不应以割裂的眼光看待城乡教育中的课程差异。随着流动人口的迁移，课程应反思的是在变动不居的转型社会背景下，如何统合学习者的“所学与所用”“所知与所在”。然而，“通过教育改变命运”的社会舆论依旧强大，农村或城市学校的教师在社会氛围的影响下，难免更多地关注与学生命运相关的考试课程。

> 也不是说校本课程不重要，我们也希望学生有个性的发展，提供更多的机会，但是社会衡量他们的标准是统一的，甚至是唯一的。这也注定了我们的关注点肯定也在于此，否则就是对学生不负责。（Z－UT－20140916）

---

① Donehower, K., Hogg, C., & Schell, E. E. Rural literacies［M］. Carbondale: Southern Illinois University Press, 2007: 23.

② Bomer, R., & Maloch, B. Diverse local literacies and standardizing policies［J］. Language Arts, 2012（90）: 44－52.

③ 阳锡叶，田亚君.教材城市化困扰农村学生［N］.中国教育报，2015－04－14，（1）.

④ 冯大鸣.我国城市化进程给城市教育带来的深层挑战及应对策略——基于城市化先行国家正反经验的分析［J］.上海教育科研，2012（10）：11－14.

> 我们农村学校很少有什么资源，大学教授也不高兴来，老师们自己也不会开发课程。即便开发了课程，对学生未必有实质性帮助。校长去年把图书馆重新布置了一下，低年级的学生去一些，高年级的都忙着自己的功课呢。（Z－RT－20140514）

高问责的教育制度削弱了课程与学习者所处情境的相关性。课程的实施者在此制度框架下被“考试”带来的利益相关性限制，倾向于回应国家课程的需要。西方在城镇化背景下提出了基于场域的课程开发与教学，而且特别指出教师作为学生与教材、社区之间的桥梁。[①] 然而在中国现有情境下，除了运用专业知识因地制宜地开发课程，并促进教师专业发展之外，还需注意的是如何赋予课程开发者宽松的氛围，给予其专业支持，以此提高教育质量中的“相关性”。

综上，城镇化带来的大规模人口流动、社群变迁、产业结构转型对教育质量的效能、效率、反思性、可持续性、回应性、相关性都造成了冲击，而且教育的公平性因原有的城乡二元结构的存在隐嵌在这六个维度里。不可否认，中国的村庄正在走向衰落，农村的学校布局、师资配备、课程教学等都成为城镇化背景下衡量国家教育公平和质量的重要议题。然而，农村教育的困境并不是单纯的资源向城市流动的后果，而是在工业化、信息化、全球化背景下多维空间重构的复杂的教育生态问题。在此背景下，城乡教育不是一个“非此即彼”的对立面，而是不同时空背景下的连续体。虽然城市、农村所处的地理空间、享受的资源不同，但是因“连续体”的存在，彼此之间更多是“依赖、互动”的关系，而且存在不少共性问题，如开发有助于学生发展的课程，提高教师的质量，完善学校的资源配置等。政府在解决教育公平，提高教育质量时，也倾向于采取“互动”的思路，如通过教师流动来实现师资的均衡配置；通过集团化、学区化办学来实现优质教育资源的辐射等。因此，城镇化背景下的教育质量建立在公平的基础上，以城乡互动为前提。

---

① Waller, R. & Barrentine, S. Rural elementary teachers and place-based connections to text during reading instruction[J]. Journal of Research in Rural Education, 2015, 30(7): 1－13.

第二节 城镇化背景下义务教育质量标准的特点与价值依归

目前我国参与教育质量保障的部门多样、各有分工，核定的标准不尽相同，无法遵循严谨的质量控制链条。加之现有的教育质量保障更多聚焦可量化的标准开发，缺乏对量化标准背后的“人口迁移”“社群变迁”“产业结构调整”作宏观系统思考，导致质量标准表现出静态、保守的一面，无法应对城镇化背景下区域教育质量多样性的需求。所以，与建立国家宏观、统一的教育质量标准相比，目前更为迫切的是依据教育质量框架，开发具有弹性的、适合区域发展的教育质量标准。在开发区域教育质量标准时，需根据中国的现实情况，厘清教育质量各维度之间的关系，以及教育质量标准的价值依归与核心驱动力。

一、城镇化进程中义务教育质量标准的审视与反思

城镇化对教育质量的效能、效率、回应性、相关性、反思性、可持续性六个维度提出了挑战，而且最终不约而同地指向教育公平，即在快速变化的社会环境中，人口流动、人群分化或融合、产业结构调整对教育造成的影响迫切需要在教育资源配置、教育目标制定、课程设计等方面作出系统反思和设计。这体现了对教育起点公平、过程公平和结果公平的追求。在这种追求背后，提倡的不是“一刀切”的平均主义，而是根据区域的情况和学生的需求提供“适切的”“相关的”，具有“反思性的”和“可持续性”的教育服务。

（一）公平是教育质量的基础维度

教育公平是教育质量最基础，也是最重要的维度。教育公平在内容上包括教育权利平等与教育机会均等。义务教育作为一种强迫教育，在权利平等上不存在重大问题。在已有制度安排下，每位适龄儿童接受教育的机会相对

平等。然而每位持有受教育权的个体是否能够相对平等地进入义务教育体系，享受其所需的教育资源，则是另外一个问题。尤其是城镇化进程中出现的城乡二元结构，利益分割与权力错置，导致相关人群在教育起点、过程或结果环节处于不利地位。因此，有必要进一步审视不同阶层、不同区域、不同性别的学生能否得到“相关的”的教育。只有实现了教育公平，才可能实现教育质量的其他内涵。公平涉及教育改革的“道德性”问题，它回应了“所有学生的发展”这一命题。[①]

此外，尤其需要注意的是一味地重视效率，会对教育公平造成冲击。农村的撤点并校、城市的教育规划是人口流动背景下的教育资源重新组合，有“资源最大限度使用”的价值取向。然而，此举只是彰显了教育质量的“效率”维度，却暴露了城镇化进程中农村、城市教育资源配置缺乏长远、系统、科学的规划与部署，距离教育过程的效能发挥尚有一段距离。这并非是否认资源有效配置的重要性，抑或政府干预的不当性。在中国的城镇化历程中，正是由于政府的主动、积极干预，才促使教育实现了从“量”到“质”的飞跃。然而，在中国地域辽阔的空间里，公共资源的有效配置需要长期探索、不断调试。目前，新生代农民工子女“上学难”“上学贵”现象依旧突出，实则反映了城市公办教育资源供给不足，供求结构性矛盾突出，教育规划缺乏前瞻性。[②]

强调教育质量的“公平”维度，并非否定其他六个维度的重要性。保障教育公平不仅仅意味着保障所有学习者受教育的权利，还意味着提供进入不同教育渠道的机会，满足个人的发展，使人们接受其所希望的教育。在这一过程中，教育促进社会民主、公平的功能也随之体现。换言之，教育公平与教育的“相关性”“反应性”有内涵的重叠，是教育“反思性”“可持续性”的基础，更是教育“效率”“效能”的参照标准。在教育公平的基础上发展其他六个质量维度，并通过其他六个质量维度的不断完善，促进教育公平，才可能促进教育质量的不断提升。

---

① 吴康宁.教育改革成功的基础[J].教育研究，2012(1)：24－31.

② 雷万鹏.新生代农民工子女教育调查与思考[J].华中师范大学学报(人文社会科学版)，2013，52(5)：139－146.

（二）充分考虑教育质量标准及其保障机制的时间、空间特征

我国的义务教育质量保障根据质量的实际状态表现出发展的阶段性。在普及义务教育之初，教育质量保障的“结果监控”部分重在检查“两基”的完成情况；当教育完成了“量”的要求时，对教育的“质”更为关注，主要表现在教与学的精致。鉴于中国地域辽阔，地区差异明显，地方教育发展水平不尽相同。整体而言，中国同时存在了不同时期的教育发展模式，这要求教育质量保障也要遵循历史发展的规律，坚持从当地的实际出发，拟定切合实际的标准。教育质量标准在某些维度之间可能是互斥的，例如提高教育质量的“效率”可能以“回应性”为代价，因为效率更为关注的是资源的最优配置与使用，而回应性则反映了教育对个体的关照。在某一时间内，解决教育质量内涵中遭受冲击最大的问题，在特定情境下，解决力所能及的教育质量内涵问题，均应建立在系统改进的基础之上。

（三）师资是教育质量动态反映的晴雨表

教育质量的七个维度相互关联，互相影响。公平是其根本维度，“教与学”的成果是其最终的外显反映。联合国儿童基金会曾指出，教育质量的核心是“教与学”。[①] 在现代教育制度背景下，人才培养无法避免“教与学”这一环节。教育质量七个属性的协同发展为“教与学”奠定了良好的基础。对“教与学”的关注不能简化为对学生学习成绩的关注，更不能以此作为评价教育质量的唯一标准。重要的是，通过“教与学”的实施与效果的分析，洞悉教育质量中可能存在的问题。拉德森-比林斯（G. Ladson-Billings）认为，美国非常关注的学业差距实际上是日积月累的“教育债务”（education debt），渗透着历史、经济、社会政治、道德因素。[②] 换言之，当“教与学”存在问题时，需要系统审视上述七个维度。城镇化的到来使得区域教育生态异常复杂。当“示范学校”与“棚户学校”共存一城，在相对统一的问责标准下，出现学校之间、学生之间的学业差异不足为奇。重要的是，需要澄清学业差异的原因，进而提供有针对性的质

---

① UNICEF. Defining quality in education[R]. New York: UNICEF, 2000: 13.

② Ladson-Billings, G. From the achievement gap to the education debt: Understanding achievement in U. S. schools[J]. Educational Researcher, 2006, 35(7): 3－12.

量保障。在诸多环节中，教师成为最重要的一环。无论是他国在城镇化背景下的应对之策，还是中国城镇化进程中暴露出的若干教育质量问题，都凸显了师资的重要性。

农村的撤点并校、城市的扩充新校，都面临着师资队伍建设或补充的问题。一般而言，各地的教师数量是按照当地的户籍人口学生数量配备的，在流动性强的城市地区，进城务工人员子女进入公办学校后，造成的师生比例失调或城市教师缺编问题成为影响教育质量的潜在因素。在农村，避免教师流失、促进教师留任和发展是影响农村教育质量的重要举措。我国已有的“特岗教师”计划和“免费师范生”政策已为我国农村、偏远地区的教师供给开出良方，但受各类因素的影响，我国广大农村地区在吸引“优秀教师”方面依然表现出“先天不足”的一面。自 2010 年开始，我国教育部和财政部共同启动“中小学教师国家级培训计划”（简称“国培计划”），以提高中小学教师，尤其是农村、中西部教师的整体素质。2015 年国务院颁布了《乡村教师支持计划（2015—2020）》，把乡村教师队伍建设摆在优先发展的战略地位。随后，32 个省也相继发布了“实施方案”，通过“拓宽补充渠道”“提升收入水平”“定向培养”“助力专业发展”等多种途径建设农村师资队伍，完善师资结构，推进政策落地。因此，师资已成为教育质量和公平的重要影响因素，提升师资质量成为城乡教育一体化的关键举措。

二、城镇化义务教育质量标准的价值依归

学生的学业成就作为教育质量中最容易监测的标准，被国际大型测试及各国教育评估采用。然而教育理论、政策均超越了“将教育质量等同于特定学科的学业成就”的认识。以上海的“绿色标准”为例，突破了对教育质量的单一表达，从多个角度反映学生的发展。《教育部关于积极推进中小学评价与考试制度改革的通知》中也明确了中小学评价的维度：道德品质、公民素养、学习能力、交流合作能力、运动与健康、审美和表现。但这些评估标准和维度均指向教育质量的结果，本研究不以教育结果为研究中心，重在澄清城镇化背景下如何实现区域、学校、课堂三个层面的有质量的教育。

（一）教育质量消费者：国家抑或公民？

从政策文本和各国的教育实践中不难看出，教育质量的表征最终落在学生发展上。不乏学者明确指出，衡量教育质量的主要因素是能否促进学生全面发展和个性发展，全面发展彰显学生发展的广度，而个性发展彰显学生发展的深度。全面发展包括认知能力、情感能力和公民素养的提升。[①] 综合前文对教育质量的内涵梳理不难发现，教育质量的表述中虽然充满政策修辞，存在市场导向，但最终以教育的“内部客户”（学生、家长）的需求为主。在具体的实践中，教育产品的直接提供者“教师”对教育质量的理解受到问责制度和文化的影响，难以全面兼顾学生的需求。学生和家长对于教育的需求与满意度也并非是协调一致的关系。加之城镇化背景下，城乡教育之间的落差依旧明显，家长基于“满意”角度，以市场逻辑作出的选择可能进一步加剧教育的不公平。因此，在澄清了我国教育质量的属性关系之后，需进一步澄清教育质量的价值依归。

为此，有学者从“约定标准”与“满意标准”两个层面勾勒出不同阶段教育质量标准的优先顺序。其间，教育过程侧重于让家长和学生满意，教育结果侧重于让政府、录取学校或用人单位满意。具体内容见表 3－1。

表 3－1　教育质量标准优先顺序[②]

教育质量标准＼消费者		学　生	家　长	政　府	高一级学校或用人单位
教育输入质量	约定标准	◎	◎	◎	◎
	满意标准				
教育过程质量	约定标准			◎	◎
	满意标准	◎	◎		
教育结果质量	约定标准	◎	◎		
	满意标准			◎	◎

注：标◎为优先考虑的标准。

① 程红艳.教育公平与教育质量关系之辩[J].南京社会科学，2014(11)：116－123.

② 程凤春，卫喆.再论教育质量及其衡量标准——基于 ISO9000 族标准的分析[J].教育研究，2012(6)：56－60.

现实中,“约定标准”通常由教育的提供者(学校、政府)来制定,教育的消费者鲜少参与协商,更多的是“用脚投票”。然而提供者与消费者的最终目的并不矛盾——促进学习者的发展,只是侧重点不同。前者重在考虑公平基础上的“有质量”的教育,后者关注的是个人可获得的“优质”教育,而且后者内部本身充斥着群体利益的分化和诉求矛盾。尤其是,在中国急速城镇化的过程中,还需教育质量的提供者来配置、协调各类资源,尽可能满足消费者的需求,在未能给予其“约定”途径的前提下,提升其满意度。这需要进一步反思在城镇化背景下,政府如何协调教育消费者的权益,界定复杂情境下的育人目标。当“人中人”成为城镇化进程中教育的道德目标时,教育质量保障应促进社群融合,以社群融合为中间桥梁,同时带动个人与社会的进步。

(二) 促进学生发展的环境因素

确立以培养“人中人”为新型城镇化的教育目标,意味着当下的教育在价值引领、目标界定上突破了城乡二元对立的概念。如何在城乡一体化的背景下提炼促进学习者发展、社群融合、社会进步的过程标准?李凌艳、郭思文认为,构建纵横交错的“学生”“教师”“学校”和“区域”四水平,以及“标准与评价”“条件与资源”“过程与实践”“结果与状况”四层面的环境因素测评框架,基本可以涵盖影响我国基础教育质量的整体环境系统。[①] 具体内容见表 3－2。

表 3－2　我国现阶段教育质量检测环境测评框架的基本内容表

层面 水平	标准与评价	条件与资源	过程与实践	结果与状况
学生	考试与分数使用	1. 家庭社会经济地位 2. 学生基本状况	1. 学习方式 2. 师生关系 3. 同伴关系 4. 课堂秩序	1. 学业成就(知识与能力,过程与方法,情感、态度、价值观) 2. 心理健康 3. 满意度/幸福感 4. 课业负担

① 李凌艳,郭思文.我国基础教育质量环境系统监测的若干思考[J].教育研究,2014(11):119－125.

续 表

层面 水平	标准与评价	条件与资源	过程与实践	结果与状况
教师	教师评价	1. 教师资质 2. 教师专业发展	1. 教学模式 2. 教师教研 3. 教师与家长沟通 4. 教师日常工作	1. 课程难度与负担 2. 教师价值观 3. 教师心理健康 4. 对学生的责任心爱心等情感态度 5. 工作感受
学校	校长评价	1. 学校位置、类型、规模 2. 物质资源质量 3. 教学资源质量 4. 人力资源质量 5. 校长基本状况和素养 6. 校长培训 7. 家长期望 8. 招生政策	1. 学校氛围 2. 学生分组 3. 考试与反馈 4. 教师考核 5. 校园安全 6. 校长日常工作 7. 课程开设 8. 寄宿生管理	1. 学校学生成就 2. 工作感受（对教育的情感、办学理念、工作态度、价值观等） 3. 学校文化
区域	1. 学生质量标准 2. 学校评价	1. 信息资源 2. 教学与课程资源 3. 优质师资资源 4. 教育经费投入	1. 学校自主权 2. 区域资源统筹	1. 教育公平 2. 教育均衡

这一条块清晰的监测框架有助于理解教育质量的层级结构，却模糊了各层级之间的互相嵌套关系与影响。若教育质量取决于“条件与资源”，那么从区域到学校，再到教师，是否被有效利用？若只是作为静态条件存在，其对教育质量的实质影响尚未被激活。另外，部分标准不可被视作单一层面的存在。如“结果与状况”中的“教师价值观”“工作感受”可视为教学过程的投入和过程，对学生的发展存有影响。诚然，教育质量标准的建构具有多种途径，既可以从学理依据找寻影响因素，也可以从实践逻辑，按事物的相关性提炼相关互联的标准。本研究倾向于后者，按照区域、学校、教室三个层次，并以“教师”为贯穿其中的核心因素来剖析教育质量标准的区域建构。

综上,城镇化的过程与资本(capitalism)、生产方式的变化紧密联系在一起,[①]其所带来的人口流动、社群变迁、产业结构调整对教育质量内涵形成了诸多挑战。城镇化进程中,义务教育质量保障机制的建构需结合区域教育实情,凸显"全员""全方位"的保障形式。在投入环节,强调教育质量保障是政府、社会、学校共同的责任,按照学生的背景,所处的区域情况等综合考虑质量的内涵与表现形式;在过程环节,强调教育质量保障机制的层级性,即区域、学校、教室层面的互相影响。

第三节　城镇化背景下基于教师质量提升的标准建构

如上所述,城镇化背景下,基于社群融合的学生多元发展是教育质量标准的价值依归。若从质量的"达成"而言,对学生多样性的关注必然落到教师这一层级。美国探寻学生数学教育存在的问题时,发现两个原因都指向教师。首先,缺少合格的数学教师;其次,社会经济地位不同的学生获得合格师资的概率不同。[②] 澳大利亚各州自20世纪80年代就开始筹划"21世纪的教师"项目,联邦政府在《21世纪的教师:带来改变》(Teachers for the 21st Century, Making the Difference)报告中也明确,"在传授青年知识、能力,提高教育质量方面,教师具有至关重要的地位和作用"。联合国教科文组织在"教育2030"的目标阐述中,将男女平等视为各级各类教育的使命,是教育公平的重点子目标。教育质量不仅表现为"识字、计算能力",还指向可持续发展的知识与能力,以及对文化多样性的肯定。现实中"公平""质量"互相补充,机制建设与教师供给也是为了提升特定地区的教育质量,实现全球教育公平。

诚如上文国际图景中所描述的,各国在提高教育质量时,无一例外地将师资建设作为重要的策略。而中国教育身处城镇化挑战中,特别需要稳定、有质量的教师队伍。

---

① Harvey, D. The urbanization of capital: Studies in the history and theory of capitalist urbanization[M]. Ann Arbor, MI: UMI Books, 1998: 16 - 17.

② Akiba, M., LeTendre, G. K., & Scribner, J. P. Teacher quality, opportunity gap, and national achievement in 46 countries[J]. Educational Researcher, 2007, 36(7): 369 - 387.

一、城镇化加速发展影响教师队伍的稳定与发展

城镇化加速发展的外显结果是人口大规模向城市流动，“城市”标签下蕴含的就业机会、高收入、体面生活等利益与价值吸引了包含教师在内的劳动力流动。学校的重新布局导致一部分教师被转岗，一部分学校依然面临教师结构性缺编。区域内部人口的日益多样化对教师专业内涵提出了新的要求。

（一）合宜师资短缺：困扰农村教育质量的关键问题

虽然小圈子的融洽、低成本的生活、小班化的教学等逐渐成为城镇化背景下农村学校工作的“优势”，但农村生活的现实依旧是招募高质量教师的障碍。长期以来，中国大部分农村地区以“代课教师”来缓解师资不足、课开不齐的状况。随着清退代课教师政策的出台、实施，国家试图通过“免费师范生计划”“特岗教师计划”来协调农村师资不足。已有实地调查发现，特岗教师所教非所学，工作量过大。特岗教师数量上的分布不均衡和紧缺学科教师数量的不足都会直接影响“特岗计划”的成效。[①] 在本研究的访谈中，也发现此类现象：

> 我原本是学数学的，但是到了学校之后，学校正好缺语文教师，就教语文了。校长认为大学毕业，语文、数学应该都能教。（Q_1－RT－150814）

即便职业认同感略低，但因为“契约”与“经济补偿”的双重驱动，特岗教师 T9 留任在现有岗位上。事实上，为农村留住教师只是提高教育质量的第一步。更重要的是，留下的教师能够胜任农村学校的教学，发挥其专业效能和职业承诺。如此，才能真正提升农村的教育教学质量。诚如阿扎诺（A. P. Azano）等人所言，如果教师不能提供满足学生需求的教学，那么任何为农村地

① 李跃雪，邬志辉.特岗教师视角下特岗计划实施效果的调查研究——以静乐县和东乡县为例[J].教师教育研究，2014(7)：52－57.

区招募教师的努力都是无效的。为农村地区准备高质量的职前教师的关键在于帮助教师发展感知,即所处的文化情境如何形塑他们的身份及其教学实践。在此情况下,教师的反思和基于场域的教育学变得尤为重要。[①] 换言之,农村教育质量缺乏的不仅仅是一定"数量"的教师,也不仅仅是"具有农村背景或个人特征、教育背景适合在农村"[②]的教师,而是能够感知农村文化,接受农村现实,具有职业承诺的合宜教师。

(二)优质师资流失与流动:影响城乡教育公平的重要原因

之所以强调"合宜教师",主要原因在于如果农村只是在某一个时间点上解决了某一区域的教师数量短缺问题,但是招募的教师存在潜在的"流动"倾向,依旧会造成农村师资队伍的不稳定。事实上,在美国因社区康乐设施的缺乏、地理和专业上的隔离、低工资、高贫穷率等原因,导致农村学校一直以来面临的挑战是难以招募、保留高质量的教师。[③] 中国同样如此。在对偏远山区教师的访谈中,发现:

> 我也想着从这里走出去,不是因为我不爱学生。学校里去年一下子走了4位老师,有时候自己留在这儿,会反问自己:我是不是太没追求了?(Q_2-RT-150814)

影响教师自主流动的因素多样,她们不仅存在对"更好生活"的向往,也有为子女发展的考虑。在这些原因的驱动之下,大量教师从农村流向城市。继续留任教师岗位者,被视为教师流动;离开教师职位,另谋他职者,被视为教师流失。前者在城市寻求教职时,大多需要证明自己的业务能力。因此,向城市流动的多表现为拥有专业资本的优质师资,这就导致城乡教育资源

① Azano, A. P., & Stewart, T. T. Exploring place and practicing justice: Preparing pre-service teachers for success in rural schools[J]. Journal of Research in Rural Education, 2013, 30(9): 1-12.

② Collins, T. Attracting and retaining teachers in rural areas [EB/OL]. http://www.ericdigests.org/2000-4/rural.htm. 2014-10-12.

③ Miller, L. C. Situating the rural teacher labor market in the broader context: A descriptive analysis of the market dynamics in New York State[J]. Journal of Research in Rural Education, 2012, 27(13): 1-31.

的分野进一步拉大。国家试图通过轮岗教师政策扭转这一局面，实现城乡师资的均衡、和谐发展。然而教师轮岗政策只能部分抵消教师基于市场因素作出的个人选择。加之轮岗政策的制度基础、机制建设尚不成熟，在不同地区的实施力度也不一样。调研中，上海更多以“柔性流动”来替代轮岗，与国家强调的“刚性流动”略有差别。江苏、河南等地在实施的过程中也遭遇部分城市优质学校和农村学校的抵触，操作不慎的话，可能进一步加剧农村学校教师向城市的“合理”流动。优质学校因学校常规工作、教学需求，鲜少派出骨干教师轮岗。校长为了落实这一政策，通常采取折中的方式，完成轮岗的数量要求。如：

> 我刚工作两年，按理说，轮不到我去交流。但是校长找我谈话了，加上我还年轻，还有职业发展上的需求，所以只能去。（S－RT－140530）

鉴于此，国家干预下的优质师资辐射作用难以全面发挥，市场驱动下的教师自主流动依然存在，导致城乡师资队伍统筹在现实中异常艰难。因此，澄清教师的工作状态，寻找支持教师工作的学校环境，为学校保持、培育师资提供建议成为必须。

二、城镇化深入发展对教师的专业性提出新要求

城镇化不仅影响了师资队伍的稳定与发展，还对教师的日常教学形成了挑战。往常，在涉及学生多元发展时，通常要求教师顾及学生的兴趣、能力，并以此为划分小组的依据，给予学生不同的指导或任务。在校本管理中，也提倡开发多元课程，促进学生的多元发展。如今，城镇化的深入发展，导致教师感受到学生“多样性”内涵日趋丰富，学生的生活习惯、家庭管教风格等都会对教师的日常工作造成冲击。

（一）处理学生多样性成为教师工作的常态

人口的大规模流动使得教师接触到的学生群体日益多元。例如，上海市

柳营路小学伴随着随迁子女的大量涌入，在2004年成为一所完全接受农民工子女就读的公办学校。入读该校的外地学生在生活习惯、学习基础上都与上海本地儿童表现出较大的差异。针对此现象，该校作出了一些尝试：

> 编制81个“天天好习惯”，分为学习、做人、礼貌、卫生、饮食、阅读、安全、运动、劳动九个方面，涵盖日常生活各个方面，全部细化成“操作点”。如，学习习惯方面，要求学生提前预习、专心听讲、爱提问题、及时改错、按时完成作业等；卫生习惯方面，要求学生每日洗脚、洗袜子，不随意席地而坐，随手整理好用具和衣物等。①

然而现实中并不是所有学校都能够在课程建设层面对学生的多样性作出回应，而且大部分公立学校里既存在本地户籍人口也存在随迁子女，多样化的学生群体对教师的日常工作形成了挑战：

> 现在班主任工作越来越难做。我接手这个班时，前面已经换了三个班主任，反正各种原因吧。这个班在年级垫底，纪律差是不用说的。我一接手，就发现其实里面还是有好苗子的，但是“刺头”也不少。加上我们学校外来生源比较多，而且在这一带的外来家庭也有个特点，他们通常是做小商小贩的，文化程度也不是很高，对孩子的学习管得也不是很紧。有一个学生的家长，我打电话、发短信、发QQ都联系不上。学生的教育问题一下子全落到学校身上。（S－RT－140516）

在这种情形下，教师无形中承担了学生的课后辅导工作。受访的教师为了“提优补差”，经常在放学后给班级中的两位学生背诵课文，检查知识点。这一现象在外来人口聚集的区域并不少见。在访谈中，一位从城区到郊区来轮岗的教师也提到这点：

---

① 吴瑛，李益众.上海市柳营路小学探索“适应性教育”侧记[N].教育导报，2012－05－10，(4).

本来这个学校学生的基础就没有我原来学校好，我讲课的时候需要重新调整难度和进度。更为明显的变化是，与家长打交道的感受也不同。外地的那些家长态度很好，但是基本很少管孩子，所以我会尽量当堂或当天解决学生学习问题。作业慢慢布置得少而精，贴近学生的水平。其实这段经历对我来说，也好。可以让我更清楚地知道这批学生的需要，以及用何种方式去教他们。（S－RT－140530）

城镇化背景下，人口流动导致班级学生群体的组合日益多元。教师身处时代变革之中，感受到教育、教学的有效实施涉及学生的家庭支持、学生的知识基础、学习习惯，甚至学生的心理、态度等。换言之，这种动态变化的学生结构对教师的专业性提出了更高的要求。教师不仅需要学科专业知识、教育教学知识和能力和专业伦理，还需要在动态的环境中生成以学生需求和特点为本的教育、教学智慧。

（二）关注学生多样性成为教师专业标准的有效组成部分

我国2012年颁布的《小学教师专业标准（试行）》《中学教师专业标准（试行）》中均确立了“师德为先，学生为本，能力为重，终身学习”的指导思想，并在对待学生的“态度与行为”“专业知识”中强调对学生的尊重、理解、引导。若将“尊重个体差异”置于城镇化背景下理解，即意味着要关注学生的家庭、文化背景，学习习惯等因素。这与英美国家教师专业界定的政策相呼应。英国教育部颁布的《教师标准》中明确指出，教师需根据学生的特长和需要调整教学。具体表述如下：

教师知道何时、以何种方式作出区分，实施促进有效教学的方法；

教师理解阻碍学生有效学习的因素，并能克服它；

教师了解学生的身体、社会、智力发展，并知悉采取何种教学以支持不同阶段学生的教育；

教师清楚地知道学生的需求，包括有特殊教育需求的学生，高能力者，英语为非母语的学生，身心障碍者，并能够评估和使用不同的教学方法,以支持各种学生。[①]

从上述《教师标准》中可窥见其对学生多样性的回应,更为直接的是苏格兰的教师标准,它直接提出了“文化多样性关照”。美国同样如此,全国教学专业标准委员会不仅将“理解和欣赏青少年早期学生的多样性”写到了教师专业标准中,而且在美国教育部题为《我们的未来,我们的教师》(Our Future, Our Teachers)的报告中,计划通过霍金斯卓越中心(Hawkins Centers of Excellence)项目,为培养或参与培养少数族裔教师的机构提供资助。

由此可见,学生的多元构成敦促教师发展多元关照已成大势所趋。美国、英国作为全球化背景下的首批移民国家,发展多族群之间的互相理解成为构建其公民社会的必要途径。尤其在阶层分野明确的国家,早期的教育社会学研究发现,学生的社会经济背景与学生的学业成就相关,那么减缓阶层带来的差距,除了从外部协调资源的分配,还要在教室内部给予各类学生适合其所需的关注。所以,关注学生的多样性恰是教育公平和质量的体现,是城镇化进程中建构教育质量标准的重要向度。

针对城市教育问题,美国在20世纪90年代就提出,政策的制定应是综合的,应超越教育谈教育;有足够的资源支持;既是普遍的又是有针对性的,尤其需要聚焦儿童;提升教育的价值;以社区为基础;以研究为基础。[②] 探索教育在城镇化过程中面临的挑战,一方面不能忽视体制背后隐含的结构性因素,另一方面需要认识到教育在其中的使命。宜采用动态的视角看待城镇化进程中的诸多问题,将学校布局、流动人口教育、教师队伍建设视作区域内部的常规工作。本研究以教师质量提升为内核,并非单纯地探索“好教师”的标准,而是在城镇化的背景下,将教师作为影响教育质量的核心要素,探索教室、学校、区域三个层面对此要素的促动,进而构建以教师为核心的教育质量标准。

---

① Department of Education. Teachers' Standards[EB/OL]. https://www.gov.uk/government/publications/teachers-standards, 2011-06-01.

② Raffel, J. A., et al. Policy dilemmas in urban education: Addressing the needs of poor, at risk children[J]. Journal of Urban Affairs, 1992, 14(3/4): 263-289.

第四章

地方教学领导与教师发展的标准建构

上海是国际大都市，上海的教育在全球化与本土化的张力下表现出独树一帜的局面。PISA等国际测试的推动，也使得上海的基础教育质量备受全球关注。如2009年上海PISA夺冠之后，2011年OECD发表了《PISA给美国的启迪》，在上海案例中强调了"严密的教研管理系统和严格的教学常规"对教学改进的积极影响。① 主持上海PISA项目的学者在总结上海基础教育发展经验时也提到，上海"坚持不懈地促进教师专业发展"，具体举措中包含广泛开展教研组、年级组、师徒带教、校本培训、年度总结、经验分享等简单有效、人人参与的教研进修活动。② 中国教研制度成为解密上海基础教育质量的重要维度。

同时，上海教育行政部门推动的"委托管理""校长课程领导力""名师工作室""学区化和集团化办学"，对教育均衡发展、教育质量提升也有很大的促进作用。其中，教研制度因历时最久，体系最为完整，职能有所更新而具有独特意义。从教研制度入手，解构区域层面教师发展的行为标准，对国际、国内的教育变革、制度完善均有重要的意义。

从国际层面而言，伴随着教育分权运动的开展，各国地方教育政府在提升教育质量环节中扮演越来越重要的角色。地方教育行政机构控制着当地的教育资源，更为熟悉当地的教育问题，在实施过程中可能对政策进行重新包装、推销、修订、完善等。因此，地方教育行政机构在政策实施过程中表现为"权力的实践"，③是国家政策的"中介协调者"。④ 英、美等国在21世纪初均意识到地方教育机构的重要性，希望地方教育机构能够扮演组织者、协调者的角色，

① OECD. Lessons from PISA for the United States[R]. Paris: OECD Publishing, 2011.

② 闫温乐.自信与自省：谈上海PISA再夺冠——PISA项目负责人、上海师范大学校长张民选教授专访[J].外国中小学教育,2014(1)：2-7.

③ Levinson, B., & Sutton, M. Introduction: Policy as practice: A sociocultural approach to the study of educational policy. In M. Sutton & B. Levinson (Eds.), Policy as practice: Toward a comparative sociocultural analysis of educational policy[M]. Westport, CT: Ablex, 2001: 1-22.

④ Sunderman, G. L. Evidence of the impact of school reform on systems governance and educational bureaucracies in the United States[J]. Review of Research in Education, 2010(34): 226-253.

有效地实施国家的政策,在学校能量建设中发挥积极作用。例如,英国地方教育局(Local Educational Authority,简称 LEA)在 20 世纪 80—90 年代声势减弱,使得教育改革的方案愈加脆弱和不稳定。[①] 因此,2006 年的《教育与视导法案》(Education and Inspection Act)赋予了地方教育局新角色,强调地方教育局在地区教育事务中的协调、整合作用;美国、澳大利亚均将学区作为教育系统性改革的重要一环,着力于建设学区内部的合作关系,以推动学校的变革。上海的教研系统作为区域业务力量,对教师专业发展有着重要的影响。以此作为个案,既可回应 PISA 结果分析中的原因探索,又可为各国地方教育领导的制度建设形成参照。

从国内层面而言,上海的教研制度有其独特性。目前在中国,教研室的归属主要表现为三种形态:一类是设置在教师教育学院(教师进修学院)内部的教研室;一类是设置在教育科学研究院内部的教研室;一类是直接隶属于教育局(科)的教研室。不同的部门归属反映了 20 世纪 90 年代以来各地职能部门调整的思路,也反映了教研部门的“多类职能并存”的现象。上海区一级的教研室均设于教师进修学院内部,凸显了其业务领导职能。上海的教研工作基本达到了“全学段全学科”全覆盖的局面。教研员成为课程改革的重要推动者,但凡推出一门(类)新课程,即配备该课程(学科)的教研员。在义务教育阶段,每个年段均有对口的学科教研员。上海不仅配齐了音、体、美等学科的教研员,还特地配备了“拓展”“探究”的教研员,此等普及程度是其他地方所未及的。以上海教研制度运作为切入点,探索区域层面促进教师专业发展的标准具有典型性,可为其他地区的经验探索提供参照。

第一节 概念框架与研究设计

如何探索地方教育领导促进教师专业发展?首先,需澄清地方教育领导的角色。然而在实践中,地方教育领导是一个指向模糊的名词。诸如督学、学

① Winkley, D.An examination of Ofsted. In C. Cullingford (Ed.), An inspector calls: Ofsted and its effect on school standards[M]. London: Kogan Page Limited, 1999: 32 - 58.

区中心办公室职员等教育行政人员,以及英美国家近十年兴起的“教学辅导人员”,都可视为地方教育领导。理论研究方面对不同人员的定位、角色期待有所不同。因此,本研究聚焦对区域内学校教学有影响的人员,梳理其发展策略,为建构本土标准奠定理论基础。

一、地方教育领导的角色

地方教育领导的人员构成多样,西方教育领导理论中不乏对各类人员的探讨,如督学被视为教学领导、道德领导,校长被视为教学领导、系统领导等。但不同人员对教育教学层面的影响随着机构的分殊出现明确的分工。例如,作为美国学区中心办公室的教学领导主任(instructional leadership directors,简称 ILDs),他们的主要工作是帮助校长提升教学领导力,[①]而不直接影响教师。美国的教学督学则对教师的工作进行评估和指导。下文的梳理主要以对教师形成影响力的区域教育领导人员为主。

(一)管理与支持职能兼备的教学领导

20世纪90年代,地方教育领导在教学改进中的作用日益突出。教学领导不再局限于校长、教师等角色,已发展成为一种多层、多元、高度互动的活动。除教育督学之外,学区中心办公室的职员成为研究的对象。美国“跨城市学校改革运动”(Cross City Campaign for Urban School Reform)项目对中心办公室在教学改进中的角色进行了系统的研究,十余年内发布了三篇报告。第一份报告主要是对学区功能的重新界定,提出了改变官僚结构,赋权于学校。第二份报告强调中心办公室职员在教学变革中的职能,关注学生学业成就已经成为中心办公室人员的重要职能。第三份报告探讨中心办公室职员在教学改进中作为“中介者”的角色。[②] 随着教学改进运动的推进,学区中心办公室的职员

---

① Honig, M. I., Copland, M. A., Rainey, L., Lorton, J. A., & Newton, M. School district central office transformation for teaching and learning improvement: A report to the Wallace Foundation[R]. Seattle, WA: The Center for the Study of Teaching and Policy. 2010.

② Burch, P., & Spillane, J. Leading from the middle: Mid-level district staff and instructional improvement[J]. Cross City Campaign for Urban School Reform, 2003, 41(2): 61 - 75.

被要求发展区域策略，用于提升教与学。[1]

21 世纪初，各国的教育质量保障越来越聚焦于学生的学业成就。以美国为例，在有关教师质量和教师培养的联邦、州政策中，以及在有关教师培养的外部资助者和专业认证机构中，问责的底线——学生在学业成就测试中的成绩，成为主要的关注点。美国在颁布《不让一个孩子掉队法》后，先后启动了“阅读优先”（Reading First）、数学与科学伙伴合作计划（Math and Science Partnership）等国家计划，并开始在阅读、数学、科学等关键学科领域，聘请大量的教学辅导员（instructional coach）。教学辅导员来源多样，有学区或学校聘请的，也有受特定研究项目委托的，但他们具有一些共同的特征。首先，在遴选教学辅导员时，主要看其以前的教育管理或“准管理”（quasi-administrative）的经验，看其参与教师发展和学校项目的经验，看其在基于标准的教育改革中的经验。这些维度一方面反映了教学辅导员的聘用必须具备与教育教学工作相关的经验，另一方面又反映了很难找出一种人，符合所有的角色期待。有些学校在选择教学辅导员时会设置底线，即教学辅导员必须具有 4 年以上的教学经验。其次，教学辅导员的工作主要围绕教学改进而展开。他们与教师一起工作，观察、示范、提供反馈，根据个别教师的需求和目标而备课。再次，教学辅导员比导师制、同侪辅导的外延更为宽泛，其工作指向于所有教师之间的合作、辅导，为教师提供持续的支持，营造以课程与教学为重心的实践共同体。辅导具有多种形式。其中，技术辅导主要传授新的教学实践；伙伴辅导（collegial coaching）用于促进教师的专业对话，帮助教师反思工作；同侪辅导通常由两位或更多的，具有较高专业水准的同事共同工作，以提高专业知识和能力。[2] 诺伊费尔德（B. Neufeld）和罗珀（D. Roper）根据辅导员在不同组织中的作用，将其分为两大类：一类关注学校改进中的领导力培养，称为变革型辅导员；一类以学科为本，关注教学改进，称为学科辅导员。[3] 马左夫（E. A.

---

① Childress, S., Elmore, R., & Grossman, A. How to manage urban school districts[J]. Harvard Business Review, 2006, 84(11): 55 - 68.

② Poglinco, S. M., Bach, A. J., Hovde, K., Rosenblum, S., Saunders, M., & Supovitz, J. A. The heart of the matter: The coaching model in Amercia's choice schools[R]. Philadelphia: Consortium for Policy Research in Education, University of Pennsylvania, 2003.

③ Neufeld, B., & Roper, D. Coaching: A stratedy for developing instructional capactiy: Promise and practicalities[M]. Boston: Education Matters, Inc., 2003.

Marzolf）与诺伊费尔德等人的分类大同小异。他认为辅导员的目的主要有两个：一是教师的能量建设；二是学校的能量建设。前者通常以某一具体学科的教学为依托，后者主要关注学校的结构、文化、领导。[①] 至于教学辅导员，在学区、学校、班级层面面临不同的角色期待。表 4－1 是根据美国近 10 年对各类教学辅导员的研究整理出的有关角色期待。

表 4－1　教学辅导员的活动区域与角色期待

活动区域	角　色　期　待
学　区	计划、组织研究
	资源（资金）申请的写作者
	编写年度活动纪要、检查项目完成情况
学　校	帮助校长理解“招募新教师担任教学领导角色对促进整个学校变革”的重要性
	在构建共享决策的能力中担任策略者与助手
	为校长与教师示范领导能力
	帮助制定教师共同工作的日常计划
	帮助校长组织时间，使其能够常规地进入班级进行教学观察，并给教师提供反馈
班　级	帮助教师将学到的新实践运用于班级
	帮助教师实施基于标准的教学
	为教师建立安全的环境，使其免受批评或评价的负面影响，努力改善教学实践
	作为教师的伙伴，根据教师的需求提供咨询与指导

通过上述梳理不难发现，教学辅导员被寄望以“支持者”的形象出现，无论是学区资源的协调，学校层面的日程安排，还是教师专业活动的组织，班级教学的辅导，他在其中都发挥着脚手架的作用。正如教学辅导理论中所强调的一样，教学辅导员主持的教学辅导被视为一种贴近教师需求的培训模式，他不同于传统的一次性的、讲座式的培训模式，是一种平等的、探究的教师合作学

① Marzolf, E. A. Contours and consequence of school-change coaching within a whole-school reform context [D]. Washington: University of Washington, 2006.

习方式。具体的辅导手段包括：与教师一起备课、上课；基于特定内容磨炼特定的教学技巧；开发/寻找其他的课程资源、针对新教师的问题或教学策略，与新教师一起工作；鼓励教师交流教学实践；观察课堂，提供书面与口头的反馈意见；提供示范课。但是在角色期待中，也能发现教学辅导员因其跨组织的工作特性，被寄希望于促进政策的实施，并担任一些检查的职责。[①]

由此可见，在地方教育系统内部，具有教学领导职能的人员是多样的。随着核心课程、统一测验的发展，当国家、公众将注意力投注于学生的学业成就时，地方教育部门在促进教学质量发展方面，开始承担越来越重要的角色，其机构内部也会衍生出更多的人员负责教与学的工作。以教学辅导员为例，虽然在 20 世纪 80 年代，乔伊斯（B. Joyce）和肖沃斯（B. Showers）提出“同侪辅导”，并视之为教师专业发展的另一种有效途径。由于没有国家大型资金的支持，这类人员更多地以自愿的形式参与其中，开展的活动也仅限于个别学校。[②] 然而，当国家致力于提升学生在核心课程的学习成就时，对这类人员的研究开始呈现方兴未艾的趋势。总体而言，教学领导在地方（或学区）层面表现为一种集体行为。不同的人员在其职位内对教学改进发挥着不同的作用。

罗勒（A. K. Rorrer）等人综合前人的研究认为，学区教学领导主要发挥如下功能：通过协作、校准（align）他人的工作建构能量；监督目标、教学，通过提高资料的可获得性、可利用性、透明性和可说明性（accountability）来提高教学；寻找人力、经济资源支持教学。[③] 需要补充的是，这种“校准”并不提供统一的目标，而是发挥桥梁作用，促成意见的一致。故地方教育领导的“管理”与“支持”角色并不是对立关系。通过管理为教与学提供支持已成为其职能特征之一。

（二）具有中介作用的合作领导

进入 21 世纪后，学区在教育变革中的重要角色已经成为共识。政策制定

---

① Deussen, T., Coskie, T., Robinson, L., & Autio, E. Coach can mean many things: Five categories of literacy coaches in Reading First[R]. Washington, DC: U.S. Department of Education, Institute of Education Sciences, National Center for Education Evaluation and Regional Assistance, Regional Educational Laboratory Northwest, 2007.

② Joyce, B., & Showers, B. Student achievement through staff development[M]. New York: Longman, 1988.

③ Rorrer, A. K., Skrla, L., & Scheurich, J. J. Districts as institutional actors in educational reform[J]. Educational Administration Quarterly, 2008, 44(3): 307 - 358.

者认为学区官员不是命令式地指示学校-社群的合作目标与策略，而是帮助合作伙伴选择、实施他们自己的目标和策略。霍尼格（M. I. Honig）将这类促进学校-社群合作的政策称为“合作教育政策”。这种政策在资源分配、办公流程、政策制定方面都对地方教育领导提出了新的要求。哈格里夫斯（A. Hargreaves）和雪莉（D. Shirley）则认为实现教育的系统变革，需走“第四条道路”，即通过民主和专业主义来促进变革，这意味着政府、家长、教师工会等与改革相关的每一个人都需作出改变。① 政府如何促进各个团体之间的合作，共同承担责任，已成为重要的研究话题。

在教育领导文献中，对于合作领导没有明确的界定。而在组织学中，对边界组织（boundary organization）的关注则为合作领导带来了新的视野。边界组织既要满足不同组织的要求，又要促成不同组织之间的合作。它们不以瓦解、吞并组织为目的，而是保持了各个组织世界的完整性。② 换言之，边界组织需要同时向两个组织负责。组织的变革对领导的行为提出新的要求。有研究对等级结构下的领导与网络结构下的领导进行对比，指出在合作领域，作为“催化剂”式的领导应具备如下能力：有策略的思考与行动，用于促进有效工作团队形成的人际交往能力，形成共同承诺，确定资源，促进相互理解，建立信任，成功获得利益相关者的支持等。③

从组织学视角研究中介者、中介组织的研究颇多，将其运用到地方教育机构政策制定与实施环节的较少。但在教育合作政策导向下，教育领域内有关跨边界工作人员的研究、合作领导的研究逐渐浮现。霍尼格和柯普兰（M. A. Copland）在总结学区中心办公室和学校的合作中，归纳出如下特征：确定实践问题或共同的工作，共同发展行动理论，为提高特定情景下的学习的特定行为程序提供清晰的理据；促进中心办公室和学校政策与实践与行动理论保持一致性；不断修正和提炼行为、政策和实践理论；确保每一方对学生成

---

① Hargreaves, A., & Shirley, D. The fourth way: The inspiring future for educational change[M]. Thousand Oaks, CA: Corwin Press, 2008.

② O'Mahony, S., & Bechky, B. A. Boundary organizations: Enabling collaboration among unexpected allies[J]. Administrative Science Quarterly, 2008,53(3): 422-459.

③ Silvia, C. Collaborative governance concepts for successful network leadership[J]. State and Local Government Review, 2011, 43(1): 66-71.

绩负责。[①] 这种合作意味着中心办公室与学校在促进学生成绩方面有其各自的优势,并为对方提供支持,是一种互惠问责。将中心办公室的人员视为合作领导的同时,研究者也希望通过其改变政策制定的路径,即依靠中心办公室的人员将实践社群的知识提炼为政策,或为政策决定提供信息,使自下而上的政策制定成为可能。

然而作为政策制定者的学区人员因其传统的能力特征,未必能胜任所有的改革需求。鉴于此,促进政策制定者与政策实施者互动的第三方中介组织也成为研究课题之一。研究发现,奥克兰(Auckland)的教育中介组织为政策实施提供新的资源:知识,政治/社会关系和管理工具。但中介组织本身的职能也是情境依赖的,受服务对象,会员构成,工作地点,工作范畴和资金支持的影响。总体而言,建立在中介思想上的合作不同于以往合作。霍尼格认为,中介组织在两个或两个以上的组织之间运作、斡旋、引发变化。中介组织提供的价值超越其服务组织单独开发或积累的范畴。[②] 以此来审视地方教育领导的职能,意味着他们需要同时向政府、学校负责。因此,应考虑中心办公室作为学习组织的政治维度。鉴于此,中介者本身会存在不同的角色倾向。伯奇(P. Burch)和斯皮兰(J. Spillane)结合中心办公室职员的自我描述,归纳出四类中介者角色:工具设计者、数据管理者、培训和服务提供者、网络建设者。这四类中介者角色又体现出两种导向,[③]具体情况见表 4-2。

表 4-2 中介者的角色倾向

中介者角色	权 威 导 向	合 作 导 向
工具设计者	相信自己明白学校的需求,不需要实际的投入就能设计工具	确认并强调学校职员为工具设计提供了主要的专业基础
数据管理者	在学校数据搜集、提交中强调了他们作为监督者的角色	强调他们在辅导学校员工诠释、使用数据以改进教学方面的作用

① Honig, M. I., & Copland, M. A. Reinventing district central offices to expand student learning[R]. Washington, DC: The Center for Comprehensive School Reform and Improvement, 2008.

② Honig, M. I. The new middle management: Intermediary organizations in education policy implementation [J]. Education Evaluation and Policy Analysis, 2004, 26(1): 65-87.

③ Burch, P., & Spillane, J. Leading from the middle: Mid-level district staff and instructional improvement [J]. Cross City Campaign for Urban School Reform, 2003, 41(2): 61-75.

续 表

中介者角色	权 威 导 向	合 作 导 向
培训和服务提供者	强调了他们在改革实施和大规模的学区培训中，作为校长和教师培训者的角色	强调对学区人员的训练是改革的一部分
网络建设者	在学校改革实施过程中，确认中心办公室或非学区支持人员作为技术支持的主要来源	确认了跨学校、跨角色(cross-role)的网络是改革实施过程中技术支持的关键来源

此外，斯温纳顿(J. Swinnerton)借用实践共同体的理论分析了学区的教学辅导员，发现他们是多层次教育系统的中介者。他们隶属于学区，既是教师的伙伴，也是教学领导者，可以促进教育的系统变革。① 正如温格(E. Wenger)在实践共同体中所言，中介者必须有足够的合法性进入到共同体中，影响实践的发展，调动注意力，处理利益冲突。② 虽然斯温纳顿看到中介者在多个共同体中有可能发挥到的积极作用，也略提及学区层面的教学辅导员面临的多种角色期待，却忽视了温格在实践共同体中提到的中介者的身份危机。温格认为，由于中介者没有固定的共同体，对于各个共同体内部的特定目标没有明确的贡献，所以他带来的价值常常被忽略。其职业带来的负面影响是，"连根拔起，无家可归，边缘化，组织的视而不见"。例如，有研究发现辅导员的角色存在内在的张力，即作为一个教师或教师的同事与作为一个半官员或管理者之间的张力。例如，在美国佐治亚州，辅导员更多受聘于州，所以辅导员处于一种尴尬的"局外人"的位置，既要向学校管理者汇报，又要向州督导队伍报告。

加卢奇(C. Gallucci)等人对斯温纳顿所论的"中介者"角色有所补充，认为教学辅导员还是一位学习者。加卢奇等人利用维果茨基(Lev Vygotsky)的社会文化学习理论，研究发现教学辅导员不仅是改革理念的传递者，同时也是新知识和新教法的学习者。在有关教学知识的内化、外化过程中，教学辅导员的辅导能力也逐渐成熟。而支持教学辅导员专业发展的关键在于其所学与教

① Swinnerton, J. Brokers and boundary crossers in an urban school district: Understanding central office coaches as instructional leaders[J]. Journal of School Leadership, 2007, 17(2): 195 - 221.

② Wenger, E. Communities of practice and social learning system. In D. E. A. Nicolini (Ed.), Knowing in organization: A practice-based approach[M]. New York: M. E. Sharpe, 2003: 76 - 99.

育系统内活动者的需求是一致的。[①] 这一研究有助于突破对教学辅导员能力"清单式"的理解,并从建构的视角说明教学辅导员的角色是在实践中习得的。

综上,建立在组织理论基础上的合作领导,为解释地方教育领导在合作政策导向下的作用提供了新的视角,并暗示了这类人员职能的内在张力。

二、教研员的职能导向与影响途径:一个开放的框架

诚然,教研员拥有教学辅导员的诸多特征,其工作涉及面有学区、学校、班级三个层次,主要通过磨课、上课、听课、评课影响教师的专业发展,其工作常被要求"落实目标""具化方法",具有教学领导的若干特征。同时,教研员也面临合作领导的角色期待及其职能内在张力。在被要求履行"上传下达"的政策桥梁作用时,也面临着"管理"与"支持"职能孰轻孰重的追问。这需要进一步审视教研员工具设计、数据管理、服务引领、网络建设的思路、策略。

(一)研究框架

本研究设计了一个开放的框架(见图 4-1),用于"发现"教研员对教师的影响。之所以称之为"发现",在于通过 Nvivo 编码时,并不以既定的四个维度来判断教学研究活动的价值依据,而是遵循一般的"教学研究"的常规和流程,从中提炼出教研员的有效策略。

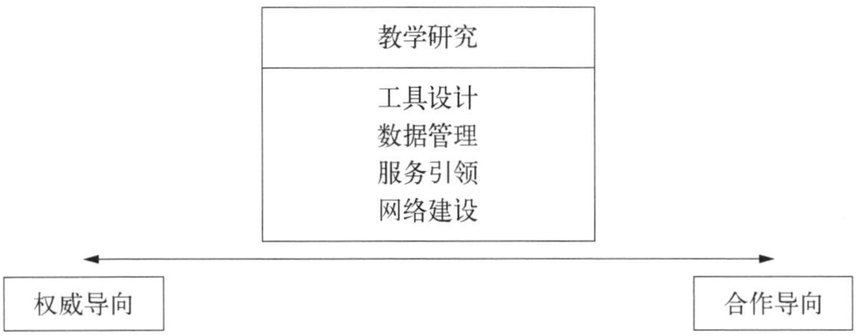

图 4-1 教研员促进教师发展的分析框架

① Gallucci, C., Van lare, D., Yoon, I. H., & Boatright, B. Instructional coaching: Building theory about the role and organizational support for professional learning[J]. American Educational Research Journal, 2010, 47(4): 919-963.

需要说明的是，研究框架中未涉及“区域—学校—班级”三个工作侧面的描述，皆因为“教学研究”是建立在区域常规教研活动的基础之上，其间已经涉及跨校分享。与美国教学辅导员不同的是，我国教研员的工作更为聚焦，其使命不在于促进校长教学领导力的提升。因此，研究着重分析区域层面如何计划、推动教学改进，又如何体现在教师的课堂教学实践中。

此框架将“教学研究”作为一个事例分析，借此澄清中西方教学研究中尚未厘清的区域层面有效推进教学改进的策略。如西方将教学辅导中“观察课堂”“与新教师一起工作”视为有效途径，但如何观课，如何与教师一起工作才能促进教师的发展，尚未有明确的答案。本研究选取10位具有高级（及以上）职称，受到教师好评的教研员，分析他们的“磨课”（研究课堂）、“听评课”和“带教教师”等行为，从而提炼出具有中国本土特色的策略，并从工具设计、数据管理、服务引领、网络建设四个维度回应其工作的价值导向。

（二）分析思路

本研究首先对教研员的行为进行分析，根据“节点”编码筛选出教研员出现频率较高的共性行为。因每类行为均需回应上述的权威导向与合作导向两个价值维度，而且要兼顾中国教研员本土行动的特色，故进行两轮编码。第一轮以价值导向为线索进行四个维度的编码，第二轮在四个维度中提炼中国独特的做法。

为避免将“权威”与“合作”视为对立、分裂的两端，对数据作硬性分类，本研究对教研员行为背后的理解辅之分析。如对教研员的“教师指导”进行分析时，会同步分析教研员对“好教师的理解”，并将其置于具体的事例（情境）背景中，考量不同教研员的做法。

不同教研员基于不同情境作出相异选择时，若表现出较强的关系倾向（如因果、递进、并列等），则通过关系节点建立联系。如拓展教研员在学科知识体系不稳定的情境下，将教学设计与思路作为辅导重点，将知识视为教学中的细节问题交由教师自己处理，即在“学科情境”“指导策略”“指导认知”之间建立两重关系。

随着分析的深入，所有的节点处于不断合并和调试过程中。当研究分析进入到归纳阶段,有关教研工作的“路径”日益清晰时,围绕主轴编码提炼固定的节点及其关系。在这个过程中,原先处于“旁枝末节”的节点均被“合并”或暂时“忽略”。“主轴”不再体现为上述工具设计、数据管理、服务引领、网络建设四个维度,而是以教研工作的本土流程体现。如“站在教师角度引领”作为教研员工作的主要特征,开始成为一个包容性强的“主干”支点,原先的“教学设计”“教师指导”等节点均被收纳其中。

综上,借助 Nvivo 软件,在既有理论与本土实践内不断尝试,充分关注情境,结合演绎与归纳的分析思维,提炼区域教研员对教师专业发展的有效标准。

第二节　研究发现

哈格里夫斯和雪莉在改革的“第四条道路”的研究中指出,政府的作用应从“发动(drive)与传递”走向“引导与支持”。① 换言之,政府应主动为学校、教师提供支持,形成“共享责任”,而不是单纯地自上而下的问责。这种“共享责任”反映在学校能量建设中,又表现为两种形态:一种是平行的能量建设,即学校之间或专业组织促成的学习共同体;另一种则是由政府主导的能量建设。具体到教研员工作,表现为善用行政资源,促成学校之间教师学习共同体的构建,为教师专业发展服务。

经过三轮编码后,高效教研员促进教师专业发展的策略开始浮现,并和工具设计、数据管理、服务引领、网络建设出现了类型上的匹配,但内涵更显丰富。

一、重视“设计”的教研活动

在“教研活动”的情景回放中,10 位教研员无一例外地重视教学设计(见

① Hargreaves, A., & Shirley, D. The fourth way: The inspiring future for educational change[M]. Thousand Oaks, CA: Corwin Press, 2008: 71.

表4－3）。其中材料来源表示涉及此节点的人数，参考点表示所有材料中与该节点匹配的内容。因此，会出现参考点大于材料来源的现象，这意味着一个人多次对节点作出意义贡献。“物化设计”几乎是所有教研员反复提及的重要话题。

表4－3　教研员“教研活动”中的关注点

节点名称	材料来源	参考点
物化设计	10	19
平等交流	7	12
基本素养	4	5
教材解读	4	5
基于设计实施的反思	3	3
基于学生反映的修改	2	3
重视方法	1	2

“基于设计实施的反思”和“基于学生反映的修改”也都与教学设计相关。相较之下，教研员不会单一地和教师谈论方法，方法的运用与具体的教学内容相关，并体现在特定的教学环节中，所以在谈论教研活动时教研员鲜少单独提及具体的方法。此外，“基本素养”和“教材解读”也是教研员较为重视的内容。无论是语文学科，还是新的拓展课程，教研员均认为教师只有具备了学科知识、课程知识这些基本素养，才能谈及教学设计。教材解读则更多地体现在语文学科中，主要表现为教师对于课程目标、教材难易程度、教学重点的理解是否准确。教研员在这方面也表现出较强的主导权，如在上海的“二期课改”中，市教研员参与了课程标准的制定，区教研员成为教材解读的主要力量。在教学设计层面，即便是经验丰富的优秀教研员，也并非采取“全盘灌输”式的指导方式。他们表现出如下特征。

（一）多种途径物化教学设计

教学设计几乎贯穿了教研活动的始终，在说课、上课、听课、评课诸环节中，教学设计都是教师共同学习的主要关注点。尤其在研讨课阶段，教研员主要带着教师不断完善教学设计。在此过程中,教研员鲜少给出一套预定的设计方案,通常先由教师自主准备。其中同课异构是比较常见的方式,不同教师带着不同的设计方案,加入到区教研活动中来,通常他们被要求"讲出"自己的设计:

> 有一节课是科学老师和生物老师备的,科学的可能更严谨,更规范吧。他在前面讲,那个老师在后面听,因为轮着她后面讲嘛,他马上就说:"哎哟,他这里设计得比我好,那里设计得比我好。"(S-CO-T-131123)

教研员督促教师说出自己的设计,甚至在不同的班级里展示设计。通常此环节,有经验的教研员会把"比较思维"放置在后,让教师通过直观的课堂活动来评价不同的教学设计:

> 然后就是比较研究的方法啊,对不同的教学设计进行比较。哪种设计可能有什么效果?可能没有什么效果?这不就是比较研究吗?(S-UO-T-131107)

编号为S-UO-Y的教研员(以下均用编号指代)坦言在同课异构里至少会保证一堂课是可以起到区域教学"方向引领"的作用。但是不会先入为主地给予一个判断,而是让教师通过倾听、思考、观察之后,明白为何这个设计是符合课程改革方向的。

除了通过同课异构比较不同的教学设计,还可以通过集体合作来"精研"教学设计。S-UO-Y的"集体备课"并非简单的"一人备,其他人听"。她的分工思路如下:第一位教师讲教学目标的制定,第二位教师讲为何制定这样的教学目标,第三位教师负责上课,第四位教师负责讲教学设计,而且"要把意图讲出来,即你为什么这么设计"。这种"知行镶嵌"的错位分工促使每位教师都主动地参与到教学设计的研讨中。

除了教师之前共同分享、完善教学设计外,教研员还引进外部资源,善用"变式",让教师在模仿教学设计的过程中洞悉其设计背后的理念,进而再生成教师自我风格。

> 我让他们收集各种特级教师的课(教学实录),然后还原成一个教学设计,要写清说明。从几个角度写,第一个从执教的老师,就是从设计这个教案的老师,第二个从自我的角度,第三个从学生的反应角度。然后他错的地方,先不要改。你先给我上出来,你先模仿,特别是要模仿他怎么样和学生对话。上完以后再反思。(S－CO－Y－130520)

在S－CO－Y的指导中,要求教师依据一份教学实录按顺序呈现“优秀教师的教学设计”“执教者本人的教学设计”“基于学生反馈的教学设计”。这一过程蕴含着教师教学模仿到教师主动创新教学的过程。需注意的是,模仿的过程并不是被动地套用教学思路的过程,教研员要求执教者本人重点关注优秀教师如何与学生对话。后续的教学创新也是基于学生的反馈作出的调试。舍恩将实践者的反思分为“行动中的反思”和“对行动的反思”,其中“行动中的反思”作为一种即时性的“回看”,有助于调整行动者当下的行为;“对行动的反思”则是一种对已发生的事情系统性思考,并产生改进行动的整全式方案。[①] 现实中,“行动中的反思”常伴随教师的教学实践,但显得片段化、碎片化;而“对行动的反思”则需要教师有意识、有方法地对待。此处,S－CO－Y通过从不同视角分解教学实录,为教师的整体式反思提供了材料和方法。

调研中,其他教研员也采取类似的做法。例如,让教师分析相同课型的具体教学设计,然后再迁移到教师具体的课堂教学中。由此可见,经验丰富的教研员重视的并不是成功经验的复制,而是对好的教学设计的“解构”与迁移。教师通过分析、比较、反思、再设计,使教学设计的知识迁移更为显性化。

然而,教学中也存在无法言说的知识。例如,S－UO－T很注重教学设计的表达,她与教师一起做教学设计时,经常提到的两组问题是：为什么要这么设计,它对目标有什么作用？什么是好的设计,什么是不好的设计,差别在哪里？即便如此,也会出现如下情景：

> 教学设计有些是教不会的。它是只可意会不可言传的东西。不是说

① 舍恩.反映的实践者——专业工作者如何在行动中思考[M].夏林清,译.北京：教育科学出版社,2007：译者序.

你讲给他听，他就懂。我现在发觉我跟老师讲的教学设计，他能够接受百分之六十，已经很好了，除非你上给他看。我们市级比赛，我真有几次是上台讲给他们看的。就是我说的设计，我说我能够上下来，他说我不能上，怎么办？你下来，我上去。（S-UO-T-131107）

S-UO-T认为教学里存有一些"现场感"的知识，教学设计中的一些内容和流程可以通过环节分配确定下来，而一些技巧需要通过在场的演练，其中凝练了执教者对整个课程资源的把握和对学生的了解。对于这类"只可意会不可言传"的知识，教师通常以认知学徒制的方式习得。教研员不仅会亲身示范，还会在重要处进行重复性解说和演示。

（二）实践最有发言权

教研活动过程中，一些教师会模仿优秀教师的教学设计，或者直接通过认识学徒制模仿教研员的上课思路。但现实情境中决定采取何种教学设计的并非教研员的"一言堂"。正如表4-3所示，有7位教研员都强调了"平等交流"的重要性，其节点数位列第二。这与课堂的"情境"依赖性有关。

环节设计不一样的话，孩子的掌握可能是不一样的。比如说讲"热的对流"。开始的时候，我一下去就问孩子："小朋友们，你们都看到爸爸妈妈烧热水，你知道一壶水是怎么变热的？"这个感觉是很正常的。结果怎么问那个班的孩子都回答不出来。我当时是想引导他们知道热是怎么在水中传递，使得一壶水变热的。我感觉我这个问题问得很自然，但是你抛下去后，孩子半天都没有反应。（S-CO-X-130520）

所以S-CO-X认识到最了解学生的是任教教师，成人的思维与学生的思维始终存在落差，为了让自己的指导贴近实践，她不断地去上课，去"认识"现在的学生。她认为"我自己来上课，再让教师上，不断地在交流过程中改变他们"。同样，S-RO-X面临被指导的教师临时要求修改教学设计时，她的反应是："你自己决定。你要根据学生的实际情况来做。"

在指导过程中，摒除学生因素之后，也有教师未曾跟随教研员修改意见。这种情况下，教研员通常采取的有效策略是，先澄清自己的想法，告诉教师为何要这样修改。

曾经我帮她改过一个设计，她坚决不用，后来她就上了。那天看着，我都要笑出来。但最后，我是理解她的。她觉得这样是顺的，从观察、比较到分类。但是我感觉这个设计呢，是个低位的设计，这是一个帽子的主题，在沙滩边叫小朋友选一个帽子，选什么颜色的帽子呢？几个颜色，肯定选浅颜色。这个设计太低了，对于他们学校好孩子来说，这个目标太低，所以这个点呢，就没有显出设计意图。应该设计稍微高一点，就是内容的难度需要梯度上升。所以，当时看的时候呢，我们要把道理讲出来。(S－UO－T－131107)

若在研讨课环节，教师坚持己见，教研员会给予其实践的空间。同时，成熟的教研员能够洞悉教师行为背后的认知基础，产生共情的理解。

上了以后，我就想，她为什么这样上，然后我就理解她，她就觉得那我今天没上完呢，学生没有运用学过的知识。配对设计啊，也可以。这是一个设计当中最简单的，制造一个情境。(S－UO－T－131107)

S－CO－T同样认为教师如何设计教学，背后有其原因，即便她认为有所不妥，在陈述自己的观点时，也会“先要问他，他设计的意图是什么，而不是说我马上去反对他”。在双方各持理据的时候，教研员采取的策略通常是“悬置争议，实践检验”。如：

他讲“飞向火星”，后面设计了一个小品。我的意见呢，小品设计是可以的，但是要通过小品当中的角色扮演来传递这些航天知识。但是他呢，总想活跃课堂气氛，就把这个小品变成一个幽默、搞笑的东西。知识性、教育性就没有了。评完课后，老师们就认为他这个小品不怎么样。然后我就跟他说,我也给你提出来了,但是你没有采纳。你没有采纳,我想,你就这样上吧,反正是研讨课,大家要研讨。那你上完之后,你听一听老师们的意见,你就知道了。你也不能强迫。他如果意识没有转变过来,你强迫他接受了,他可能也做不好。他一定要自己意识到了,才能做得好。(S-RO-T-131102)

经验丰富的教研员对于整个教研活动有一定的预见性。在处理教研活动中的不同声音时,通常交由“实践”来决定。背后原因不一。当问题指向班级学生水平时,教研员通常把教学设计的决定权交给教师,认为教师是最了解学生的人。当问题指向教学环节与内容本身时,教师一时无法理解,教研员也不急于推进,而是通过澄清想法、询问意图进行“清思”,若无显著效果,则直接交由实践来检验。所以,在工具设计这一维度上,教研员表现出明显的合作导向。

二、强调“案例提取”的工作思路

教研员除了常规的教研活动之外,也是区域学校教育质量监测的主要成员。他们在视导队伍中,以“学科专家”的形象出现,对中小学的课堂教学作出评价和诊断。通常情况下,他们会依循集体工作的思路,填写听评课的评价表,提出改进意见。这种区域层面共识性的评价表并不会影响成熟型教研员的日常工作思路。虽然参与教育视导类的活动,但她们也坚持声称自己没有行政权威。

(一)审慎对待优越感

在课程改革政策实施层面,教研员比一般教师先接触到课程改革理念和教材解读。因此,“先知先会”“见多识广”使教研员在教师发展活动中具有更多的话语权。如:

有的人可能有优越感。因为跟一般教师比起来,教研员这个位置容易让人感觉到有优越感。有的时候会让自己膨胀，觉得我的都是对的，老师的都是没道理的。老师也觉得教研员说的都是对的。（S－CO－T－131123）

优秀的教研员有着清晰的定位，在教研活动中通过多种途径避免自己的“一言堂”。例如，S－CO－T会采取轮流发言与相互评阅的方法，S－UO－T则以“拿自己开涮”的方法消解权威。

此外，成熟型的教研员注重对教师的分类指导。教研员与师训部门人员的工作对象、范畴不一样，前者鲜少为新教师提供长时段、大范围的培训，教研员更多以师徒带教的方式，影响新教师，而这类新教师通常被视作种子教师，在初期，教研员会更多地分享自己的思想和经验。新手教师在实战经验匮乏的前提下，多半会模仿教研员的思路。当新手教师日益成熟起来时，有经验的教研员会选择“退一步”。如：

如果骨干班，我又是包办代替的话，就会形成整个K区都是我的课，都是我的思想。所以呢，在这个活动当中，我是分好组以后，每个组的活动事先我都不参与的，你们小组自己去做，然后小组展示。每一组派代表对这个展示谈想法。最后，我会把他们的东西归纳、总结，对老师的发言进行评价，归纳出方法。我也是一个参与者，与大家一起讨论。（S－UO－Y－130516）

所以，成熟教研员的工作重心是业务指导，他们强调从教师的各类教学中提炼出同质性的问题，进行逻辑上的澄清，或者抽象出好的教学背后的一般性思路。“归纳”“总结”一个个独特的案例，方便其以后的具体指导。这也是教师喜欢这类教研员的一个重要原因，即任何说理性的传授后面都附有一个实际可操作的案例。

（二）一节好课的标准

成熟教研员并不期待教师“复制”自己的课堂经验，而是重在提炼典型做法。这是否意味着教研员对“好课”的理解也是有一套“经典”模式？事实上，本研究中的教研员在听评课时，有8位教研员将“学生有所得”作为好课的第一标准（见表4－4）。

表4－4 教研员对“一节好课”的认识

节点名称	材料来源	参考点
学生有所得	8	14
教学目标明确	5	7
基于专业的整体判断	5	5
教材解读正确	4	6
载体有效（教学方法得当）	4	5

无论是语文、科学学科还是拓展课程教研员，均倾向于将学生的综合表现或思维逻辑视为一堂好课的重要表征。如：

> 你这堂课必须让学生有所得。这个“得”，是怎么得的？不是说老师完全传授性的“得”，你一定要让学生自己去实践，去获得的。（S－UO－Y－130516）
>
> 我听这个孩子一开口说出来的话。因为一听他的语言表达……他怎么学习的，怎么会这么想，为什么会这么想，科学当中会有一个完整的想法。（S－RO－X－131028）
>
> 我真的还是看学生，学生在课堂活跃的思维和他们每堂课的收获……（S－CO－T－131123）

由此可见，教研员对于学生的收获也没有固定的“量化”标准。教研员虽然肩负着引领课程改革方向，推进课程标准落实的使命，但在教学活动的评价与指导中依旧以实践中的“学生”为主体。

加之每个学科的课程标准建设进度不一，在细化课程标准，落实课程目标方面，不同学科的教研员表现出明显的差异。语文作为最早确立课程标准，而

且具有丰富教研传统的学科,教研员对教学的目标定位相对重视。如:

首先看他的目标定位是不是准确,目标要符合年段的特征啊,课标的要求啊,学生的实际啊,等等。(S-RO-Y-130517)

成熟的教研员不仅仅关注目标制定的准确性,还会看目标的达成度以及达成的方法。虽然教研制度在确立之初,就强调教研员对“教学内容、教学方法”的研究,但目前教研员的“教学方法”多半属于默会知识,他们会根据现场情境给教师若干建议,但鲜少抽象出与学生互动的类型,传递给教师。因此,教研员在阐述好课的标准时,只能用“载体有效”概括,而鲜少谈及方法论层面的标准。如:

你有了正确的目标,如果只是把你想教的就这样告知学生,而不注重学生他们是否接受,或者他们有什么反馈的,这是不行的。所以,我觉得要和学生的互动,及时调整教案,等等,这些我觉得是一堂好课必要的。(S-RO-Y-130517)

成熟的教研员并不迷信课程改革背景下的新的学习方式,而是根据主体经验判断采取何种教学方式是有效的,不片面追求课堂的热闹。

语文学习小组合作中,看上去活动很多,这个活动是无效的。那么我情愿让学生个别地,通过开火车,多找几个小朋友去讲,自己在下面练着讲,也比你这样小组互动有效。所以,我觉得学生的学习要有活动,而且要有有效的活动。(S-UO-Y-130516)

总体而言,以教学研究为重的教研员在解读好课标准时,未将教学方法置于重要的位置,在总体排序上,甚至将其置于“整体判断”之后。这一方面与教学是情境性的活动有关,另一方面也从侧面反映了方法应用的指向性。在成熟教研员的思考中,所有的方法都应该服务于教学目标,服务于“学生有所得”。因此，整体判断与此评课逻辑相呼应：

我会有一个标准在脑子里，它是我已有经验的集合。我没有拿一个标准体系去听，尽管这些标准都在我脑子里。然后我听老师们的课，会根据她们的课来判断重点是不是突出了，他的方法怎么样。（S－RO－T－131102）

实际上外部的一些评价，可能更多的是细节上的，或某些环节的一个观测，但是老师自己上课，他是一个整体的。（S－RO－X－131114）

由此可见，访谈对象在实践过程中，不轻易对好课做肢解。他们更关注“课”的整体效果——学生的发展。虽然教研员参与视导时，会有一套规定的标准去衡量教师课堂，但是在他们的自主空间里，他们更多采取“定性”的视角去观测教师的教学。这可能导致个人的主观“偏见”抑或判断误差，也显得不够精确，但是在长期的实践中，教研员的判断并非冲着标尺与排名而去，更多是诊断教师的现场教学，并在实践中反馈、改进。

（三）形成区域教学研究的系列主题

教研员会根据课程改革的需要开发具体的区域教学研究主题，引领区域课堂的方向。而且这类“自上而下”的主题教学通常以“公开课”或“评优课”的方式呈现。这也导致大部分教研员的工作重心围绕此展开，因此，在传统的“以点带面”的工作思路的影响下，教研员也相信经过打磨、筛选的课堂教学以贴近教师实践的方式传递、推广，可惠及大众教师的日常教学。另外，这种“评优课”内嵌着问责逻辑，通过区域之间的“锦标赛制”促使教研员将打造符合标准的好课视为自己的责任。然而，具有问题研究意识的教研员不仅会完成方向引领的课例教学，还善于从区域教师的教学实践出发，提炼相关的议题。如在“二期课改”刚刚推进时，S－UO－Y 发现教师们有很好的课改理念，但是缺乏具体的教学方法。于是她开始调查：

我做过一个调查，我给教导发过一份调查问卷：如果你做“二期课改”，你最想知道什么？然后我根据他们报上来的问题，确定相关的主题，我就请试点校根据这个问题开课，然后请试点校的教导谈他们是怎样做的。（S－UO－Y－130516）

这类主题并不是教师日常实践的个别问题，也不是简单的教学共性问题，而是教研员根据教师的教学实践提炼出的具有学科特色、延展性的问题，如语文中的“识字教学”“散文教学”等。围绕这些主题，教研员引导教师研习教学内容和教学方法。

我们每次都有一个主题，一个学期一个主题。大家年段不同没关系，但如果每次大家主题不同，每次研究的东西随便讲讲，是不行的。大家都有一个主题，根据这个主题，我们讨论你这堂课中好的地方和不足的（地方），然后是不足的地方，你必须讲方法，你准备怎么解决。这个方法就给大家提供一个思路，大家再讨论、解决。（S－UO－Y－130516）

如上，在语文课堂上，根据具体的文体、知识结构就可以形成相应的主题。但新的课程领域，如拓展、探究的内容在很大程度上是由学校、教师自定的。目前尚未有针对此类课程培育的专职教师，该类学科的教研员也多从其他学科转调而来。但成熟型的教研员善于从“表象”中抓住这类课程的基本素养——探究方法，并以此为主题展开相关的培训。

探究课（的方法）有很多种，有调查法的、实验法的、观察法的，所以这个学期我就限定在观察法、实验法上面，开研讨课只开这两种。然后呢，在开研讨课之前先培训，用两次教研活动的时间来培训。第一次就培训观察法，第二次就培训实验法。怎么来教？先给他们讲一下基本的注意事项、原理或者规则，然后呢，再看一个录像课。大家会有一些心得。接着再开相关的研讨课。有的实验法里面也包括观察，有的课只观察不实验，有的课实验里面就带有观察。（S－RO－T－131102）

区域层面若要促进教师专业发展，不能仅仅依靠传统的公开课示范。但是，区域教研员与区域教师之间的比例，也说明教研员的工作思路要脱离学校内部的“师徒带教”方式。教研员面对的是全区的学科教师，所以成熟的教研员采取的依旧是“提取案例”的工作思路，这一思路具有立足学科、问题导向、主题连贯的特点，有助于涵养教师的学科素养和方法。斯奈普斯(J. C. Snipes)和卡瑟利(M. Casserly)曾总结了成功学区的九条经验。包括学区对问责政策、标准进行详细的阐释，为学校提供了若干“技术支持”，例如开发具体的课程与教学方法，制定明确的工作日程，在核心课程(阅读、数学)教学方面给予集中指导等。① 本研究进一步认为所有的教学技术和方法的指导均应建立在对“教师课堂教学”理性的认识上，即不以割裂、原子论的视角去切割一堂好课，而且对指导者自身的位置保持独立的反思。换言之，身兼“问责”与“改进”的区域教学指导人员，掌握着教师课堂的真实数据，如何合理地应用这些数据是其关键。通过数据实施诊断，或者抽象出数据背后的基本脉络，形成辐射性广的学科教学案例，才能更好地回应教学实践的需要，推动区域教学实践的改进。

三、“站在教师角度”的引领

基于上述的认识，在提供专业服务时，访谈对象基本上都能“尊重教师的想法，明晰教师的需要，找准教师的问题”。如 S－CO－T 以“改文章”作对比，强调在日常活动中要尊重教师的教学思路。“你不能改得全变成你的文章，这就等于换了一篇文章，是不对的。你要尊重她本来的意思。”同时这些教研员能捕捉到教师对“理念可操作、可具化”的需求，洞悉不同层次教师的困惑，以此实施分类指导，回归实践。

（一）注重教师的分类指导

无论是基于现实情境的需要，还是教研员的有效指导经验总结，访谈对象均有着分类指导教师的意识和实践。但不同的学科及教研员个人，分类的依

① Snipes, J. C. & Casserly, M. Urban school systems and education reform: Key lessons from a case study of large urban school system[J]. Journal of Education for Students Placed at Risk, 2004, 9(2): 127－141.

据有所不同。如S－CO－X认为可从“宽度”上打开教师。这也与课程改革对教师的要求越来越多有关，教师不仅是课程的实施者，还是课程的研究者。

我让有的老师在课程方面进一步发展，让有的老师在实验能力方面进一步发展。各人在一定地方走到一定高位，你要在他的“宽度”上继续打开。我觉得不是一直在“深度”上挖掘。（S－CO－X－130520）

事实上，科学、拓展（或探究）类教师的分类指导更为迫切。主要原因在于这两类课程的教师队伍都不够稳定，所以教研员对于能够稳定下来的专职教师会给予更多关注。如：

虽然他讲课思维太发散了，但我还是坚持让他每个学期都开一节课。因为他是专职的老师，尽管思路很发散，但这样培养下来，不断地培养，他还是进步挺快的。（S－RO－T－131102）

基本上，有经验的教研员均会按照教师的“成熟度”进行有区别的指导，尤其关注年轻教师的发展。区教研员不仅通过自己带徒弟的方式培养青年教师，还在区域层面形成专门针对青年教师发展的骨干班。如：

一个区县教育（质量）要上来，必须靠老师，尤其是青年教师。当时我是怎么做的呢？如果我一下子把每位老师都抓在手里，也是不可能的。我呢，先做了一件事。第一年请中心组的学校推荐1—2位要培养的青年教师，然后我就组成了骨干教师班。团队形成以后呢，我们也是每周一次开展活动。（S－UO－Y－130516）

在具体的团队组合中，S－UO－Y兼顾不同学校的教师层级与水平，实现互补匹配。每组均由一个业务擅长的教师担任组长，在公共活动中以小组形式展示。对于这批教师，S－UO－Y从教材解读、目标确定、教案设计、公开施教到教学反思，一一把关。这类做法基本上被科学、拓展课程的教研员认同，他们多半选择青年教师作为重点培养对象，在稳定本学科师资的前提下，通过整套教学流程的研讨、实践促进青年教师的发展。

对于年长的教师，大部分访谈对象很少通过集中式的活动来推动其发展：一则这类教师已经拥有固定的教学理解，形成了自己的教学风格，较难撼动；二则从教师发展的规律而言，这类教师主动发展的意愿相对较弱。因此，区教研员的重心在于培养青年骨干力量，或推动有发展意愿的教师进步。与此相比，市级教研员更倾向于打造“名师”，因为他们面对的是教师中的“精英队伍”。

> 大家坐在一起，听一节课，聊聊。我往往是在与大家的碰撞过程中实现共同成长，他们也能够促进我。这是我们的一个意识——打造上海的名师，走向全国。（S－CO－Y－130520）

这类活动并没有常规化、制度化。用 S－CO－Y 的话说，这类似于一个学术沙龙，活动之前没有特定的议题推动，活动过程中没有各类小组的分头准备与展示。教研员本人也能从这样的“非正式交流”中获得“思维的碰撞”。对于这类教师而言，是借助精英团队的力量，提炼个人的风格。

> 课堂教学对他们来说已经是小菜一碟了，他们更重要的是提炼自己的一些想法。我不说思想，把他的风格彰显出来，这些人的年龄往往在 40—50 岁之间。（S－CO－Y－130520）

由此可见，教研员所属层次、学科不同，分类指导的思路也会有所差异。在当前的氛围下，有主动发展意愿的、年轻的教师在区域层面有着较好的发展环境，同时市一级也积极为成熟型的教师搭建多样性的发展平台。

（二）尊重教师的专业发展特性

本研究中访谈的 10 位教研员，有 7 位是教师背景出身，3 位是高校研究生毕业后，在学校实践 2—3 个学期之后，回到教研员的岗位上。在访谈中，教研员自身的经历并没有被放大。尤其是三位“研究”见长的教研员，同样不主张教师写论文。如：

我现在几乎不太让老师写论文，我没有发现它对老师的价值。我们这个学科很怪，老师教学任务本来就很重，通过老师写论文就评价一个老师是成功的，是有所欠缺的。他专业方面的成长，就是成为一个优秀的教师，他到底需要具备什么样的基本素质？这是需要思考的。（S－CO－X－130520）

S－CO－X 认为“教师深入了解学科，能上好每节课，能交流、表达经验、观点”就是优秀。具有类似看法的还有 S－RO－T，她认为好教师在于：

一个是对学科知识的了解更透彻，还有一个是对学生的认知水平了解得更透彻。（S－RO－T－131102）

出于这样的认识，教研员认为“课堂实践”才是教师专业发展的关键所在。此外，鉴于对教师日常工作的理解，教研员认为缺乏研究兴趣，以完成任务为导向的论文，对教师的发展并没有积极影响。

你专职做研究，你有时间，但老师有时间吗？没有时间。然后他为了完成你的论文，他（论文）就是“粘贴”版。（S－UO－T－131107）

在课程改革背景下，“新”课程处于不断建设、完善过程中，尤其是拓展、探究类课程。虽然教育行政部门有配套的、可供选择的“资源包”，但也鼓励教师自主研发教材。即便如此，S－UO－T 并不主张教师开发教材。

我不主张教师碰教材，但是我主张老师设计科目的时候，应该有科目设计方案。科目设计是一个完整的课程说明，那么他来制作这个课程说明的时候，就会对整个课程的目标、内容、评价，包括课程实施所需要的资

源，有一个完整的思考。（S－UO－T－131107）

究其原因，S－UO－T认为各类知识庞大复杂，教师未必能够全然掌握。教学研究不能简单地等同于学术研究。作为教师，更重要的是把“正确的知识以合适的方式教给学生”，而设计方案能够达到此要求。

本研究中所有的教研员均以不同方式默认了“好教师是站课堂站出来的”，他们对于“开发教材”“撰写论文”类的活动并不热衷。但他们并非否定教师研究教材、发表自己的成果，而是站在一线教师的立场上，主张教师的学习应该和真实的教学问题相联系。

（三）“把细节交给老师”

区教研员对青年教师成长倾注了较多的关注，而且“全程参与”青年教师的“磨课”。尤其涉及优质课评选时，有的区教研员甚至会对教师的衣着、言语等层层把关，力图使教师呈现出“最好的一面”。本研究中，大部分教研员鲜少关注教师的教态、语言。皆因区域层面，师训部门和教研部门有着明确的分工。新教师在入职之初，会接受师训部门的统一培训。在此过程中，新教师习得教学的基本规范、动作，甚至语言。

培训（师训）的时候，尤其是针对新教师，我对他们要求都很高。在我们这样的课堂里，不是不关注（教师基本功），但不作为我们关注的重点。（S－UO－Y－131107）

教研员则是在教师具备了“基本能力”之后，进一步提升教师的教学素养。语文教研员通常认为教师的素养体现在教师对教材的理解上，与知识的传授方式联系在一起，是教研活动重点提升的对象；而教师的语态、板书等能力可称为“细节”，由教师个人自主完善。拓展教研员鉴于课程知识本身无“确定性”可言，所以他们更为关注教师的教学设计和整体思路。事实上，这也是本研究中所有学科教研员浮现出的一个共性。

知识上的细节，可以交给老师自己。我呢，要在框架上、思路上，还有情境创设上、教学方法上帮他想点主意。细节她们可以做的，我觉得老师们的优点就是细节做得很好。（S－RO－T－131102）

教研员鉴于不同的学科背景，对"细节"的理解不一致。但他们均不同程度地表现出对教师个人化行为的尊重或适当保留，未表现出全方位的控制和管理。

综上，本研究中的教研员在提供专业服务时，能够考虑到教师的需求，尊重教师工作的特性，保留教师个人教学的若干空间。不以管理主义要求教师方方面面作出服膺。

四、学习社群的维系

教研员的主要职能在于区域教学质量的保障，其工作遵循了以点带面的思路。换言之，教研室的工作与科研室、师训部门均不一样，它的研究主要立足于教学，并以教研推动教师实践的改进。然而，即便是区级教研活动，在所有教师都参与的前提下，教研员自己也坦言，作为参与者与作为观摩者的收获是不一样的。那么教研员这种"以点带面"的工作方式如何保障区域的教学呢？

（一）专业引领与学科建设

成熟教研员更多是通过"层层递进"的方式来推进区域教学质量提升。这些教研员坚信教学的提高关键在于教师。当教研员不能亲力亲为地指导所有学校、所有教师时，他们倾向于成立不同的团队，并将自己的工作重心定位为"学科建设"，即在核心团队里通过演练传递好课的智慧，再通过类似于"中心组""青年骨干小组"等层层传递、辐射经验。在任何团队的建设中，都注重人员的搭配，以保证在自己无法行使教学领导力时，有成熟教师可替代之。如：

队伍的组建上，我非常注重梯队的建设。我很注重他们的年龄层次。

比如说，我不会把一个研究梯队的年龄全部集中在40岁。可能50岁的也有，40岁的也有，20岁的也有，然后以老带新。（S－CO－X－130520）

尤其是在面积较大的区域，教研员会根据地理位置对教师队伍进行重组，成立“片区”组长，敦促他们定期在所属“片”内开展教研活动。也正是因为这样的工作方式，教研员的工作归属感在于其学科团队：

教研员有一个特点，是“为他人做嫁衣”，他最终成功不是他本人的成功，而是他团队的成功，他学科团队的成功。（S－CO－Y－130520）

访谈的教研员清晰地认识到自己工作的两个核心是学科建设与教师队伍建设，并认为这两者是互相促进的。然而，对于拓展类的教研员而言，教师队伍的不稳定，导致其在学科建设上的外显成果也常常受到冲击。几乎所有的教研员在谈及学科建设时，主要挑战在培养“优秀学科教师”的层面，谈及教师队伍建设时，主要挑战在“梯队建设”上。因此，教研员在管理、协调策略上未突破上述两个议题。所以，教研员还是以一种传统的方式维系着教研网络及其运作途径。虽然在访谈中，有的区域已经开始尝试网络教研，但这仅仅是作为“资料共享”的一种方式，部分教研员认为其效果并没有亲自面谈、讨论好。

（二）不同学科的情境依赖

教研员因工作需要，通常活动于不同的学校和课堂。其职位特色导致其扮演着“网络建设者”的角色。一些教研员也会促进强校与弱校之间的合作。从教研员工作路径而言，其对应的是学校教研组。然而教研员为了其学科工作更好开展，也会采取若干“技巧”，与校长互动，促进本学科师资得以重视。如：

外面的大氛围如何，其实很难改变。但一个学科在学校的重视程度是可以改变的，一旦校长重视了，基本上教师队伍啊，教研时间啊，就能得到保障。我会经常和他们校长交流，校长爱读书，有时候我也会给她带几

本书，有时候校长也陪着我听课。（S－RO－T－131102）

这是“学科”空间的物化。不同学科对于学生的生活（成功）机会有着不同的影响，这不仅导致整个教育系统内部出现“主科”“副科”之别或“考试科目”“小三门”的称谓，还影响了教研员工作开展的便利性。如：

在现在这个环境下，应试还是蛮厉害的，我们素质教育的环境还不是太宽松的，但是在这样一个环境下，有这样一门课程，有这样一些老师在坚持，能有一批孩子受惠，就很好了。（S－CO－T－131123）

故能动性较强的教研员多半对该学科（课程）有较高的认同，认为学科在育人价值上具有独特性或实用性。注重提升教师在学科方面的归属感，并通过各种策略稳定该学科的教师队伍。

由此可见，教研员虽然在学习社群建设上的策略显得朴实、单一，未表现出“通过互动达成分享性目标、建构分享性领导，完善合作文化构建”等特征，但“共享可操作的能力”“开展集体行动和探究”“持续改进教学”却是应有之义。为了发展学科，教研员还通过“非正式”的人际交往策略，在有限的空间里为本学科谋取更多的资源和支持，构建稳定的教研网络。

第三节　标准建构

一、教研员的工作路径及其依据

教研员虽以教学研究为本职工作，但是在教育行政系统内部，作为业务人员，也参与到其他部门的工作，共同保障教育质量。如以“教学视导”的身份参与教学检查工作，以“讲师”的身份参与到师训部门的教师培训。这一方面表现了教研员工作的复杂性，另一方面也反映了教研员在整个教育质量保障系统中的“连接”功能。出于此，教研员可发挥影响力的途径得以增多。如S－UG所言：

教研工作着眼的就是大面积提高课堂教学(质量),因为关注的主要的是教师的课堂教学行为,以及相应的教学质量保障。包括我说的怎么样来指导(教师)改进课堂的意见、文件;包括通过项目研究来提升教师的专业水平;包括我们很多的讲座,渗透着为每一位学生成长负责。不同的学生要有差异的、层次性的、可选择的作业。(教研员)要保障大面积的教学质量。如果说一两个出挑的孩子竞赛得高分,可能跟教研员关系不大,他可能是教委教育机构、少科站啊、少年宫培养出来的。教研室主要是面向全体(学生)的提高。(S－UG－130515)

但在“讲座”“项目研究”“教学视导”等多种活动中,教研员的工作有其内在核心:教学提升。“全体学生的提高”的前提条件是区域教学质量的提升。鉴于教研员参与教育质量保障的途径多样,且某些活动带有较强的问责性,导致教研员兼具“问责”和“改进”的功能。这反映了区域教学质量保障人员角色的“双重性”。但上文的工具设计、数据管理、服务引领、网络建设均反映了访谈对象对教师的专业影响与促进,表现出强的“合作导向”。

对上述四个维度再度审视,发现其内在有一致性。也就是说,教研员的行动背后对好教师、好课的理解是一以贯之的。因此,围绕教研员的“工作路径”形成的主轴编码中浮现的关系如图4－2所示。

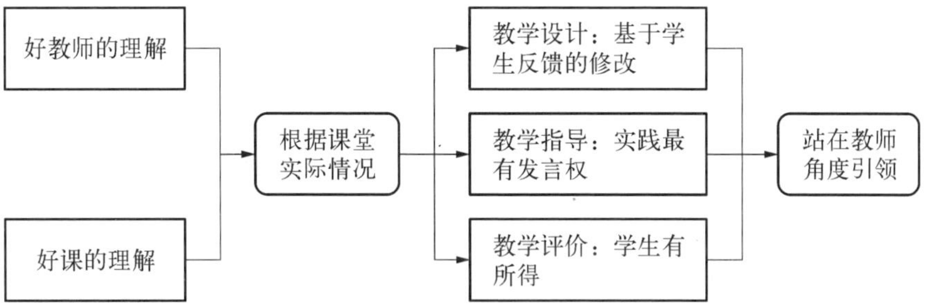

图4－2 教研员的工作路径

当教研员的专业服务表现出“根据课堂实际情况”“站在教师角度引领”时,在行为维度,从教学设计、教学指导到教学评价均表现出以教师的课堂实践为依据,以学生的反馈和收获为参考点,并与认知维度的“好教师是站课堂站出来”“好课是让学生有所得”相呼应。在此基础上，教研员“形成区域教学研究的系列主题”“教师分类指导”才有了立根之本。

美国国家课程颁布之后，一些研究假设学区会对教学进行控制，影响教师的专业自主权。但弗洛登（R. E. Floden）等人的研究发现，很少有学区实施强制性的教学内容控制，也很少有学区支持教师的专业自主。① 原因在于当学区人员尚未做好教学改革的准备，表现为学区教学尚未形成清晰的目的，没有发展出一套策略用于“说服”教师的课程决策。因此，弗洛登等人从一致性、描述性、权威性、权利关系四个方面出发，描述了学区领导力的构成应表现在三个方面：建立目标，与教师清晰的交流目标，获得教师对目标的支持。然而，通过对我国区域教学领导人员的工作路径研究发现，即便在学区已经对目标、内容形成清晰的导向时，该类人员并非完全实施“自上而下”的指导路线。他们在日常实践中，秉持自己的判断，鼓励并赞成教师拥有一定的自主空间，并对“学术研究”导向的教材研发、课程研发保持一定的距离，能够“审慎地对待优越感”，并将自己的生命力定位于“课堂”，形成以“教师—学生”为中心的教学改进思路。

二、教研工作的空间特征及影响因素

成熟教研员的工作路径表现出遵循实践的特点。教研员对教师的指导并非发生在“真空”中。教研制度化由来已久，在上海各区域开展的教研工作，因其地理环境呈现的差异性较少，本研究对“空间”环境的讨论主要来自学科结构。

（一）影响教研员工作的“空间”结构特征

以往的研究发现在问责文化的影响下，学科是否与考试相关，直接导致了学校内部学科资源的分配，也影响教研员的日常工作，所以科学教研员采取了“通过命题进行指导”“关注骨干力量，落实课堂教学”“依靠中心组或学科基

① Floden, R. E., Porter, A. C., Alford, L. E., Freeman, D. J., Irwin, S., Schmidt, W. H., et al. Instructional leadership at the district level: A closer look at autonomy and control[J]. Educational Administration Quarterly, 1988, 24(2): 96 – 124.

地推进教研”“建立私人关系”的策略，拓展或探究教研员则采取了“基于管理的介绍与经验推广”“重视设计思路与方法”“与校长建立联系”等策略。[①] 本研究中，基于教师需求进行指导的教研员不会采取教研工作中常见的两类策略——“通过命题进行指导”“基于管理的介绍与经验推广”。这两类策略在已有的考试学科教研活动中积存下来。当一门学科携带考试基因时，“以考代管”“以考促教”易成为有力的教学管理与指导手段。科学虽未列入高利益考试相关科目，但其作为会考科目，“通过命题进行指导”的策略依旧适用。本研究中的科学、拓展教研员则是通过“建立私人关系”来缓解学科资源不足或教师队伍不稳定。在此基础上关注骨干力量，重视设计思路与方法的传授。这一方面反映了学科之间形成的等级空间已经由“可达性与延展化”“空间的占有和利用”“空间的统治与控制”“空间的生产”得以固化。教育系统内部对于个人发展的资源已经进行了排序，直接导致学科等级分化，进而形成了边界，不同学科的教研员在其中寻找自身的话语表达系统，不同的策略则是其对所处结构的感知，对“领土规则”的反应。另一方面，教育资源相对充足的地方，蕴涵的学科空间相对丰富。例如，上海最先出现语、数、外学科教研员，随着课程改革的深入，每出现一门新的课程，即配备该课程的教研员。然而在其他地区，一些新课程的教研员尚未出现。因此，类似的学科空间表达在其他地区也会相继出现。

国外的研究也证实了资源分配也会影响教学领导的工作。第一，国家、社会团体对某一学科的重视程度、投资程度将决定特定学科辅导员的发展。例如，美国对读写计划投资较多，故对阅读辅导员的研究远远多于其他学科辅导员。因有资金支持，阅读辅导员接受专业培养的机会要多一些，但与之伴随的是，其承担评估角色的可能性也更大。第二，从学区层面而言，学区在改进教学方面资源、人力、金钱的投入，是否在学校层面设立正式的职位用于教师的教学改进，都会影响到教学辅导员角色的实施。[②] 第三，学校拥有的社会资源，例如校长的领导力，学校层面教师专业群体的规范，参与辅导的人员特征都会

① 沈伟.中国大陆教研员的制度演变与身份建构[M].北京：教育科学出版社，2014：251.

② Mangin, M. M. Literacy coach role implementation: How district context influences reform efforts[J]. Educational Administration Quarterly, 2008, 45(5): 759－792.

影响到教学辅导的效果。[①]

因此，资源在重塑空间“可为性”方面发挥了巨大的作用。便捷性的资源通常被视为促进性条件。区域若要促进各科教师发展，必然要弱化学科之间的分等分级；在形塑教育空间时，给予各门学科相对平等的重视，才能促进人的全面发展。

（二）影响教研员工作的专业特征

区域教学变革需要专业支持。单一的自上而下的行政问责并不能推动课堂教学实践的深刻变革。如美国伊利诺伊州在实施标准—评估—教学模式（Standards, Assessment and Instruction model，简称SAI）时，学区官员虽然对州立标准进行了翻译、解构，但不在乎教师“教什么”“如何教”，而是关注其教学的结果是什么。所以，在基于标准的改革之下，该学区官员表现为“数据驱动的问责和建构主义式的教育学”的混合体。[②] 相较之下，我国的教研员重在研究、指导、分享“教什么”“如何教”。当第八轮课程改革被标识为“基于标准”的运动时，富有经验，而且立足教师需求的教研员在开展教研活动时会以课标为参照，但鲜少通过“标准”定位教师的成就。正如上文的评课过程中，大部分教研员依旧采取了一种整体观的评价方式。由于课程标准的“基础性”和“弹性”，导致教研员在指导听评课时，更为重视“该讲的知识点有没有讲，有没有讲对”，至于“如何讲授”则体现在实践过程中，并无统一范式。检验课的最优标准，在教研员看来，即为“学生是否有所得”。这与斯皮兰和汤普森（C. Thompson）的研究结论相一致，即教学变革责任者的承诺或动力是地方教育局实施教学变革能力的关键。这种承诺具体指帮助学生以生动有趣的方式体验、学习指定学科。[③]

然而，教研员的工作中内嵌着一种张力，即如何协调远离日常课堂的工作

① D'Amico, L., Harwell, M., Stein, M. K., & Heuvel, J. Examing the implementation and effectiveness of a district-wide instructional improvement effort[C]. Paper presented at the American Educational Research Association, Seattle, WA. 2001.

② Leithwood, K., & Prestine, N. Unpacking the challenges of leadership at the school and district level[J]. Yearbook of the National Society for the Study of Education, 2002, 101(1): 42-64.

③ Spillane, J., & Thompson, C. Reconstructing conceptions of local capacity: The Local Education Agency's capacity for ambitious instructional reform[J]. Educational Evaluation and Policy Analysis, 1997, 19(2): 185-203.

环境与以学生利益为诉求的教学指导。上述案例中，教研员的指导涉及教师与学生的互动时，会把决策权限交予课堂实践。此外，也有教研员为了认识、把脉实践，坚持在一线上课。但是教研员的课堂始终是流动的，那么教研员是否在流动的课堂中总结出不同的学生的特点及其教学策略？本研究在此方面没有充分的证据。教研员也鲜少谈及学生指导，普遍描述的是教师指导。在教师指导过程中，围绕学生的基础和反馈展开的教学设计是教研活动的重点。教研员通过“大声思维”“配对比较”“变式练习”等策略促进教师思考，通过“人际关系”策略加强学科建设。这些均属于教研员专业支持的显著特征。

综上，教学领导一直是地方教育领导的职能之一。教学领导研究的对象日益多元化。无论是督学、中心办公室职员，还是教学辅导员，都强调从“管理”走向“支持”。只有关注的焦点是课堂教学实践时，他们才有可能从教师专业学习中获得信息，提供支持，从而形成以能量建构为导向的政策决策。

三、区域促进教师专业发展的标准

区域促进教师专业发展的途径多元，类型多样。尤其在上海，作为教育行政部门的业务领导单位，区教师进修学院（教育学院）内部设有“教研部”“师训部”等多个部门，分别从不同角度保障教师质量。其中教研员与教师的学科教学结合得更为紧密，在区域教学改进中承担主要责任。上述10位优秀教研员的案例分析，可见上海的区域教学质量保障在工具设计、数据管理、服务引领、网络建设方面均表现出较强的合作导向。不同学科的教研员虽身处不同的“空间”结构中，却在促进教师发展方面表现出较高的一致性。

（一）道德目标

以往的研究判断学区系统改革是否“成功”的依据主要是学业成绩。然而学业成绩只是教育质量的一个侧面。过度关注核心课程的学业成绩会导致部分学科地位旁落，师资队伍不稳定，对学生的全面发展产生消极影响。因此，学区的教学改进与教师发展目标应超越单一的学习成绩，比如本研究中教研员提到的学生的思维、应用能力等。具体到每一门学科，有其内在的素养表征。与此同时，对课堂的尊重与课堂人文价值的重塑，也意味尊重教师的工作特征，体察教师的专业需求。因此，在区域层面促进教师专业发展的首要指标之一，即对学生发展、课堂教学拥有专业判断和人文关怀。

这一方面体现在不为“功利目标”或“工具理性”的教育价值所左右，在21世纪的教育教学中渗透公平与多样。公平意味着促进教师理解学生水平、文化背景、学习习惯等因素，帮助教师发展“关于学生”的知识，敦促教师为每个学生提供过程公平、具有个体回应性的教学；多样意味着给予教师必要的自主空间，尊重教师的教学实践，倡导符合现实所需，体现教师风格的设计。

另一方面体现在聚焦教育变革，运用“专业判断”引领社群发展。其中专业判断建立在对学科教学的整体式评估的基础之上，不对教学作“片段式”切分，不以唯一指标衡量具有现场互动、智慧生成的教学实践。汲取学科教学的引领性问题，生成实践导向的案例分析，引领教学创新与发展。社群发展意味着区域教学质量的保障遵循“以点带面”的工作思路，不以个体教师为发展目标，而是通过社群分工，有组织、有计划地建设教师队伍。

（二）系统思考

提高学生成绩的学区支持主要表现为技术支持。相对于抽象的理论，教师也更欢迎可直接模仿的技术路线和要领。然而单纯地告诉教师如何做，或者共享可操作的能力，并不一定能带来课堂的改进，促进教师的主动发展。第一，教师的课堂是变动的，是由特定学生组成的。区域引领方向的公开课并非适用于所有的课堂，故单纯的能力模仿会导致学生需求的漠视。第二，教师的主动发展需要教师成为反思型实践者，而非亦步亦趋的模仿者。优秀的教研员在提供成熟案例时，都要求教师主动提炼出“设计思路”，并进行“比较分析”。所以，比技术支持更重要的是促进教师系统的思考与行动。系统思考意味着不是分裂地看待“好课”之间的若干组成要素，而是透过复杂的表象提炼出行动思路，或者在整体视角下看待事物的进展及其关系，指向事物内在结构的深入理解。

需要注意的是，我国区域层面指向教师发展的系统思考不同于美国学区教学变革表现出的“系统思考”与“能量建设”的发展趋势。美国学区变革的

“系统思考”更多指向的是教育各个子系统的运行良畅。如富兰(M. Fullan)指出,“系统思考”表现为学校、当地教育行政部门、国家的政策运行有序、协调,以促进学校的持续改进。而我国在制度化的教学质量保障机构辅助下,聚焦教师发展层面的“系统思考”更为强调提高教师的系统观,促进教师的实践转化。它具有三个典型特征:第一,系统思考强调整全视角,要求教师超越教学中局部的“点”,呈现思路和过程。第二,系统思考关注多层观点,鼓励教师寻找特定议题的多个侧面。第三,系统思考提倡比较方法,在“归纳”和“演绎”中锤炼教师思维的深度。因此,同课异构、案例分析等成为区域教研中的有效活动载体。

(三)实践检验

当英美国家日益强调学区在教育变革中的重要作用时,中国区域层面的教学管理与指导已积累了丰富的经验。然而学科教研员的“专业所长”经由制度化后,不可避免地在教师之间形成了“等级空间”。具体而言,以上海为例,大部分教研员虽从属于“教师”编制,但因其所处的位置及其携带的教师专业发展机会,或因专业权威、人格魅力导致其拥有的话语权通常大于教师。教师在“空间的表达”过程中,也倾向于认可教研员掌握着更先进的做法。然而如图 4-3 所示,教研员与学生之间的联系要弱于教师与学生之间的联系,教研员直接从事课堂教学的频率要小于教师,故教研员在诊断课堂教学问题时,可能缺失一部分关于学生的认识。在此情况下,本研究中的教研员倾向于通过实践本身来证明教学设计。因此,区域层面在促进教学变革时,要为教师留有自主的空间,从实践出发论证课堂教学的改进。诚如富兰在总结系统领导的指导方针时,强调“让系统思考接受实践的检验;与当地成员交流道德目标、计划;给予当地成员影响教育图景的机会”[①]等。

(四)资源保障

为了让每个学科的素养得以充分体现,让每类教研员拥有更多的专业空

① Fullan, M., Systems thinkers in action: Moving beyond the standards plateau[R]. Nottingham: DfES publications, 2004.

间做学科建设，区域应尽量做到专业资源分布均衡。虽然区域本身也受制于问责文化，并不能改变考试的消极影响，导致“高利益学科”的情况出现，但是区域应力图避免教研员利用人际策略实施相关课程，使学科发展呈现“碎片化”的局势。事实上，教研员若通过校长来影响教师和学科建设时，通常受制于专业资源分配不均的影响。

如图4－3所示，教研员通过促进教师改变，进而实现课堂教学质量的提升。在教研员的诸多策略中，最重要的是促进教师的系统思考，有效的方法包括大声思维、配对比较、变式练习等。而人际策略属于教研员专业工作之外延展出来的“应对之策”，多在“非考试学科”中出现。因此，当教育变革宣称促进学生全面发展时，要保障学科资源的分配合理，让各科教研员集中专业优势，促进教师发展。

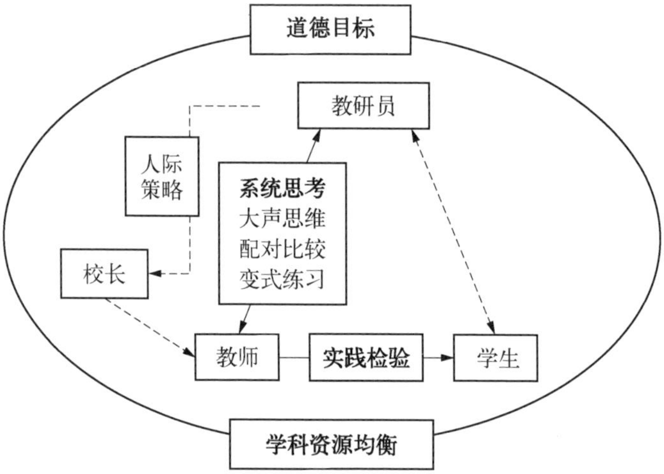

图4－3　区教研员促进教师发展的路径与策略

现实中，区域教育变革时常遭遇多重张力。例如，在有限或不均衡的能力基础上实现雄心勃勃的目标；在各种错综复杂的因素中促进教学改进；在旧结构、旧习俗中展开新工作；在不完善（或不一致）的行动理论引导下开发宏伟计划；在有限的信息和理解下，面对无法回答的问题。[①] 上述张力有的来自上一

① Knapp, M. S. How can organizational and sociocultural learning theories shed light on district instructional reform? [J]. American Journal of Education, 2008, 114(4): 521－539.

层的结构影响，如政治、经济、文化等施加的影响，在此背景下，教育系统中围绕资源、习俗等产生的张力难以快速消除或抵消；有的张力则来自教育内部的技术缺位或惯习使然，此种张力可以通过改善技术或心智模式得以缓解或消除。区域无法一蹴而就地解决"功利性"的问责文化，但可以在资源配置中，稳定学科教师，促进学科资源均衡上有所作为。

诚然，教育质量的提升与师资队伍的建设密切相关，而师资队伍的质量则与"教师教育者"的质量息息相关。我国在教育实践过程中，将优秀的教师教育者视为师资队伍重要的造血机制，然而在理论上长期缺乏对教师教育者发展的研究。美国的"教师教育者协会"（Association of Teacher Educators，简称ATE）将教师教育者区分于一般的教育工作者，为其制定了标准，指出作为一名合格的教师教育者，在教学、文化能力、学术、专业发展、项目发展、合作等方面具备的品质。[①] 默里（J. Murray）和梅尔（T. Male）的研究发现对荷兰教师教育者而言，重要的五项相关能力是：学科内容，教育教学，团队激发与沟通，个人成长与发展，组织能力。[②] 史密斯（K. Smith）的一项跨国研究中发现，荷兰、澳大利亚、以色列、美国的教师教育者表现出的共同能力包括：示范教学，研究，专业领导力，持续的专业发展。[③] 事实上，教师教育者的人员构成类型多样，上述研究多指向培养新手教师的"实践性"教师教育者。当指向在职教师的专业发展时，区域可调动的教师教育者的队伍更为多元，而教研员则是一种最常见，也最典型的力量。通过对优秀教研员的行为剖析，区域在促进教师发展的过程中除了强调教研员本身的专业水准，为教研员提供专业支撑时，也要关涉渗透在区域层面的各类的"结构性"因素，破解学校、学科中存在的显性、隐形的等级空间，始终确立人文主义的道德目标，通过各种策略促进教师系统思考，建构实践类的课程，保护教师自主实践、反思的空间。

---

① ATE. The teacher educator standards[EB/OL]. http://www.ate1.org/pubs/uploads/materialstousel.pdf, 2016-12-20.

② Murray, J., & Male, T. Becoming a teacher educator: Evidence from the field[J]. Teaching and Teacher Education, 2005, 28(1): 67-85.

③ Smith, K. Teacher educators' expertise: What do novice teacher and teacher educators say? [J] Teaching and Teacher Education, 2005(21): 177-192.

Education Reform for the 21st Century Skills: China and World

第五章

校长领导力与教师发展的标准建构

“教育放权”是第八次课程改革的重要关键词。在此背景下，学校的办学特色和校长的课程领导力日益被重视。“一位好校长，就是一所好学校”的判断固然在中国若干学校的实践中被证实，但从研究的视角而言，更重视校长如何结合所在学校的特点，完善组织建设，激励教师，促进学校长远发展。延续第四章的教育问责环境，校长作为教育系统中的关键链条，与地方教学领导一样，也面临着各种问责。正如埃尔莫尔等人的研究发现，当校长能够合理地应对自上而下的问责，保护学校内部的专业环境时，学校的发展呈现出良好的前景。[①]

与地方教学领导研究不同的是，校长领导力的研究在欧美国家已经积累大量的经验数据。自 20 世纪 80 年代起，校长在学校发展、教师发展、学生进步中的角色就开始被挖掘，而且多镶嵌在学校效能、学校改进的研究中。缪伊斯(D. Muijs)曾将学校改进归纳为四个阶段。第一阶段为非系统性的改革，以组织变革和学校自评为重点，缺乏对学生学习结果的关注。第二阶段，学校效能和学校改进得以有效结合，效能标准的量化提炼与基于学校情况的过程改进并行。第三阶段强调学校改进中的学生结果、班级过程、能量建构和复杂的专业发展方法。第四阶段，学校之间的合作成为学校改进的驱动力。[②] 换言之，在学校变革中，校长的专业支持、校际合作日显重要。

海门校长领导力的实施有其特殊的文化土壤，其两任局长均重视“新教育”的理念。“自下而上”的“新教育实验”有其理想追求，即成为学生享受成长快乐的理想家园，成为教师实现专业发展的理想舞台，成为学校提升教育品质的理想平台，成为新教育共同体的精神家园和共同成长的理想村落。[③] 然而

① Elmore, R. School reform from the inside out: Policy, practice, and performance [M]. Cambridge: Harvard Education Press, 2004.

② Muijs, D. A forth phase of schooll improvement? Introduction to the special issue on networking and collaboration for school improvement[J]. School Effectiveness and School Improvement, 2010, 21(1): 1 - 3.

③ 朱永新.“新教育实验”的基本理论与实践探索[J].课程・教材・教法,2005(9): 18 - 24.

具体到各个实验区,推进的策略、进程、范畴都不一样。新教育本身面临的实践多样性、理论反思不足、规范化不强使得地区有了更多的阐释空间。海门通过行政力量推行新教育的实践,成效显著,新疆、河南、陕西、江苏、浙江的区县校长均来跟岗学习。因此,研究教育变革背景下海门的校长领导力,及其对教师专业发展的影响,具有典型性。

第一节　概念框架与研究设计

宏观层面的教育变革落地发展会受到微观政治与实践的影响。在早先的学校效能研究中,校长的有效行为特征已普遍受到关注。随后的研究将领导力的形态、范畴进一步扩展,凸显了校长与其他教育人士的互动,及其对组织改进的影响。海门在践行"新教育"时,在全市的中小学、幼儿园考核方案中设置了新教育实验的考核权重,对校长、教师进行系统培训,加强课题研究的导向等。落实到学校层面,鼓励学校办出特色,帮助师生过上"幸福完整"的教育生活。这些新教育的理念与当前"素质教育"的若干理念遥相呼应,在推进层面,又表现出较强的行政问责意向。要澄清校长如何贯彻教育改革理念,促进教师发展,需要先了解校长领导力的结构及其测量方法。

一、教育问责背景下校长领导力内涵的省思

"领导"与"领导力"之异同,关键在于对"力"的解释上。"力"的两个主要含义是:物体之间的相互作用,使物体获得加速度和发生形变的外因;力量,能力。[①] 领导力既是领导者与组织成员为了共同的目标相互作用的合力,又是领导者个人能力的体现。它不限于指向某一具体的人物(领导者),也不单指某一互动的过程(领导),而是两者的统一,并蕴含着促进和改变的能量。这是理解校长领导力的前提。

① 中国社会科学院语言研究所词典编辑室.现代汉语词典[M].北京:商务印书馆,1996:775.

(一)校长领导力的知能基础:教学知识或组织能力

在国际性测试的影响下,各国进一步推动了核心课程的建设。发展核心课程教学能力成为提高教育质量的应有之义。校长对学校教师教学能力的促进再次成为学界关注的热点,风靡三十余年的教学型领导仍然有较大的应用市场。一方面,校长作为教学领导,其具备的教学知识、能力被强调;[①]另一方面,校长如何创建环境,促进学校教师提高教与学的方法,依旧是研究的热点。[②] 那么校长究竟是深入课堂,给予教师具体的教学内容和教学方法的指导,还是从组织层面创建良好的氛围,提供专业的支持,促进教师教学能力的发展?这直接关系到校长领导力的知能基础。

上述两方面的知能在早期的校长领导力研究中并不矛盾,最具代表性的研究可追溯至20世纪80年代海林杰(P. Hallinger)等人的教学型领导。他们认为,教学型领导是校长对课堂教学和课程设置直接进行监督、控制和调节的行为,是一种能够"标准化"的领导力行为。[③] 校长除了走进课堂,管理教学,还需要明确目标、营造氛围,不可避免地履行着"组织"的职能。这种"专业与魅力相结合"[④]的领导在20世纪90年代受到了若干质疑。首先,从英美国家传统的教学自主而言,校长是否有必要进入到教师的个人工作空间——教室?校长的学科内容知识是否优于其督导的教师?[⑤] 其次,从学校组织运作而言,巴斯(R. Barth)提出为何要将领导学校的重任置于一人之肩的疑问。由此,他提出了"文化的领导",认为校长工作的重心在于鼓励教师迈出教室,将工作场地转变为学习社群,实现学校的变革。[⑥] 此外,还有学者从校长的培养、选拔模式,学校的组织环境等角度对教学型领导的实施提出了疑问。伴随着不同的声音,及"变革型领导""合作领导"等概念与实践的兴起,教学型领导的内涵

---

① Brazer, S. & Bauer, S. Preparing instructional leaders: A model[J]. Educational Administration Quarterly, 2013, 49(4): 645-684.

② Sun, M. How external institutions penetrate schools through formal and informal leaders [J]. Educational Administration Quarterly, 2013, 49(4): 610-644.

③ Hallinger, P. & Murphy, J. Assessing the instructional management behavior of principals[J]. The Elementary School Journal, 1985, 86(2): 217-247.

④ Hallinger, P. Instructional leadership and the school principal: A passing fancy that refuses to fade away [J]. Leadership and Policy in Schools, 2005, 4(3): 221-239.

⑤ Lambert, L. A framework for shared leadership[J]. Educational Leadership, 2002, 59(8): 37-40.

⑥ Barth, R. Improving schools from within San Francisco: Teachers, parents, and principals can make the difference[M]. San Francisco: Jossey-Bass, 1990.

开始发生了变化。海林杰在对校长教学领导力进行描述时,提到了愿景、价值与目标的建立,环境、制度、氛围的建立,教师教学的支持与学生学业结果的监控。并强调领导是“双向互动的过程”,赞同利益相关者的参与。有关教师课堂教学的指导与评估职能的描述则相对减少。

相较于其他类型的校长领导力,教学型领导一直呈现出方兴未艾的趋势。这并不意味着校长一直需要在教师教学过程中扮演“示范者”“评估者”“监督者”的角色。正如教学型领导内涵的变迁所示,校长作为学校的首要运行人,其重心在于学校的整体运作。在问责背景下要确保这一运作是有助于提高教与学的。所以,校长的知能基础在于组织,组织的内在核心及价值诉求在于提高学校的教学。

(二)校长对教师的影响途径:控制或激发

基于标准的问责加剧了学校之间的竞争。校长在问责链条中,需要就学校的成绩向上级部门作出汇报。校长是扮演传统的管理者角色,负责教育政策的上传下达,还是履行新的“领导”内涵,与学校教师一起构建内部问责体系?在学界早有争议。库班(Cuban)认为管理和领导最大的区别在于,前者的工作重心是实施与维持指令,后者重在影响他人以完成目标。因此,领导需要更多的才智、精力和技巧。[①] 利斯伍德(K. Leithwood)却认为在校长的日常工作实践中,两者的区别很难被发现;海林杰也认为从领导的视角看校长的角色并不意味着削弱校长作为管理者的角色饰演。[②] 但是,新管理主义思潮、核数文化的兴起促使学者进一步反思教育场域中的“管理”内涵及其走向。

贝尔(L. Bell)在一篇题为《教育管理:20 世纪 90 年代一项议事日程》的文章中曾总结道:我们愧于依然需要借鉴工商业领域的观点、模型、概念甚至是理论,我们对于教育管理的理解衍生于非教育理论框架。[③] 换言之,被用于教育领域的“管理”有着强烈的工商业色彩。当前各国盛行的基于标准的问责

① Bush, T. From management to leadership: Semantic or meaningful change? [J]. Educational Management Administration Leadership, 2008, 36(2): 271 - 288.

② Hallinger, P. Leading educational change: Reflections on the practice of instructional and transformational leadership[J]. Cambridge Journal of Education, 2003,33(3): 329 - 351.

③ Bell, L. Educational management: An agenda for the 1990s[J]. Educational Management and Administration, 1991, 19(3): 136 - 140.

与工商管理的质量控制思维如出一辙。在此环境下，“把组织视为一个权力和信息集中于高层的等级体系”，管理强调个人权威，以行政的方式自上而下推行命令，教师只是被动执行，缺少决策能力。[①] 针对这种集权和民主缺失，布什(T. Bush)批判了管理主义，指出其是损失教育目的和价值的高压程序。高层集权造成了教育决策讨论、制定的狭隘性，限制了学校发展的视野。[②]

相较之下，原先作为经典管理过程中的一环——领导，被赋予了新的内涵，并被广泛用于校长研究。米列特(Millett)曾在20世纪90年代明确指出，我们需要抓住的中心议题是领导，尤其是如何识别和培养领导的品质，[③]这反映为特质研究取向。行动取向的研究强调领导者对成员的激励和促进作用，“影响”成为领导的核心。张爽在综观学界有关领导的三百五十多个定义之后指出，“领导是为实现组织目标，领导者影响所有追随者及利益相关者的过程”。[④] 这个界定突破了将领导视作一系列固定品质的组合体，而是强调领导是动态的过程。这一动态过程如何发生，是以“交易”为前提，还是“权力分布”为前提？不同的组织情境有着不同的需要。伴随着分布式领导研究的兴盛，人们逐渐认识到，以往的以校长为中心、科层取向的学校领导，在一定程度上忽略了广大教师在改进教和学方面的重要作用，校长的个人英雄时代正在结束。教学领导职能要分布于包括普通教师在内的学校共同体中，使他们都能动态地承担一定的职能，协同发挥作用。[⑤] 这些都意味着校长需思考如何在过程中激励他人，形成团队，让教师集体共同参与到学校变革。也就是，校长的影响途径从层级分明的秩序链传递走向基于情境的意义互动。

（三）校长对学生成绩的影响：直接或间接

虽然问责的方式、内容多种多样，但各国无一例外地将学生的成绩作为教育问责中的核心标准。换言之，上文的校长领导力的知能基础与影响途径，在

---

① 靳玉乐，赵永勤.校本课程发展背景下的课程领导：理念与策略[J].课程·教材·教法，2004，24(2)：8－12.

② Bush，T. Crisis or crossroads? The discipline of educational management in the Late 1990s [J]. Educational Management and Administration，1999，27(3)：239－252.

③ Southworth，G. Instructional leadership in schools：Reflections and empirical evidence [J]. School Leadership and Management，2002，22(1)：73－91.

④ 张爽.校长领导力：背景、内涵及实践[J].中国教育学刊，2007(9)：42－47.

⑤ Lingard，B. Leading learning：Making hope practical in schools[M]. Philadelpha：Open University Press，2003.

问责背景下,均有一个共同目标——提高学生的学业成就。基本上,不同类型的校长领导力均被证实对学生的学业成绩有影响。如布拉塞(J. Blasé)等人的有关教学型领导的实证研究发现校长三种相互关联的行为对教师教学最为重要:与教师们接触、促进教师专业成长、促进教师反思。[①] 一方面,分布式领导的研究认为分布式领导可以提高教师和学生的士气,与学生的学业成就存在正相关;[②]另一方面,有关学校领导效能的量化研究显示,校长对学生的学业成绩的直接和间接影响的总和很小,但是在教育领域存在显著性。[③]

事实上,校长的领导能力与行为鲜少能直接作用于学生的学习,所以质化研究与量化研究的结果都具有可解释性。利斯伍德和戴(C. Day)等人在分析校长领导力对学生成绩影响的时候,区分了多种变量。如果将学生成绩视作因变量,领导行为是自变量,那么自变量与因变量中间还存在着调节变量。[④] 也就是,领导行为是否影响学生成绩,受学校目标、学校结构、人员及组织文化等因素的调节。除此之外,学生的家庭文化也会对学生的学业成绩造成影响。以此观之,校长领导力究竟对学生成绩有何影响,依旧是一个无法验证的"黑箱",因其涉及多种变量的多维互动,而且难以"一劳永逸"地澄清调节变量或中介变量。

所以,可达成的共识是,校长更多是以间接的方式影响学生的成绩。在校长与学生成绩之间,虽然横亘着多重中介变量,如综合教学型、变革型、分布式等领导的研究,但可以确定的是,校长的领导力对教师教学有着显著的影响。而教师的"教"直接影响着学生的"学"。

二、校长领导力的结构:综合的视角

教学领导力的争鸣回答了校长"领导什么",管理与领导的内涵剖析实则

① Blasé, J. & Blasé, J. Principals' instructional leadership and teacher development: Teachers' perspectives [J]. Educational Administration Quarterly, 1999, 35(3): 349 - 378.

② Harris, A. & Muijs, D. Improving schools in challenging contexts: Exploring the possible school effectiveness and school improvement[J]. School Effectiveness and School Improvement, 2006, 17(4): 409 - 425.

③ Hallinger, P. & Heck, R. Reassessing the principal role in school effectiveness: A review of empirical research, 1980 - 1995[J]. Educational Administration Quarterly, 1996, 32(1): 5 - 44.

④ Leithwood, K., Harris, A. & Hopkins, D. Seven strong claims about successful school leadership [J]. School Leadership and Management, 2008, 28(1): 27 - 42.

回应了校长“如何领导”，校长影响途径的探讨则回应了校长提高学生成绩的可能路径在何处。综上，在问责背景下，校长领导力表现为以提高学校“教与学”为目的，运用组织知能，构建有利于专业社群合作的组织环境，创建有意义的互动情境，为教师的教学改进提供支持性的条件，进而提高学生的学业成就。以此为基础，校长领导力的结构如下。

（一）以“教与学”为核心的系统领导

教学型领导研究已经揭示了校长在促进“教与学”方面的能力结构，如海林杰和墨菲（J. Murphy）在1985年提出的3个维度10个行为标准。“确定学校使命”“管理教学项目”“创造积极的学术氛围”是从学校的管理流程的递进，结合校长的个人行为修炼提出的。进入21世纪，教学领导力研究强调学习中心取向，最具有代表性的学术观点来自美国范德堡大学。该校墨菲（J. Murphy）等人主张以学生学习和发展为中心，从领导行为的“关键环节”和“核心内容”两个维度理解教学领导力。“关键环节”涉及计划、实施、支持、倡导、沟通和监控等常规教学领导活动，“核心内容”则聚焦学生学习，从“学生学习与发展的高标准”“严谨的课程内容设置”“有效教学”“学习文化与学习共同体”“与家长、社区的联系”“系统的绩效问责”六个方面理解与分析教学领导力行为。[①] 这一研究实现了从教学管理向学习管理的转变，并将管理流程具体化，但依旧遵循了单向度的管理逻辑，未说明校长领导的六个“核心内容”之间的关系，也未说明校长在不同内容上的“关键环节”的实施力度。同时，对于执行关键环节的也未提炼归纳。

鉴于此，有必要澄清校长“领导”范畴之间的关系，并进一步提炼与领导范畴相对应的知能，促使校长提高教与学的行动是在系统逻辑中完成的。霍普金斯（D. Hopkins）和海厄姆（R. Higham）根据研究样本浮现出来的行为归纳出系统领导实践模型，即领导围绕学生发展这一道德目标致力于“管理教与学”“人员发展”“组织发展”。且其工作并不局限于一个学校，并对薄弱学校负责，作为

---

① J.墨菲，E.戈德林，S.艾略特，X.克雷文斯，A.波特.范德堡教育领导力评估：以学习为中心的评估方式[J].华东师范大学学报（教育科学版），2011，29（1）：1－10.

共同体的领导者和变革能动者发挥作用。[①] 其中,“管理教与学”“人员发展”“组织发展”成为国际成功校长项目(International Successful School Principalships Project,简称ISSPP)评估与鉴定优秀校长的关键维度。组织发展在于使学校成为提升共同体的关键力量,并在人员发展中强调了对教师赋权增能,“管理教与学”中除了渗透组织建设、人员发展的事件外,还包含了若干制度规范。在学校运作上,这三者环环相扣,互相影响。制度规范作为维持学校发展目标达成的外在规限,必不可少,但领导的内涵在于影响他人,让跟随者主动参与到变革中,这就与营造具有合作氛围的组织,促进人员发展有关。因此,系统的领导力是制度规范、组织创设、人员发展的层层递进,通过这些最终促进学生的发展。在这三个维度,校长需具备一系列知识技能(见表5-1)。

表5-1　校长领导力的知识技能结构

	制度规范	组织创设	人　员　发　展
知识技能	• 目标管理 • 资源保障 • 制度维持	• 情境意识 • 沟通途径 • 团队合作	• 课程、教学、评价的知识 • 激励 • 人际关系

上述知识技能的构成得益于已有研究的启发。若干研究呈现了校长有效的行为特征、责任。如沃特斯(T. Waters)等人对校长领导力30年的数据进行综合分析,鉴定了23种与学生成绩联系显著的领导责任,分别是:文化,命令,纪律,资源,课程、教学和评价,聚焦目标,课程、教学和评价的知识,可见度,适当的奖励,交流,超越,投入,主张,人际关系,变革能动者,优化者,传递理想/信仰,监督者/评价者,灵活性,情境意识,智力刺激。[②] 这些责任均可以对应到制度规范、组织创设、人员发展三个层面。在制度规范层面,校长需明确学校的发展愿景与目标,并制定相应的制度规范,提供资源保障,促进目标的达成;在组织创设层面,校长需具备情境意识,因时因地设置组织结构,畅通组织内部沟通途径,知悉建立学习共同体(即促进合作)的具体方法;在人员发展层

① Hopkins, D. & Higham, R. System leadership: Mapping the landscape[J]. School Leadership and Management, 2007, 27(2): 147-166.

② Waters, T. et al. Balanced Leadership: What 30 years of research tells us about the effect of leadership on student achievement. A working paper[Z]. Aurora: Mid-Continent Regional Educational Lab, 2003.

面，校长应具有课程、教学、评价的知识，善于激励教师，维持学校内部健康的人际关系，进而促进教师的发展。

（二）促进他人与组织改变的互动过程

从领导力的概念而言，问责背景下校长不仅需要上述知能，还需要根据互动过程，掌握影响他人的策略。交易型领导和变革型领导从互动的基础与方式，回应了如何激励、引导教师的行为。交易型领导表现为领导者和追随者之间的资源交换过程，是一种奖赏/惩罚式的领导方式，当下属完成一定的工作后，领导给予承诺的奖赏，整个过程犹如一场交易。① 变革型领导是合作与决策分享的过程，领导者尝试将学校变为赋予关心、责任、知识丰富、能力发展和变革取向的社群中心。这一理论认为，提高学生成绩不仅在于校长的行为，也在于学校其他组织成员的参与。校长的变革型领导力是通过激发学校团队成员的个人责任感、兴趣和智慧潜力，鼓舞团队士气，向一个共同的长期目标努力。

除了校长的"激发"策略之外，变革型领导力建立在权力分享的基础之上。换言之，变革型领导与组织结构的改良联系在一起。变革型领导者要求追随者为了良好的团体、组织或社会超越他们自身的利益；促使追随者思考个人与组织的长远发展，而非当前的需求，进而促进追随者转化为领导者。与传统的交易型领导不一样，变革型领导理论认为：只要给予足够的支持，组织成员将高度投入到鼓舞人心的目标达成中，因为这些目标与他们坚信（或因为被说服而坚信）的价值观相符。② 在这一层面而言，变革型领导着眼更高，也更符合组织的发展。但在实际运作中，交易型领导与变革型领导均能发挥促进作用。究其原因，主要在于组织处于不同的发展阶段，领导实施的影响行为的依据也不一样。当学校的日常管理效率低下，合作机制、共享机制尚未建立，员工之间信任程度不高时，交易型领导可以通过外部规则与奖惩的运用建立秩序，通过有技巧地参与逐渐调动员工的积极性，接着，从"信任的氛围""信息共享"

① Leithwood, K. & Jantzi, D. A review of transformational school leadership research 1996 - 2005[J]. Leadership and Policy in Schools, 2005, 4(3): 177 - 199.

② Leithwood, K. & Sun, J.P. The nature and effects of transformational school leadership: A meta-analytic review of unpublished research[J]. Educational Administration Quarterly, 2012, 48(3): 387 - 423.

"有意义的参与""集体决策""保护权利""重新定义角色"[①]六个方面着手进行共享治理的模式,促使交易型领导走向变革型领导。

教育问责背景之下,学生的学业成就成为学校产出的最典型标准。已有研究证实,无论是教学型领导、交易型领导还是变革型领导,均间接地影响学生的学业成就。单一的领导模式并不能满足于教育变革的需求。外部问责虽然更多地指向学生的学业成就,但是就学校内部运作的最终目标而言,也是促进学生的发展。因此,外部与内部问责的目标是耦合的,只不过经由的路径,采取的方法不一样。校长若要实现学校自内而外的变化,需综合地运用教学型领导、交易型领导与变革型领导的知识、能力与互动的策略。

(三)校长促进教师发展的路径

综上,本研究从校长的知能结构和互动行为两个角度构建校长对教师的影响路径和方式(如图 5 - 1 所示)。研究借鉴了海林杰和墨菲的"教学领导力"问卷,对维度和表述进行了本土化的尝试与验证。如上所述,教学领导力经过 30 余年的发展,表现出对"学习取向"的关注,而且校长对教师的促进不仅限于教学监督与指导,还包含制度的建设与组织的创设。研究在各类制度

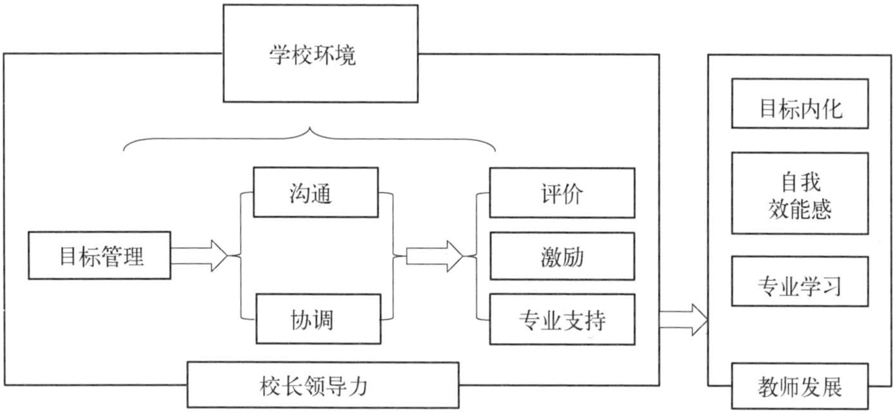

图 5 - 1　校长促进教师发展的路径

① Gardiner, J. Transactional transformational, and transcendent leadership: Metaphors mapping the evolution of the theory and practice of governance[R]. Kravis Leadership Institute, Claremont McKenna College, 2006(6): 63 - 76.

中,选择与教学目标相关的制度,及围绕此生成的各类制度与组织沟通、协调。换言之,研究采取了制度规范、组织创设、人员发展三个维度,而且这三个维度互相关联。如制度规范层面对"目标"是如何界定的?组织创设层面中校长如何将这样的目标发展成"共享的目标"?人员发展是采取正向激励,还是负向控制?除此之外,为了呈现学校的整体状态,还增加了对学校氛围的测量,分为校园设施、校园氛围、社区参与三个维度,以此为途径检验校长影响力。

与优秀教研员案例分析不同的是,教研员的选择具有明确的标准——专业资质与教师评价。而校长对教师促进的效果,则需要通过教师的反馈进一步获得。所以,本研究从教师的目标内化、自我效能感、专业学习三个角度去看校长的影响力,进一步提炼学校层面促进教师发展的有效标准。

第二节　研究发现

以学生发展为领导核心的校长在实施其影响力时,不仅对教师课堂教学层面给予必要的关注,更重要的是确保学校的发展目标与师资、学生情况相符合,并能够落实到课堂教学中。所以,本研究首先对预期的校长领导力结构进行验证型因素分析,然后通过回归分析检验其对教师、校园环境的影响,最后选取校长领导力、教师行为、校园环境处于不同水平的三所学校,进一步探析中国校长领导力的内涵。

研究通过网络问卷的形式,对海门 80 所中小学进行调研。收回有效问卷 2 049 份。问卷由三份子问卷组成,分别涉及校长领导力、教师行为和校园环境,填写对象均为教师。三份子问卷的效度均在 0.83 以上。

一、校长领导力的结构与影响路径

(一) 校长领导力的结构

问卷为了保持基于学校目标(愿景)管理的一致性,对海林杰和墨菲的"教学领导力"中的相关题项进行了合并,并聚焦"教与学"层面。按照预先的理论框架,对24道涉及校长领导力的题目进行验证型因素分析。选择方差最大化旋转(varimax),选取特征值(eigenvalue)大于1为提取标准,获得结构见表5-2。

表5-2 校长领导力的结构

因素	题项	因子负荷	方差解释率(%)	信度(克龙巴赫α系数)
目标管理	提出的学校教学发展目标易于教师转换为课堂教学目标	0.87	69.97	0.91
	为提升学业成就设置具体的实现时间	0.86		
	通过会议,明确教师在实现学业成就目标方面的责任	0.86		
	运用需求评估或问卷获知教师在目标实现上需要的支持	0.86		
	提出高于学校现有水平的教学目标	0.83		
沟通	在全体教员会议上就学校教学发展目标进行咨询	0.95	88.29	0.93
	通过非正式座谈向教师咨询学校的教学发展目标	0.94		
	在执行中,与教师交流学校的教学发展目标	0.93		
协调	确保特色课程的目标与常规课堂教学的目标是相融的	0.94	85.17	0.96
	确保学校的教学发展目标以特定的形式呈现在教师的日常教学中	0.94		
	积极参与到教学评估或课程材料的选择	0.93		
	进行课程决策时引用学生的评估结果	0.91		
	明确教学管理人员的责任	0.89		
评价	与教师讨论学生的学业进步	0.95	87.78	0.93
	与教师分析教育质量,区分教学中的优点与不足	0.94		
	利用校本测验去评估学校教学目标的进展	0.92		
激励	为教学成果突出的教师提供额外的专业发展机会	0.91	73.57	0.86
	私下赞美教师的努力和优秀表现	0.87		
	在教职工会议或学校简报上表扬教师的优秀表现	0.83		
	对教学成果突出的教师给予物质奖励	0.82		

续　表

因素	题　　项	因子负荷	方差解释率(%)	信度(克龙巴赫α系数)
专业支持	支持教师在职培训期间获得的能力应用到教学中或分享给同事	0.93	82.02	0.92
	定期向教师分发期刊文章	0.91		
	为所有教师组织校本专业发展活动	0.90		
	安排外来专家做有关教学发展的报告	0.89		

各个项目在相应因素上具有较大的因子负荷量，在0.82—0.95之间。各因子内部一致性系数均在0.80以上，说明此问卷具有较高的结构信度。由此可见，在中国，校长的领导力表现出“目标管理”“沟通”“协调”“评价”“激励”“专业支持”的稳定结构。其中“目标管理”不仅包含校长目标制定的依据，而且包含目标的明确性、可操作性，与教学发展的一致性。“沟通”则包含校长通过正式、非正式途径的咨询目标和交流目标。“协调”包括协调特色课程目标与常规教学目标的关系；学校总目标与教师教学目标的关系；目标与材料的关系；课程实施与学生学习结果的关系；界定教学管理的责任。“激励”则包含物质、精神两个维度，公开、私下两种形式。“专业支持”包括“引入外部资源”“搭建校内平台”“信息共享”与“支持知识迁移”四个方面。

（二）校长更善于以人际互动激励教师专业发展

上述领导力结构充分反映了21世纪校长领导力的知识技能基础，如协调各类关系充分显示了校长在学校发展决策中的专业判断，还体现了校长的互动能力，如“激励”题项反映了校长在激励内容和形式上的可选维度，校长在这四个题项中的得分均值最高的两项是“在教职工会议或学校简报上表扬教师的优秀表现”“为教学成果突出的教师提供额外的专业发展机会”（见表5-3），即表现为正式的、专业导向的激励方式。

表 5-3　校长激励的方式与内容

激　励　题　项	均　值
为教学成果突出的教师提供额外的专业发展机会	4.20
私下赞美教师的努力和优秀表现	4.31
在教职工会议或学校简报上表扬教师的优秀表现	4.53
对教学成果突出的教师给予物质奖励	3.87

在给予教师专业支持时,校长表现出更多的“支持知识迁移”“搭建校内平台”(见表 5-4),这与校本教师专业活动日盛的趋势相符。

表 5-4　校长对教师的专业支持

专　业　支　持　题　项	均　值
支持教师在职培训期间获得的能力应用到教学中或分享给同事	4.48
定期向教师分发期刊文章	4.32
为所有教师组织校本专业发展活动	4.46
安排外来专家做有关教学发展的报告	4.25

总体而言,在中国情境下,校长在给予教师物质奖励方面的自主空间较小。尤其随着教师绩效工资政策的改革,校长在学校内部如何通过“额外奖励”调动教师的积极性,受制于已有的工资改革的大框架。在此情况下,校长基于人际互动策略推动教师的行动更为常见。这种人际互动里既包含公开场合的名誉授予,也包含私下的认可与鼓励。此外,出于学校师资队伍建设的需要,校长给予卓有成效的教师的专业支持更常见,皆因希望这类教师发挥带头作用,带动科组教师共同发展。具体到专业上的支持,校长重视教师的知识迁移,推动以校为本的教师发展。

二、教师的感知与行为

当中国的校长领导力表现得符合国外新型教学型领导的趋势时,是否真正带来了教师教学、专业的进步。本研究拟定从目标内化、自我效能、专业学习三个维度研究教师的感知与行为。判断教师校本发展状态的问卷较多，但聚焦的议题不尽相同。本研究截取了与校长领导力最为相关的特征，探索其在教师层面的接受与内化。如在校长领导力中凸显了校长对学校发展愿景（目标）的制定与协调，在教师行为层面关注教师对目标的内化。校长领导力中强调校长对教师的意见咨询、激励，在教师感知层面关注教师的自我效能感。校长领导力中亦强调校长对教师教学的评价、专业的支持，在教师行为层面关注教师的专业学习如何发生。

（一）教师自我效能及其行为

教师自我效能及其行为的问卷综合了变革型领导效果检验的若干题项，在此对 16 道涉及教师自我效能及其行为的题目采用主成分分析法，选择方差最大化旋转以获得一个更简单的负荷结构，以特征值大于 1 为提取标准，剔除负载值小的题项“我感觉学生的学习越来越主动”，最终得到的结构见表 5－5。

表 5－5　教师专业发展的感知与行为

因素	题　　项	因子负荷	方差解释率（%）	信度（克龙巴赫 α 系数）
目标内化	我尽力去理解学校发展目标中提倡的教学方法	0.93	85.72	0.96
	我清晰地知道学校发展愿景	0.93		
	我努力将学校教学发展目标落实到日常教学实践中	0.93		
	为实现学校发展目标，我知道我下一步要做什么	0.93		
	我个人的教学目标与学校教学发展愿景是一致的	0.91		
自我效能	我有足够的自信去陈述我的教学观	0.92	79.11	0.93
	我感觉我的教学是成功的	0.92		
	我感觉我可以很有效地工作	0.90		
	我感觉我变得越来越专业	0.88		
	我满足当下的工作状况	0.83		

续　表

因素	题　　项	因子负荷	方差解释率（%）	信度（克龙巴赫α系数）
专业学习	我关注新的教学材料	0.94	84.46	0.95
	我搜集教育改革的信息	0.93		
	我阅读专业文献	0.92		
	我自愿参与在职专业发展活动	0.90		
	我关注着当下的教学发展趋势	0.90		

因此，最终抽取的因子数依旧为 3 个，形成的问卷项目为 15 个，保持原有的命名“目标内化”“自我效能”“专业学习”，其方差解释率分别为 85.72%、79.11%、84.46%，内部一致性系数均等于或高于 0.93。在目标内化维度，不仅要求教师知道、理解学校的教学发展目标，而且要在日常教学中落实目标，与学校总体愿景保持一致。在自我效能维度，教师对工作的效能感体现在自信、有效、专业、成功、满足五个层面。在专业学习维度，教师搜集、阅读信息和文献，关注教学发展趋势和新材料，自愿参与在职专业发展活动。

（二）校长领导力对教师自我效能及其行为的影响

在确定了校长领导力、教师自我效能及其行为的组成要素后，对其进行多元回归分析。如表 5－6 所示，校长的目标管理对教师的自我效能（$p<0.001$）、专业学习（$p<0.001$）、目标内化（$p<0.01$）有积极的影响，在校长的目标管理下，教师的自我效能提高 0.178 5 个单位，专业学习提高 0.191 4 个单位，目标内化提高 0.091 2 个单位。三者均具有统计上的显著性。同理，校长的评价、专业支持对教师的自我效能、专业学习、目标内化均有积极的影响。

表 5－6　教师自我效能及其行为的逻辑回归分析

解 释 变 量	因　变　量		
	自我效能	专业学习	目标内化
目标管理	0.178 5*** （0.031 0）	0.191 4*** （0.031 3）	0.091 2** （0.028 7）

续 表

解释变量	因变量		
	自我效能	专业学习	目标内化
沟通	0.087 3 * (0.035 3)	0.042 5 (0.035 7)	−0.078 8 * (0.032 7)
协调	0.071 1 (0.048 7)	0.007 0 (0.049 2)	0.264 5 *** (0.045 0)
评价	0.110 2 ** (0.040 8)	0.115 1 ** (0.041 2)	0.200 1 *** (0.037 7)
激励	0.100 1 *** (0.029 3)	0.009 1 (0.029 7)	−0.087 5 ** (0.027 2)
专业支持	0.201 8 *** (0.034 7)	0.280 7 *** (0.035 1)	0.216 0 *** (0.035 1)
N	2 049	2 049	2 049
R^2(adj)	0.547 9	0.538 6	0.612 7
RMSE	0.672 4	0.679 3	0.622 3

+ $p<.10$, * $p<0.05$, ** $p<0.01$, *** $p<0.001$。

相较之下，校长的协调只对教师的目标内化($p<0.001$)产生积极影响，激励有助于教师自我效能($p<0.001$)的提升，却不利于教师的目标内化($p<0.01$)。

总体而言，校长的专业支持相较于领导力中的其他要素，对教师的影响更全面、积极。目标管理与评价也对教师的感知与行为产生了积极的影响。回顾所有的题项，目标管理、评价、协调表现出更具操作化的一面。例如，校长会权衡各类目标之间的关系，界定相关人员的职责，推进目标在课堂教学层面的落实。因此，他们在教师目标内化上均有积极影响力。然而，校长的激励表现出较强的“结果”导向，并带有一定程度的人际互动策略。沟通过程中虽然重视咨询教师的意见，但问卷题目反映的则是沟通形式——正式与非正式，并未很好地衡量教师参与决策，制定目标的自主程度。所以，沟通形式对教师自我效能($p<0.05$)有积极影响，对教师的目标内化($p<0.05$)则呈现消极影响，这或许与沟通的内涵中缺乏深度的“意义交流”有关。

总体而言，校长领导力与教师行为、感知之间的复测定系数为0.538 6—

0.612 7,校长领导力分别可以解释教师自我效能、专业学习、目标内化变化的54.79%、53.86%、61.27%,其他部分尚需其他因素的变动来解释。

三、城镇化进程中的校长领导力

当校长领导力中的若干因素对教师的自我效能及其行为产生积极影响时,是否会带来整个学校环境的变化?这种变化里既包含校长在学校“安全”氛围上的物理建设,也包含校园的精神氛围,以及学校和社区结成的关系。

(一)学校环境的结构

学校环境的问卷借鉴了艾斯(M. Ice)等人修订过的“学校氛围量表”①,原始问卷把学校环境划分为校园安全、公民教育、多元性、关联性、设施、领导力、社区参与七个维度。本研究重在考量领导力对学校氛围的影响,在前文的领导力框架中未涉及对“公民教育”的推动,故删除了原始问卷中的“领导力”与“公民教育”两个维度,并将“多元性”和“关联性”进行合并,作为“校园氛围”。将“设施”“校园安全”合并为“校园设施(安全)”。保留“社区参与”作为独立维度。以此对涉及学校环境的12道题目进行验证型因素分析。选择方差最大化旋转,选取特征值大于1为提取标准,获得其负荷结构(见表5-7)。

表5-7 学校环境的结构

因素	题项	因子负荷	方差解释率(%)	信度(克龙巴赫α系数)
校园设施(安全)	学校的基础设施是安全的	0.88	75.25	0.93
	我们校园外观富有吸引力	0.87		
	学校制定了清晰的规则,用于防范人身伤害	0.87		

① Ice, M., Thapa, A., & Jonathan, C. Recognizing community voice and youth-led school-community partnership in the school climate improvement process, 2015, 25(1), 9-28.

续 表

因 素	题 项	因子负荷	方差解释率(%)	信度(克龙巴赫α系数)
校园设施(安全)	学校制定了清晰的规则,用于防范对他人的精神侮辱、嘲笑、语言暴力	0.86	75.25	0.93
	我们校园的软件设施(如书籍)齐全	0.86		
	我们的校园干净	0.85		
校园氛围(多元性和关联性)	在我们学校,教师尊重学生的个体差异	0.91	79.10	0.90
	我们学校吸引了家长或社区参与学校的活动	0.90		
	在我们学校,同事之间互相尊重	0.89		
	我们学校拥有大量的课外活动,可供大部分的学生参与	0.86		
社区参与	我们学校教师主动参与到社区活动中,以支持年轻人发展	0.97	88.96	0.87
	我们学校为社区活动提供设备支持	0.97		

各个项目在相应因素上具有较大的因子负荷量,处于0.85—0.97之间。各因子内部一致性系数均在0.87以上,说明此问卷具有较高的结构信度。校园设施具有安全、齐全、干净、外观有吸引力的特征,安全不仅包含物理设施的安全,还包含保护人身安全的规则制定;校园氛围则体现了学校内外各种关系的和谐,多元性与关联性并重。社区参与表现为所处社区提供人力或物力支持。

(二)校长领导力对学校环境的影响

明确了学校环境的组成因素,采取多元回归分析校长领导力对学校环境的影响。如表5-8所示,协调与专业支持对于社区参与、校园设施、校园氛围均有积极的影响,且具有统计上的显著性($p<0.001$)。

沟通对于社区参与($p<0.001$)、校园氛围($p<0.01$)有积极的影响。如前所述,沟通过程中校长给予了教师参与的空间,但对于目标的实施并未给予主导性的引领,所以沟通对于教师的目标内化未产生积极影响。但在学校环境中,

表 5－8 学校环境的逻辑回归分析

解释变量	因变量		
	社区参与	校园设施	校园氛围
目标管理	−0.057 8⁺ (0.030 0)	0.053 7* (0.027 3)	−0.003 6 (0.027 6)
沟通	0.143 3*** (0.034 1)	0.058 5⁺ (0.031 1)	0.099 7** (0.031 4)
协调	0.317 5*** (0.043 3)	0.274 1*** (0.039 4)	0.339 3*** (0.039 8)
评价	0.074 9⁺ (0.039 0)	0.171 4*** (0.035 5)	0.129 2*** (0.035 9)
激励	0.084 7** (0.028 5)	0.053 6* (0.026 0)	−0.014 4 (0.026 3)
专业支持	0.232 2*** (0.033 8)	0.240 6*** (0.030 8)	0.284 4*** (0.031 1)
N	2 049	2 049	2 049
R^2(adj)	0.564 1	0.638 5	0.631 0
RMSE	0.660 2	0.601 2	0.607 5

⁺$p<.10$, * $p<0.05$, ** $p<0.01$, *** $p<0.001$。

却促进了教师的社区参与和校园精神氛围。这也说明了以教与学为核心的校长领导力,在实践过程中兼容了变革型和交易型领导力的若干要素,带动了学校整体氛围的改变。

除此之外,评价对校园设施、校园氛围有积极影响。原因在于此校长领导力结构中包含了评价关注学生的进步和教师的教学。而且在评价的过程中,避免单独给予定性判断,而是主动与教师讨论"优点"与"不足",这在一定程度上营造了学校的友好氛围。激励对社区参与($p<0.01$)有积极影响,这或许可以解释为校长通过多方面的"人际互动"激励教师,也可以带动学校对社区的参与度。

总体而言,校长领导力与学校环境中的诸维度的复测定系数介于0.564 1—0.638 5,校长领导力分别可以解释社区参与、校园设施、校园氛围变化的56.41%、63.85%、63.10%,其他部分尚需其他因素的变动来解释。

(三)城镇化背景下校长领导力的本土内涵

由上可知,校长的若干行为对教师专业感知、行为,学校环境有着不同的影响。其中,专业支持对各个维度均表现出积极的影响,其他则各有侧重。具体到学校内部,对学校的整体情况进行对比时,发现复杂的城镇化脉络下,校长领导力的实现不仅受个人的行动影响,还受其所处的空间影响,导致校长领导力在中国城镇化背景下有其本土内涵。

在此,我们将S23作为分析校长领导力本土内涵的参照学校。选择S23作为参照点的原因有三。首先,S23学校的校长在教育行政人员、校内教师及校长同行眼中均为"有影响力"的校长;其次,S23学校的校长作为教育集团的总校长以及名师工作室的"领先名师",无论是在管理,还是学科教学方面,均显现出领导力;最后,S23的学校的课程多元化,师资资源相对较好,在学生培养方面获得家长的认可。以S23为参照,选出校长领导力、教师感知、学校氛围三者综合状态相对较低和相对较高的两所学校进行比较(见表5-9)。

表5-9 三所学校的综合状态

学　校	校长领导力	教师感知	学校氛围
S27	-5.9860^{***} (1.4381)	-2.0338^{**} (0.7430)	-2.3440^{**} (0.7425)
S23	0.0000 (0.0000)	0.0000 (0.0000)	0.0000 (0.0000)
S75	2.5927^{**} (0.9476)	0.9933^{*} (0.4896)	0.8717^{+} (0.4893)

$^{+}p<.10$, $^{*}p<0.05$, $^{**}p<0.01$, $^{***}p<0.001$。

S23作为一所城郊学校,建校时间晚于S27、S75,但其连任的两任校长无论在校园文化建设,还是课程教学精进中,都在"制度建设"上有所更新。表现出较强的"目标管理"思想,对学校的发展有清晰的定位,并通过制度推动目标的实现。所以,S23的学校内部部门分类清晰,教师活动类型具有细致化、多样化的特征。

S27 和 S75 两所学校均创办于 20 世纪 50 年代，原先同为农村学校背景。S27 地处市境北部，在城镇化进程中，因乡镇合并，面临辖区生源数量急剧萎缩，优秀生源流失的挑战。而 S75 地处城南工业园区，近几年来生源出现爆发式增长，导致任课教师的数量跟不上学校规模的扩大。S75 在 2016 年秋季贴出的招聘“临代教师”的公告中，招聘人数达 43 人，涉及学科 8 门。在“新教育”浸润的变革环境中，两位校长都具有若干新教育的理念，表现出对学校发展的危机反思和愿景建设。如 S27 的校长谈及：

学校教师只有 35 名，生病教师多，教师队伍老化。教师参与培训和学习的机会少，集体备课与课程研发的教师少，数量、品质都有待提高。但学校管理层任职时间较长，每一名行政都能独当一面引领课程建设。我们希望在未来三年内形成基于校情、特色鲜明、指向核心素养的“1+n”课程体系。（H－RH－150904）

基于此，S27 的校长希望依托教育局和集团总校的资源对教师进行培训，并进一步调整绩效中关于课程研发奖励条例，设置“卓越课程研发特别贡献奖”，以此推进学校课程、文化发展。针对此，学校里的一名普通学科教师表达了自己的观点：

我们校长也很不容易，前些时候，教育局做“卓越课程”评选，我们许多老师都扑进去的，校长也在其中出谋划策。但是农村学校（你也知道），我们能给学生的，就是对他们的学习成绩负责。我们学校有近一半的留守儿童，跟着爷爷奶奶，你不能指望他们回家后还有指导。另外，集团校送课也好，很难撼动我们的现状，因为学生太不一样了。（H－RT－150904）

S27 的“被动发展”与整个教育生态的变迁有关。校长的决策常常停留在学校中层，并由中层实施，整个学校内部难以形成一致的发展目标。加之优秀生源的流失，留守儿童的增多，导致学校教师的工作重心走向“保底”。教师虽然也能援引新教育的理念，但是对学校的特色文化没有清晰的认识。学校在半个多世纪的发展过程，已经形成了书法、德育、球类等校本课程，但没有整合成独特的学校精神。教师的目标内化、自我效能感和专业学习都表现出较弱的一面。

与之相反的是S75，其所处区域的轻工业得以迅速发展，甚至成为海门市的支柱型产业，吸引了邻近地区的人员流入。学校在此过程中，不是被动地等待发展良机。面对学生的日益多元化，班额的日趋增大，教师数量不足等问题，校长坦言：

> 我一开始并没有一个很清晰的理念，但是我有一个直觉判断。学校的发展必须靠教师，必须让我们的教师动起来。先有教师，再有课程。很多人都说，现在基础教育标准化建设，校长不用跑资源了。其实不是的，校长还要拉资源，只不过拉的是专业资源，所以我常去“游说”，把这个公开展示放在我们学校，把那个活动节也放在我们学校，我们的小青年趁此开几次课，进步其实是很大的。后来各门学科的活动多了，我也来不及细问，完全交给科组组长，他们带着教师去策划、去想。我们的课程反而多元起来了，我们学生获奖的项目也越来越多。老师们干得也越来越起劲。(H－UH－150904)

显然，S75校长在将学校发展的基石定位为教师发展。虽然S75也致力于打造具有影响力，凸显学校文化特色的校本课程，但是校长在课程建设与教师建设方面优先选择后者。同时，校长的专业支持表现为在校内专业力量不足的前提下，大力引进校外专业资源，加强课程与教学资源的建设。在“协调”的过程中，随着学校活动的日益丰富，校长慢慢从“台前”走到“台后”，赋权中层，由教师自己行使专业判断与决策，进一步激发了学校的活力。因此，S75学校教师的目标内化、效能感、专业学习，学校的环境和氛围都表现出良好状态。

相较之下，S27校长在目标管理层面的愿景的清晰度、规则的制定上并没有成为一个显著优势。其外在激励手段——“卓越课程研发特别贡献奖”的提出也未能带动教师的专业学习。在教师士气普遍低下、教师无法胜任课程研发的前提下,单纯的外部激励措施并不能推进学校的目标,甚至会对学校的氛围造成负面影响。这也回应了上述量化研究发现,即领导力中的激励为何对教师的“目标内化”,学校环境中的“学校氛围”产生消极的影响。相较于外部激励措施,校长按时所需为教师提供的“专业支持”显得更具影响力。S75 校长的“共享发展的意图”“充分授权”“依靠具体的活动推动教师发展”成为校长影响力的重要组成部分。综上,以制度建设推动目标管理,是校长领导力的重要组成部分。更重要的是,校长需要结合所在区域特点、学校特色,找到学校内在的生长机制,而不是被动地等待外部资源;在具体实施过程中,赋权教师,而不是将责任与义务局限于学校中层;为教师提供其所需的专业支持,避免单纯地依赖外在奖惩机制。

第三节　标准建构

结合上文数据发现,校长的支持性行为与校园环境、教师专业感知与行动的若干要素拟合度较高。其中,校长的专业支持对学校整体运营和人员发展尤其重要。当校长表现出“以学习者为中心”的管理思维时,积极主动地寻求、建设专业资源,即便处于城镇化不利的背景下,也能带动教师的成长和教育质量的提升。

一、学校变革的空间脉络

社会变革必然带来教育生态的改变,并对学校发展提出挑战。城镇化背景下,学校各类资本得以重新洗牌。例如,原先的农村中心小学在相对封闭的管理系统中,一直属于“优先建设、发展”的学校,并负有向周边学校、教学点辐射资源、提供支持的责任。然而,随着人口的流动,行政区域的重组,产业结构的调整,一些拥有较长历史的农村中心学校逐渐失去了发展的先机。优秀师资的流失,生源的流动性、多样性成为困扰这类学校发展的主要难题。学校不再处于一个相对稳定的空间结构中,在社会资源重组的过程中,学校需要审时度势。

（一）空间结构与情境智慧

城镇化重塑了学校发展空间。对“空间”意义的理解需超越地理层面上的空间，放置于生产关系和权力关系中，理解学校变革的新环境。显然，学校教育质量不仅取决于校长的办学能力和教师的专业水平，还取决于学校所处的环境背景及其可获得的资源。即便经历了学校的标准化建设，处于工业开发区的学校与偏远郊区的学校享受的资源类型与可获得程度不同，携带的人力资本组成也不相同。

在此背景下，校长的情境智慧显得尤其重要。校长能够识别空间特征与学校发展的需求。如S23、S27、S75的校长都能够察觉到外部环境的变化，洞悉学校在发展过程中面临的挑战，这属于情境意识。情境智慧则指校长在洞悉了情境意识后，能够找到着力点，制定有效的战略规划。如S75校长通过引进外部资源锻炼、提升学校的教师队伍。事实上，学校发展的阶段或类型理论已经澄清了校长在学校不同发展阶段的工作重点。霍普金斯等人在学校改进的差别策略中提出：帮助失败的学校略见成效，关键在于引进外界的支持，建立继续变革的信心和能力，关注基本课程与组织问题；帮助略见成效的学校变得卓有成效，关键在于提炼学校发展重点，关注教与学，在学校内部建立支持这项工作的能力；帮助卓有成效的学校保持改革动力，关键在于让学校找到并创建自己的支持系统。① 上述不同阶段学校改进策略的提炼，类似于校长的情境智慧的表达。依据上述策略，不难发现不同学校提升教育质量的途径和着力点各不相同，“失败”或“不利学校”无法通过内部力量实现改变时，有必要援引外部专业力量，但最终在于让学校找到内生机制，实现可持续发展。

所有的制度建设的出发点在于发挥人的能动性。形成让教师主动参与的途径和机制，是学校持续发展的动力所在。校长与学校职员制定目标、沟通、协调时，需将影响的途径从层级分明的秩序链传递走向基于情境的意义互动。在本研究中，校长的“人际互动”策略中已经蕴含了情境智慧。作为一名善于激励的领导者，能够洞悉追随者的需求与发展状态，给予恰到其处的鼓励。换言之，校长与教师“共享”愿景的方式，并非告知教师愿景，或者仅限于通过制

---

① Hopkins, D. & Ainscow, M. Making Sense of school improvement: An interim account of the ‘Improving the Quality of Education for All’ project[J]. Cambridge Journal of Education, 1993, 23(3): 287 - 304.

度建设开放愿景的参与途径，而是注重愿景、目标的可操作性与可达成度，并在“沟通”“协调”“激励”中渗透愿景，促使教师的目标和学校发展的目标一致。

城镇化导致的新空间结构在一定程度上影响了学校资源的分配与使用，然而当校长具有情境智慧时，这一结构并不一定会左右学校教育质量。研究发现，校长以人为本，关注教学的沟通、协调、评价、专业支持对校园氛围有良好的促进作用，带动师生之间的尊重、参与。

（二）空间生产与道德目标

城镇化发展导致的资源流动、人口流动是一把双刃剑。在市场逻辑之下，资源、人口的流动多与利益追逐有关，这一方面提高了教育的规模效益，如经济发达地区吸引更多的劳动力，形成了若干人口集聚带，由此带动了区域教育资源的增量，间接影响了人力资本的沉淀；另一方面，当人口激增过快，超过该区域的公共资源配置水平和包容度时，稀释了原有的资源，可能导致公共服务与保障水平下降，教育质量也可能因此下滑。这种情况下，有更多选择权的个体，可能“迁离”此区域，区域人才结构间接受到影响。如第三章中所描述的一样，外来人口涌进“城郊接合部”，本地人口转向“市区”，城郊接合地的学校生源结构发生巨大变化。这种流动加剧了教育的不公平，不仅影响了农村的生源的结构，而且带动了流入城市的生源变化，造成区域内部的阶层分化，促进了“城市中心”的空间再生产（具体见表 5 - 10）。

表 5 - 10　城镇化背景下的教育空间生产

	可达性与延展化	空间的占有和利用	空间的统治与控制	空间的生产
物质空间的实践（体验）	人口（师资、生源）流向城市	流动人口聚集带	流动人口集聚的城市公共教育资源具有一定的排外性	户籍政策
空间的表征（感知）	“好的教师不愿来农村”“孔雀东南飞”	城市教育优于农村教育	落“户”规则	教育支援、城乡结对

续 表

	可达性与延展化	空间的占有和利用	空间的统治与控制	空间的生产
表达的空间（想象）	城市的经济、文化资本等吸引流动人口，城市的公共资源对流动人口保持距离	城市题材的课程内容	农村、城市儿童的语言编码	“城乡一体化”“两为主”“教师轮岗”

在目前的人口流动中，城市教育系统为流动的优秀师资提供了“可达性”的空间和途径，但为一般流动儿童提供的空间有限，流动儿童在一定程度上还是城市教育系统内部的“陌生人”。因生活成本、资源的可获得性等诸多因素，以简单劳动力为资本的流动人口在相似的物质状态或环境里占据一定的空间，由此形成流动人口的聚集带，他们的子女因“流动性”未在所属的政府“计划”供给的名单里，所以不能全然享受城市的公共资源。持复杂能力或文化资本的流动人口则拥有更多的选择空间，他们可能符合落“户”政策中的规定，成为城市的固定人口，纳入“计划”供给的范畴内。因此，在物质空间的实践过程中，不同流动人口占据的空间不同，城市为保障正常、有序的运作，在不同人员的资源供给上具有差异性，对于非固定人口，在某些资源上显示出排外性，户籍政策既是排外性手段的固化因素，也是长期以来稳定地区治理的结构基础。

基于上述实际情况，在空间的感知、理解上出现了诸如“好的教师不愿意来农村”“孔雀东南飞”的表述，城市教育和农村教育之间的等级感得以加强。在既有规则（如落户）尚未变动之前，空间在心理感知方面的生产表现为“教育支援、城乡结对”等的符号表述，其背后蕴含的依旧是“城市中心”“城市占据优质资源”的思维。基于此，意识形态层次的“空间”等级感进一步被固化，城市题材的教育内容占据了教育的隐形空间，农村儿童和城市儿童在语言编码上表现出的符号资本等现实问题均对“理想的空间”提出了迫切要求，在想象的空间里，城乡一体化、两为主、教师轮岗均成为21世纪突破城乡空间等级化的理想图景。

然而，倘若将城市生活继续塑造为“更为文明的生活方式，更好的生活机会”，那么21世纪城乡隔阂会长期存在。农村人口因追求文明的、更好的生活，选择向城市流动，缺乏优秀人力资源的农村在精神文明建设、教育发展方面显得后劲不足。“两为主”的政策背景下，城郊接合部的学校，或城市薄弱学校在“流走生源”的同时吸纳流动儿童，达到相对平衡，但是普通流动人口与教育优质资源之间依然存有距离。虽然政府干预缓解了人口自主流动之后的教育资源配置不稳定、不均衡的状态，但是“城市优先”的价值催生了城乡二元结构，并具化到空间感知与表达层面。在此过程中，一些乡村百年老校因人口流动、师资匮乏、生源质量下降逐渐失去发展的活力，部分薄弱学校一直处于积贫状态，难以找到内部生长机制。如农村学校的校长在谈及学校发展的瓶颈问题时，提出“我们农村学校，好的老师不愿意来，老教师不愿意动……”撬开这一领土规则的关键在于重审城市与农村的关系，具化培养“人中人”的道德目标。

英国的“逆城市化”，美国的“郊区化”的历程说明，城市人口流向郊区并不是简单的来自“田园牧歌”的召唤，而是城市历经工业化，吸纳足够人口之后，不再是“适彼乐土”；郊区在产业结构布局的调整，城市集群的建设后，也不再是原先扎根于土地的乡村。信息化的到来，资讯、文化的流通与传播进一步消弭了城市与乡村的文化差距。结合历史的经验、他国的经历，可见城镇化的发展，不是城市地盘的扩张，而是文明、理性生活方式的渗透。曾经，城市生活代表了先进文明与理性光辉；而今，在信息化的助力下，欧美国家的乡村告别了原先的封闭，成为文明生活的方式之一。所以，城市与农村并不是“非此即彼”的关系，更不应成为生活的等级空间。

此外，英美国家中产阶层迁移至郊区，教育资源的配置发生了改变，造成了城市教育的低谷。因此，城镇化在资源重组的过程中，并不能一蹴而就地解决各类社会问题，每个国家均有自己的问题情境。中国需要思考的是在发展城市的过程中，防止城市的“过度拥挤”及其导致的相应的“城市病”，通过行政干预，平衡城市与乡村的资源，建设美丽乡村，让城市和乡村同具吸引力，而非历经城市的急速发展后，抛弃城市，退回乡村。长期以来，中国城镇化进程中乡村社会的“文化滞后”与农村学校“课程资源贫乏”成为若干学者和评论家的共识，乡村学校和乡村教师作为乡村社会文化桥梁的命题多次被提出。但如前所述，农村学校面临着师资队伍质量不高，结构不合理的现实忧患。应对“农村教育文化传承需要具有课程开发能力的教师，筑梦乡村教育的优秀教师较少”的困局，需要构建农村良好的生态环境，文明的生活方式，加大人才吸引的力度。而且，通过教育传递“人中人”的培养目标，尤其是办学者需打破“空间的表征”，在意识上突破空间约束，培养教师队伍，涵养本土教材，为学生成长提供多样的选择。同时，区域内部的“优秀”学校的领导者需拥有分享意识，通过联盟体、互联网等机制的建设，促进优秀教育资源的共享，如此才能打造可持续发展的区域生态环境。

二、校长领导力的再审思

城镇化背景下，我国校长在办学、育人上，面临着城乡结构差异，经历着时代背景对教育生态的冲击。他们不仅需要制定学校的发展目标，通过制度建设、人际互动等促进目标的达成，还需要根据城镇化的脉络，贯彻教育的道德目标，拓展情境智慧，为教师与学生的发展提供支持。因此，他们领导力中的三重内涵值得重视。

（一）确立学习为中心的领导目标

在提高学生的学业成就上，我国学者与欧美学者持类似的假设，相信通过改进、提升教师的教，可以促进学生的学，而且期待校长在教学改进上可以做得更多。例如，褚宏启明确提出了校长教学领导力的7项标准：明确的教学目标、合理的教学内容、恰当的教学方法、优质的教师发展、健全的家校/社区联系（教学合力）、充分的教学条件支持和科学的教学评价、发展评价与反馈。[①] 这也反映了我国对校长教学领导力的内涵理解主要体现在校长对教师教学的支持与监督层面。海林杰在《21世纪学校领导：从教学领导到学习领导》一文中指出，以学习为中心的领导过程才是教育领导的核心和教育管理的本质。这意味着校长教学领导的最终目标要指向学生学习，教师作为教学活动的设计者和执行者，本身具备以学生为本设计教学、实践教学、反思教学的

① 王磊，胡中锋.教育管理：三个聚焦点——“改革开放以来教育管理发展的回顾与展望国际学术研讨会”综述[J].中小学管理，2010(5)：27-29.

潜能，校长应该激励教师促进学生学习能力的发展，提高学生的学业成就。换言之，校长可以适当减少在教学方法、教学内容层面对教师的影响，提高自己在“人员发展”方面的智识与行动，将教学的专业自主权留给教师。

确立学习为中心的领导目标，意味着无论是城市的校长，还是农村的校长，均需要按照本校学生水平和师资结构的实际情况，从宏观愿景到微观教学，制定具有内在一致性的发展目标。

（二）构建共享式的教学领导机制

将教学自主权留给教师，必须确保教师是专业的、合作的，能够互相影响与促进。这有赖于制度规范与组织环境的创设与运作。我国有关校长领导力的研究已经意识到这一点，提出合理放权，采用分布式的领导方式；发掘组织中的非正式领导者，建立良好的组织人际氛围。① 这些措施有助于教师在教学层面发挥领导力。正如兰伯特（L. Lambert）等人所称：校长作为孤立的教学领导者的时代已然结束，我们再也不相信在没有其他教育者的实质性参与情况下，一个英雄式的管理者可以独立领导一整所学校。② 事实上，中国在制度和组织层面同时存在正式的与非正式的教师合作组织，校长若要实现权力共享，走向共治，需要加强情境智慧、互动策略与团队合作的知能修炼，让学校回归学习共同体的组织本性。

在互动策略方面值得关注的是，本研究校长问卷中的“激励”措施包含“正式与非正式”“物质与精神”这些维度，如“私下赞美教师的努力和优秀表现”“对教学成果突出的教师给予物质奖励”等，但它们对教师的目标内化呈现出消极的影响。一方面，研究者反思“激励”的题项，发现激励的对象主要为表现优异者，这可能导致教师群体的内部分层，不利于学校合作氛围的养成；另一方面，研究也发现外部“荣誉”导向的激励无法调动“能力储备不足”的教师。相反，让所有教师围绕教学展开协调、评价和专业支持有助于教师的目标内化。当评价只是作为衡量目标达成的工具，且以诊断与改进功能为主，不涉及教学的定量排序时，有助于教师的目标内化和专业学习，增强教师的自我效

---

① 李敏，代蕊华.国外中学校长领导力提升策略及其启示[J].教师教育研究，2012(9)：67－70.
② Lambert, L. A framework for shared leadership[J]. Educational Leadership, 2002, 59(8): 37－40.

能，营造学校的良好氛围。基于此，校长应根据不同类型教师的需求，为其提供行之有效的激励和评价，让每位教师在学校中实现价值感，拥有归属感。换言之，校长围绕目标管理，让激励、协调、评价、专业支持相辅相成，促使所有教师共享发展愿景，构建具有"关联性"的学校氛围；同时，潜移默化地影响教师的合作知能，让教师掌握自治的工具，为共享式领导机制的运作奠定基础。

（三）在实践中拓展资源平台，渗透愿景

共享机制的建立并非意味着校长作为领导者的身份退居其次，而是对校长的能力结构与行为策略提出了新的要求。这要求校长在实践中根据具体情况分布权力、激励教师。校长影响力的发挥最终取决于互动主体的接纳与认可，组织所处的情境与具备的变革条件。城镇化背景下，不仅要求校长具备"人中人"的培养愿景，还需要校长将此愿景传递给教师，促进教师在教学中体现多元文化的理解与融合。如问卷所示，校长的专业支持包括：引入外部资源，搭建校内平台，信息共享，支持知识迁移。这些都有助于提升教师的学习和发展，也反映了校长不仅在"资源引入"中扮演了积极角色，还促进资源的转换与推广。

此外，与国外变革型领导的研究不一样的是，李超平和时勘认为在中国文化背景下，变革型领导力应具备四个维度：德行垂范、愿景激励、领导魅力和个体关怀。[①] 德行垂范和个体关怀基本上成为我国校长发挥影响力的合理性基础。愿景激励又称感召力，是现代学校改进中校长发挥领导力的重要维度。领导魅力在不同类型的学校具有多重内涵。如S23的校长作为教学名师拥有专业魅力，有助于学校教学策略与改进的推进；S27校长的"亲力亲为"精神和丰富的资历赋予其人格魅力，有利于带动中层教师行动；S75校长的开拓进取、分权领导为学校带来了新的发展活力。相较之下，S75校长领导力的效果也最为凸显。这从侧面反映了城镇化背景下，校长不可再以封闭式的思维治校，面对外部环境的冲击，需积极拓展资源平台，为愿景落地提供物质、制度、文化基础。

① 李超平，时勘.变革型领导的结构与测量[J].心理学报，2005，37(6)：803－811.

三、促进教师专业发展的学校标准

综上,校长要改变学生的"学",需改善教师的"教"。校长的若干行为不仅有助于教师的专业感知与行为,还有利于提升学校的环境,促进学校成为一个安全、融合、主动的学习场域。围绕此,本研究提出促进教师专业发展的学校标准(见图 5-2)。

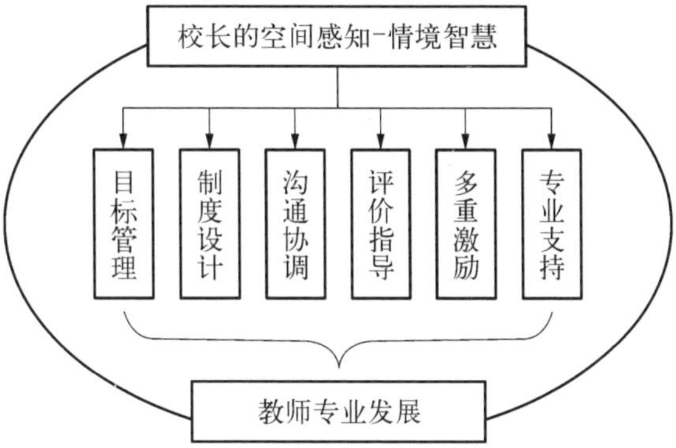

图 5-2　促进教师专业发展的学校标准

第一,学校领导具有空间感知-情境智慧。能够洞悉结构的制约因素与促进因素,以此制定学校发展规划,形成学校发展事项的优先次序;明察追随者的需求与学校发展的关系,进而产生有意义的互动。

第二,学校领导拥有目标管理的能力。具体表现为:对城镇化背景下的学生发展有良好的使命感;目标的确定符合学校实际情况;目标具有可操作性;目标具有激励性,即教师在达到目标时,能够获得专业成就感。

第三,围绕目标,学校进行长远的制度设计。本研究通过目标的细化和实施来反映制度设计的重要性。如校长在日常的工作例会中是否强调目标的和谐统一;校长强调学校教师、学生的发展时,是否制定了若干细则确保学校的安全。制度作为学校发展的组织保障,在学校发展不同阶段,其精细程度也需调试。制度设计的出发点在于为在校人员的能动性提供保护与激励。

第四,学校领导具有沟通协调的能力。沟通与协调是相辅相成的。本研究中校长的沟通功能主要体现在传递目标；协调功能主要体现为调和各种资源、声音，促进目标的实现。现实中，这些事项通常联系在一起。总体而言，两者均是为了更好地促进教师理解、在实践中调整、完善学校目标。在此过程中，学校领导也能加强对学校教育质量核心运作影响要素的理解，以便后续的决策。

第五，学校领导具有评价指导的专业知识。评价包含了对学校目标、教师教学与学生学习之间关系的判断。这意味着学校领导具有教学评价方面的专业知识，内含了教师专业指导、反馈的需求，延续了原先教学领导力的内核。

第六，学校领导能够因人制宜地开展多重激励，且确保激励是对目标、制度的再反馈。尤其在“人际互动”原则基础上的激励应保持公正性，防止激励不当削弱学校内部的关联性和多样性。

第七，学校领导的管理重心和出发点在于为教师提供专业支持。教师只有内化了学校发展目标，才能统筹学校各类资源，更好地构建课堂。当专业支持满足教师发展需求时，也避免了早期交易型领导单纯依靠外部奖惩措施调动教师的做法，而是敦促教师成为主动发展的专业人。专业支持的方式可以多样化，除了为教师提供各类专业资源，搭建各类平台外，重要的是支持教师习得的能力在共同体内分享、迁移。

综上，城镇化背景下的校际资源差异更多表现为“师资”“生源”的差异。校长的能动性能够缓解这一差异，营造学校内部良好的学习氛围。目标管理是基于空间感知-情境智慧作出的学校发展规划。这一规划的核心在于为学习者的发展提供有质量的服务，故“教与学”是目标中的核心。诚如国外校长领导力的研究所示，校长对学生发展的影响是间接的。所以，制度设计、沟通协调、评价指导、多重激励等都是目标管理的进一步延伸，是学校领导的支持性措施，是促进学生发展的间接手段，也是专业支持的必要条件，即校长的领导力是为了让直接作用于学生学习的教师能够更好地工作。

第六章

课堂教学与教师发展的标准建构*

* 本章内容得到华东师范大学课程与教学研究所“中国学校课程与教学数据库”的支持。笔者因专长“教师专业发展研究”，故联合本课题参与了 ICIC 的大型调查，负责教师问卷部分。数据库版权归华东师范大学课程与教学研究所所有。同时，感谢《教育发展研究》的林岚主编，在数据成文时对研究提出了有价值的建议。

教师是提供高质量教育的专业人员。2007年,OECD指出苏格兰身处贫穷社区和社会地位不高家庭的儿童,学业获得成功的概率小。唐纳森(G. Donaldson)对此进行研究,并呼吁成功教育的基础在于高质量的教师及其领导力。① 英国在2016年的"教师专业发展标准"中更是明确指出,教师专业发展的关注点在于提升和评估学生的学习结果,支撑点在于学校领导在学校改进中优先发展教师。近年来,若干实证研究也进一步证实了教师领导力对学生成就的促进。教师的领导力如同校长领导力,不仅包含其专业素养,还强调其与他人互动基础上产生的影响力。当教师专业发展在理论层面强调"生态取向"的主动发展,政策层面日益强调"以校为本"的专业学习社群的建立时,教师的专业影响力尤显重要。诚然,教师发展的标准建构理应包含教师之间的互相促进,鉴于第五章已对学校内部的氛围、教师之间的互动有所提及,本章不再以此为叙述重点。行文至此,必须回答教师专业的核心——"教学"是什么样的?在城镇化背景下面临着何种挑战?改进的方向在于何处。如此才能为区域、学校层面的支持找到着力点。

21世纪初,中国开始了第八轮基础教育课程改革,"为了每一位学生的发展"是此次课程改革的核心价值。此次课程改革以学生的发展为宗旨,对课程进行了系统性的变革,推动"教程"走向"学程"。教程意味着课程是"轨道",强调教学目标与内容的规范性、预设性,注重教学计划、教学大纲和教科书的确定性与权威性。学程则意味着课程是"在轨道上运作"。相应地,学生的经验被关注,原先的以教学计划、教学大纲、教科书为中心的模式被打破,取而代之的是"有指导的学习活动的课程规范与运作系统"。②

课程改革的新政策和新观念均需经过教师的阐释,才能作用于课堂,促进

---

① Donaldson, G. Teaching Scotland's future: Report of a review of teacher education in Scotland[R]. Edinburgh: The Scottish Government, 2011.

② 陈桂生.变化中的"课程"概念[M]//见普通教育学纲要.上海:华东师范大学出版社,2009.

学生的改变。随着课程改革向“学程”的回归,教师被赋予了诸多的角色期待。从课程标准与教师关系来看,新课程要求教师是课标的执行者与阐释者;从教学与学生的关系看,新课程要求教师是学生的研究者;从教学与课程开发的关系看,新课程要求教师是学校课程的建设者与开发者。概言之,从课程目标的价值取向到课程评价,每一环节均对教师提出了新的角色期待。同时,现有的课程管理制度也为教师作为课程研究者、课程设计者提供了空间。弹性的课程标准、多样的教材、教学参考材料均对教师的专业判断力提出了要求。教师在这样的环境下,如何运作课程,其效果如何?是否与他们个人的专业背景、城乡环境有关?澄清这些问题,有助于明晰在城镇化背景下,理想的课程落到学校教师层面发生了何种解读与运作,从而为建构教师发展标准提供“教学”层面的内核。

郑州市地域面积辽阔,下辖区、县的经济发展水平相异。2015 年底,郑州市已有各级各类中初等教育学校 1 488 所,在校生 158.27 万人。作为教育的人口大市,郑州市教育表现出多样性与层级性并存的状态。如中原区和巩义市在教育对外开放程度、专业资源的可获得性上均表现出较大的差异性。区域内部的学生流动,以及部分县市的教师外流,使郑州这个工业化城市在城镇化背景下呈现出急剧的变革和巨大的挑战。以郑州市为个案,解读教师在课堂教学层面的专业行为具有典型性。

第一节　概念框架与研究设计

理解教师的课堂实践,需要一个可操作化的学术概念。本研究择定“教学投入”来描绘教师的专业行为。同时,以“课程理解”为辅,挖掘教师行动背后的观念认知。研究首先梳理已有的有关教学投入和课程理解的研究,论述两者之间的关系,在此基础上,建立本研究的概念框架。

一、课堂实施中的教学投入与课程理解

投入是一个具有丰富内涵的概念。在英语表达中,engagement 和 commitment

均可表述“投入”。组织心理学的若干研究将投入(engagement)视作个体积极的心理状态及其相关的情绪。如沙非利(W. B. Schaufeli)等将工作投入分为活力(vigor)、奉献(dedication)和专注(absorption)三方面特征。① 围绕此，衍生出满意度、效能感等变量，用以测量工作投入与工作绩效之间的关系(Demerouti & Cropanzano, 2010)。② 另一部分研究将投入(commitment)视作个体与组织之间的积极关系。如默德(R. T. Mowday)等人指出，工作投入取决于个体对组织目标、价值的认可，支持组织的动机，以及留在组织内部的意愿。不同职业的工作投入有不同的划分。在讨论教师职业的本身依恋时，通常表现为教师对教学工作的专注与投入。在测量教师“工作投入”时，采取一般心理学视角或组织学视角易出现用普适性“工作投入”的量表测量教师工作特征，忽略了教学过程的复杂性。恰如课程实施的研究所揭示：教师从采纳、领会课程方案到课堂中实际运作课程方案是一个包含行为、情感在内的多维度的概念架构。③ 所以，具体到教师职业本身，应存在反映工作特性的“投入”设计。科利(R. J. Collie)等人将教师投入分为组织投入与专业投入。前者是对学校的投入，后者是对教师这一职业本身的心理依恋。④ 费尔斯通(W. Firestone)和罗森布拉姆(S. Rosenblum)认为教师的“投入”(承诺)对象可能是多元的，包含教学、学校、学生，他们的行为取决于他们认同的对象。当教师的“承诺”(commitment)超越教室(教学)范畴之后，就包含对特定工作和目标的个人与专业投入(investment)，表现为通过付出额外努力呈现的特定行为及态度。⑤ 路易斯(K. S. Louis)将其归纳为四类：对学校作为一个社会组织的投入，对学校的学业目标的投入，对作为独立个体的学生的投入，对有

---

① Schaufeli, W.B., Bakker, A.B., & Salanova, M. The measurement of work engagement with a brief questionnaire: A cross-national study[J]. Educational and Psychological Measurement, 2006, 66(4): 701－716.

② Demerouti, E., & Cropanzano, R. From thought to action: Employee work engagement and job performance. In A. B. Bakker & M. P. Leiter (Eds.), Work engagement: A handbook of essential theory and research[M]. London: Psychology Press, 2010.

③ 夏雪梅.四十年来西方教师课程实施程度研究的回顾与评论[J].全球教育展望,2010(1): 21－26.

④ Collie, R.J., et al. Predicting teacher commitment: The impact of school climate and school-emotional learning[J]. Psychology in the Schools, 2011,48(10): 1034－1048.

⑤ Reyes, P. Organizational commitment of teachers. In P. Reyes(Ed.), Teachers and their workplace: Commitment, performance and productivity[M]. Newbury Park, CA: Sage, 1990: 143－162.

效教学知识体系的投入。每一种投入衡量的标准不尽相同。[①] 我国已有对教学投入的理解主要指教师在教学活动中投入的时间、精力与情感的总和。其中对时间、精力的测量通常停留在物理层面;对情感的测量则以"意愿性"为主要标准。根据教师投入量的多少和主动性来判断教师的教学行为与态度,缺乏了对教师"智"的关注。因此,在教师教学投入的研究中出现了"教师情智投入"的探讨。教师情感投入不再局限于意愿程度,深入到教师的心理体验,即教师全身心投入到教学活动中,以实现教学目标,具有志向、承诺的意涵。智力投入则不仅关注教师行为本身,还关注教师投入行为背后的认知因素。从这一方面而言,广义上的教学投入包含教师对课程的理解,即认知上的投入。

"课程理解"常与"教学观念"(conception of teaching)、"教师认知"(teachers'perception)交叉使用,都指向教师行为背后的观念。本研究选择"课程理解",主要是因为无论是教育变革的政策背景,还是我国的现实语境,课程均被赋予了与传统教学不同的内涵。学校教师被要求树立基于学程的课程观,这代表了一种新的价值导向。对这种新的价值的认识进行测量,而非停留在口号上的验证,对于我国教师标准的重新构建具有重大的意义。然而在学术领域,正因为两个上述概念的交叉使用,导致对于课程理解的界定、测量显得多样与复杂。如特里格维尔(K. Trigwell)和普罗塞(M. Prosser)则采用"教学方法清单"(Approaches of Teaching Inventory,简称 ATI)的方式区分出"信息传递/教师中心"和"观念转变/学生中心"的两种课程取向。[②] 陈(Chan K.-W.)和埃里奥特(R. G. Elliott)通过"教学观念问卷"(Teaching and Learning Conception Questionnaire,简称 TLCQ)得出"传统"与"建构主义"两种教学观念。[③] TCLQ 主要通过教师自陈"教学含义、师生角色、课堂管理、教学策略的观念"来评估教师的教学观念。ATI 除了询问教师态度外,还通过现象描述分析法对教师自我陈述的"教学目标"和"教学行为"进行了分析,通过教师行为

① Louis, K.S. Effects of teacher quality of work life in secondary schools on commitment and sense of efficacy[J]. School Effectiveness and School Improvement: An International Journal of Research, Policy and Practice, 1998,9(1): 1-27.

② Trigwell, K. & Prosser, M. Development and use of the approaches to teaching inventory[J]. Educational Psychology Review, 2004, 16(4): 409-424.

③ Chan K.-W. & Elliott, R. G. Relational analysis of personal epistemology and conceptions about teaching and learning[J]. Teaching and Teacher Education, 2004,20(8): 817-831.

偏向测量反推教学投入的价值取向和认知因素。在这一方面而言，课程理解的维度是不稳定的，视研究者采取的具体方法而定。且部分研究有较强的假设，即教师“怎么做”的背后就是“怎么想”。

综上，研究教学与课程的学者未对实际层面的“教学行为”与理念层面的“课程理解”作明确区分，忽略了行为与认知之间的多元并存现状。本研究并不否认课程理解与教学投入是相互嵌套的，甚至两者在某一情境或某一类人群中可能存在一一对应的关系。但本研究试图开发教学投入与课程理解在维度上相互一致的两份子问卷，在尊重两者独立性的前提下，通过统计方法探索两者之间的关系，进而描述河南省郑州市教师课堂实践的多元性。

二、基于事件的教学投入与课程理解问卷构建

为开发具有一致维度的教学投入和课程理解的问卷，本研究以课程改革中“学生中心”为重要的价值导引设置题项。

教学投入的内容与形式由教学材料的使用及具体的教学行为两个外显维度构成。教学材料不仅看教师运用了何种材料，还看教师运用这些材料的目的和频率，即教师对材料的使用是否及多大程度上顾及学生的需求。所以，本研究从资源利用程度和学生关注程度来看教师的教学投入，以此可以分出四个象限：资源利用度强，学生关注度强；资源利用度弱，学生关注度强；资源利用度弱，学生关注度弱；资源利用度强，学生关注度弱。

为了更有效地解构教师的教学行为及其材料使用，本研究还引进英格兰的有效课堂实践项目（the Effective Classroom Practice，简称 ECP）。ECP 通过一系列研究开发了有效教师的教学特征框架，它们分别是：明确而清晰的教学计划与组织，积极的课堂学习氛围，和谐的师生关系，教师学着去教，洞悉学生的需求，为学生的学习提供及时的诊断与反馈，充足的学习资源和环境。① 本研究抽取了 ECP 项目观测教学实践的四个维度——计划组织、教学设计（包含原先的“为学而教”“关注学生需求”两个有效特征内涵）、学习评

① Ko, J. & Sammons, P. Effective teaching: A review of research and evidence[EB/OL]. http://www.cfbt.com/. 2015-03-23.

价、资源环境，结合中国教师的课堂教学实践设置了36道题目，调查中国教师的教学投入。四个维度体现了教师、课程资源与学生三者之间的互动，其中"计划组织""资源环境"侧重于描述教师与课程资源的互动，"教学设计""学习评价"侧重于描述教师与学生的互动。上述两个层面的互动并非两条平行线，在每一维度的互动中，教师作为投入主体，均会权衡课程资源与学生之间的关系。在互动的过程中，教师运用何种资源，如何运用资源，对学生的关注度如何，如何回应学生的需求是内嵌的观测要点。所以，本研究中教学投入重在关注投入的行为及其价值导向。

正如有效教师与有效教学的研究均表示，教学富有成效的前提在于教师充分考虑学生的需求，对学生的学习进行积极的干预，给予及时反馈。这与我国课程改革强调教学方式、学习方式改革的理据也是一致的，是"学程"的重要体现。本研究在教学投入的"事件"维度，结合课程改革的语境，进一步编制了课程理解的问卷，以了解教师是否内化了"学程"式的课程观。研究中根据表6-1设计了39道题目，测量教师的课程理解。

表6-1　不同视角下的课程—教学理解

	课程即"教程"	课程即"学程"
课程理解	将课程视为"法定的教育要素"或"知识"，教师执行既定知识	将课程视为生成性的内容，教师主动参与创造
教学目标	将教学目标视为确定、不可更改的内容	按照学生的情况更改既定目标，并在学习过程中有技巧地渗透目标
教学内容	根据教学目标，多以外控的方式落实教学内容	重视学生的学习体验，强调学习过程和方法
教学评价	重视评价的结果鉴定	重视评价对学生学习的诊断与反馈
学科认识	重视学科中确定性的知识	重视学科中蕴含的情感，思维或方法

本研究在理解层面区分出"教程"与"学程"的不同，并在事件上与教学投入做到相匹配。教学投入重在观测教师"实际"做了什么，课程理解重在评估教师在"应然"层面的态度。如"命题"作为其中的一个事项，在"投入行为"分问卷中对应的是"学习评价"维度，表述为"我通过自编试卷检验学生错题的

改正”；在“课程理解”分问卷中对应的是“教学评价”维度，表述为“我认为考试的作用在于诊断学生学习”。

三、分析框架与思路

基于上述论述，本研究将课程理解视作教学投入中的“认知”部分，但是在问卷设计上，对行为与认知采取了“实然”与“应然”的二分，以此呈现教师“所做”与“所想”的多元性。具体分析框架与思路如图6－1所示。

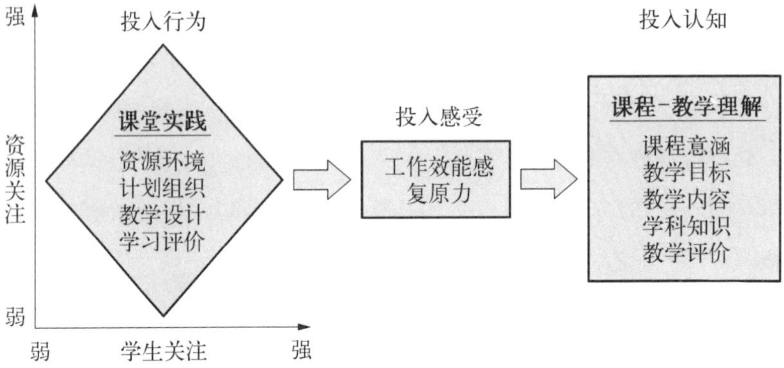

图6－1　课程实施过程中的教师行为、感受与认知

为了反映教师在日常教学工作中的“情感”，研究者在问卷中增加了教师工作效能感和复原力的题项。题项的设置综合了已有的量化与质化研究成果。效能感包含教学效能感、班级管理效能感、学生投入效能感；复原力分为积极复原力和消极复原力。积极复原力指教师能够主动应对挫折，甚至找到解决挫折的方法。消极复原力指教师在面对挫折时，处于被动状态，甚至是逃避。在一些研究中，复原力的调查直接套用效能感的若干题项。本研究中，复原力是继主观感受之后的行为倾向测量。

总体而言，研究首先分析教师的行为，根据行为表现对教师进行分类；然后，进一步分析在教学投入上表现不一的教师对课程的理解呈现何种样态？在校的时间使用、集体教研活动参与是否也存有差异？他们对其工作的主观感受是否不同？以此全面了解教师在课程实施过程中的行动、情感与认知。

进而回应中国课堂教学中的教师样态，更重要的是，思考“以学生为中心”的教师具有何种特征。

第二节　研究发现

本章的研究对象是初中语文和数学教师。采用多层随机抽样方法对某市进行抽样，先对区/县抽样，再对区/县中的包含七、八年级的学校抽样，最后对学校包含的班级进行抽样。该样本包含53所学校的570名教师，具体信息见表6－2。

表6－2　调查对象的抽样分布

		数　量(人)	百分比
所在区域	城　市	376	66.0%
	城乡接合部	44	7.7%
	乡　村	150	26.3%
学　校	公　办	483	84.7%
	民　办	87	15.3%
学　历	中　专	3	0.5%
	大　专	59	10.4%
	本　科	438	77.1%
	研究生	68	12.0%
性　别	男	151	26.5%
	女	419	73.5%

一、四种类型的教师：基于教学投入行为的分类

通过对教学投入36道题目的聚类分析，发现教师的教学投入可以分为四种类型，即创生型、改编型、功利型、复制型。以“关注学生”为分割点，回应学生需求的教师根据其资源运用多寡和方式又可以分为两类：资源运用丰富、

关注学生的教师和资源利用有限、关注学生的教师。相应地，较少回应学生需求的教师也可以分为资源利用丰富和资源利用有限两类。

（一）四种类型教师及其特征

1. 创生型教师

这类教师在备课时虽然会借鉴外部资源，但会根据班级、学生情况作出调整，处理教材的主要依据是课程标准和教学参考用书，对外部的网络资源运用较少。命题主要围绕班级学生的错误率进行，当学生不能完成学习任务时，多以个别谈话的方式处理。教学反思主要围绕个人的总体感受和校内其他老师的课堂表现来进行。

2. 改编型教师

这类教师参考多方资源进行备课，根据学生情况进行调整的现象不显著。备课、命题旨在明确学生"学什么"；处理教材的依据主要为课程标准与教学参考用书；课堂上教师会花大部分时间进行师生问答或组织学生活动（如分组活动、学生练习）；当学生不能完成教学任务时，多以有针对性的提问处理；教学反思主要围绕同行的听课评价展开。

3. 功利型教师

这类教师在备课过程中借用外部资源的特征不明显，处理教材的主要依据是考试大纲，命题主要围绕单元教学任务和考试重点进行，课堂纠偏行为特征不凸显，教学反思主要围绕学生的考试结果展开。

4. 复制型教师

这类教师在备课、处理教材时，主要参照同事的备课内容和网络资源，甚至直接采用集体备课内容，甚少根据班级、学生情况作出调整。备课旨在明确"教什么"。命题的来源也以网络资源为主，甚少关注学生的错误率。课堂组织以教师提供资料，学生自学或练习为主。当学生不能完成教学任务时，既会通过处罚警告的方式，又会调整教材、教法。教学反思主要以个人的总体感受和学生的考试结果为依据。

其中，功利型教师平均教龄 15.49 年，占样本的 18%；创生型教师平均教龄 14.27 年，占样本的 24%，改编型教师平均教龄 10.4 年，占样本的 30%；复制型教师平均教龄14.65年，占样本28%。可见，新课改实施以来，关注学生需求的教师比例（54%）高于关注考试的功利型教师（18%）和纯粹完成教学任务的复制型教师（28%）。这反映了课程改革中关注学生的理念已经渗透在大部分教师的教学行为中。

（二）四类教师的空间分布与人群特征

在地区分布上，改编型教师在城市学校所占的比例最大，达33%；地处城乡接合部、乡村的学校，复制型教师的比例最大，分别达38.6%和37.3%。在53所学校中，有25所学校的改编型和创生型教师比例要大于或等于功利型和复制型教师。其中位于城区的A、B、C三区中关注学生的学校比例高达2/3，但位于农村的D区的学校功利型和复制型教师居多。

从学校体制类型来看，民办学校里改编型教师所占比例最高，达34.5%；其次是功利型教师（26.4%）；创生型教师和复制型教师各占19.5%。公办学校里，复制型教师所占比例最高，达30.2%，其次是改编型教师（28.8%）、创生型教师（24.4%），最后是功利型教师（16.6%）。

从性别方面来看，女性教师中，改编型教师比例最大，占32.9%；男性教师中，复制型教师比例最大，占41.4%。从资源利用和学生关注两个维度上来看，女性教师总体上更关注学生的需求，男性教师总体上更关注资源的利用。

从学历维度来看，研究生学历和本科生学历的教师中，改编型教师最多，分别占各自群体的35.3%和29.2%；大专学历的教师中，复制型教师最多，占其群体的33.9%。而调查样本中，中专学历的教师只有3人，不具备统计学上的意义。从资源利用和学生关注两个维度上来看，本科及本科以上的学历的教师更为关注学生；专科教师更多地关注资源本身。

总体而言，教师的教学投入表现出四种形态。其中复制型教师对资源的依赖性最强，鲜少根据课堂实际情况作出适当调整，所借鉴的资源多为可直接移植到自我课堂教学中的教案；功利型教师在资源使用的丰富性上不及改编型教师。前者主要参考考试大纲、命题信息、考试结果调整课堂教学；后者则对各种资源倾于关注，如课程标准、教学参考用书、同事备课内容、网络资源。改编型教师既关注教，也关注学。相比之下，创生型教师更为关注学，主要参照的资源是课程标准、教学参考用书，且独立性较强，能够围绕自我的教学体验和他人的课堂教学展开反思。不同类型的教师在性别、学历、学校环境上的分布，显示出如下特征：首先，女性教师中，利用资源为学生学习服务的比例更大，男性教师更重资源的便利性、可复制性和功利性价值；其次，城市学校中利用资源为学生学习服务的教师比例更大，但在农村及城乡结合区域的学校，超过1/3的教师属于复制型教师，同时，这种类型的教师在公办学校的比例也大于民办学校；最后，学历越高，指向学生关注的教师比例越大。

二、不同类型教师的课程理解

教师的教学投入与其专业认知有着密切的联系。课程改革至今，不同类型的教师所持的课程观念究竟是什么？教师理念的改变与行动的改变是否同步？经统计分析，发现四种类型的教师在课程理解、教学目标、教学内容、教学评价、学科认识上有所区别。

（一）创生型教师持"学程"观

创生型教师认为"校本课程可以发挥教师的特长"，并根据自己的特长主动申请校本课程的开设。他们会根据班级学生的水平，调整本节课的教学任务。但在学习目标的达成上，特征不够显著。在教学内容传授方面，倾向于"通过案例、故事、推演等方式让学生理解相关内容""通过一些问题让学生表达自己的观点""告诉学生新知与旧知的联系""与学生交流一些学习方法和技巧"。认为考试的目的在于诊断学生的学习，"考试结果是为辅导学生服务的"。在学科认识上，数学教师对本学科蕴含的应用能力及其态度最为重视，且在"思考习惯""抽象思维""创新精神"及数学学科的基础性上的关注度也高于其他三类教师。语文教师对本学科蕴含的"积极的人生态度"最为重视，但对学科中的情感、能力的关注较弱。

（二）改编型教师"学""教"兼顾

改编型教师在课程本体性理解上的特征不够显著，不过这类教师能通过多种途径促进教学目标的完成，如提问、练习、预习，而且“不会修改教参所呈现的教学目标”。在传授教学内容的过程中，多种方法并用：既会通过“记诵”“演练”让学生掌握重要内容，也会“通过案例、故事、推演等方式让学生理解相关内容”“通过一些问题让学生表达自己的观点”“告诉学生新知与旧知的联系”“与学生交流一些学习方法和技巧”。重视评价的鉴定功能，认为评价不仅可以反映学生的学习水平，还可以衡量教师的教学水平和学校的办学水平。在学科认识上，对数学学科蕴含的思考习惯、创新精神、人生态度均不重视。语文教师则关注了该学科的各项内涵，如人生态度、文化传统、对祖国语言文字的情感、思维能力、沟通能力及语文学科的基础性。

（三）功利型教师持“教程”观

功利型教师鲜少主动参与课程的开发，倾向于采用背诵、演练让学生记住重要的内容，相信考试能够反映学生的学习水平和学校的办学水平。需要注意的是，这类教师并非完全忽视学生的学习基础，他们也会根据班级学生的水平，调整本节课的教学任务。在学科认识上，数学教师对学科蕴含的思维品质、思考习惯、创新精神、应用能力、人生态度均不重视。语文教师则较关注学科中蕴含的“祖国语言文字的情感”。

（四）复制型教师持“教程”观

复制型教师认为，“校本课程可以促进学生动手解决问题的能力”，但是他们鲜少主动参与课程的开发。不会修改教参呈现的教学目标，倾向于在课堂教学一开始告诉学生本节课的学习重点。在教学内容传授方面，倾向于“完全依照教科书来讲”，认为评价旨在检验学生的学习结果，“学校内部考试都是为最终的统一考试服务的”。在学科认识上，数学教师无显著特征，语文教师对学科的“人生态度”“情感”关注较弱。

总体而言，关注学生的两类教师虽然在资源利用方式上有所不同，但都表现出不同程度的“学程”观，而且与其他两种类型的教师在学科性质、教学内容及方法的认识上存在显著差异。然而，这四类教师的课程理解并没有表现出清晰的四个截面。除了创生型教师在课程观的若干要素上保持了内在一致性，其他三种类型的教师从教学目标到教学评价的理解上较少存在一致性。例如，功利型教师在教学目标维度，并非全然不顾学生的需求，他们也会根据学生的水平调整教学任务，但在教学评价维度他们更相信考试的鉴定功能。改编型教师在教学目标维度忠实于课程资源，在教学内容上关注学生的体验，重评价的鉴定功能。值得注意的是，复制型教师在课程理解上更为符合新课改的理念宣传，将课程看作是发展学生能力的“跑道”，但是在行为倾向与自身判断上，却忽视了教师在课程开发中的能动作用。因此，课程改革背景下，秉持“教程”观的教师其课程理念并非全然是“落后”，毋宁说此类教师会整合上级要求，同时表现出明确的资源指向性：完成教学任务或落实命题方向。

三、不同类型教师的工作常态与感受

教师的工作常态主要通过教学时间的投入和分配，专业活动参与来体现。教师的工作感受主要通过效能感和复原力来体现。通过分析，发现四种类型的教师共性与差异性并存。

（一）教学时间总量相似，时间分配不同

教学资源是教师教学行为与课程理解的物质衍生，但上述分析不足以呈现教师选择各种资源进行教学投入的动机。如复制型教师倾向于直接按照教科书来讲，并直接运用集体备课的内容。这类教师在不同类型的学校所占的比例不小，是否意味着他们倾向于以较少的时间投入到工作中？这需要视其教学工作时间的分配而定。

四类教师的教学时间受到了较好的保护。以一周的时间计算，功利型、创生型、改编型、复制型教师在学校里，教学时间占工作时间的比例分别是69.9%、69.2%、71.8%、69.1%，所以四种类型的教师在教学投入上的总时间并没有显著差别。但具体到不同项目的时间分配上，则出现了区别，而且在教学反思时间上存在显著差异。其中复制型教师在备课、批改作业、教学反思上花的时间均为最少，功利型教师用于作业反馈的时间最多，创生型教师在教学反

思上花费的时间最多,改编型教师的教学反思时间仅次于创生型教师,较多的时间用于教学和批改作业。

这反映了功利型教师的工作重心在内容选择与时间分配上具有一致性。该类教师以命题为教学的导向,工作的重心也花在作业的反馈上。创生型教师和改编型教师具有较强的反思精神。复制型教师的教学时间分配则进一步说明了他们的工作常态为利用较少的时间投入完成教学任务即可,表现出得过且过的消极状态。

(二)专业发展需求趋同,专业活动参与度不同

在对四类教师的专业收获进行调查时发现,功利型教师认为在集体学习中,最有用的前三项内容是"如何上好某一堂课""各种教学技巧""教学设计";创生型教师认为最有用的专业发展内容是"教学设计""学科教学方法""如何上好某一堂课";改编型教师认为最有用的专业发展内容是"教学设计""如何上好某一堂课""如何解读教材";复制型教师认为最有用的专业发展内容是"教学设计""如何上好某一堂课""学科教学方法"。简言之,四类教师均认为在学校内的集体学习中,"教学设计"和"如何上好某一堂课"是最有用的。有关教学基本功,教学能力等方面的内容,四类教师均给予较低的关注。这可能与研究对象的教龄均在10年以上有关。

但对四类教师在校的专业活动参与频率进行调查时,发现不同类型教师的参与度不同。功利性教师资源利用单一,在"一起准备教学材料"方面参与度最低;复制型教师表现出得过且过的工作状态,在"讨论某个专题的教学方法""分享某位教师学到的教学方法和技巧""参观其他课堂,学习更多教学经验"方面表现出最低的参与度。与此相反的是,改编型教师则在讨论、分享、参观方面表现出最高的参与度,创生型教师次之。总体而言,功利型教师和复制型教师在各类活动的参与度上均低于创生型教师和改编型教师。

(三)工作效能感总体良好,内部差异显著

教师的工作效能感总体良好。尤其在班级管理效能感、学生投入效能感

上，超过80%的教师表现出积极的行为取向。在遇到困难或挫折上，超过80%的教师能主动采取应对措施。需要注意的是，在教学效能感方面，有1/3的教师表现出消极的、不稳定的状态。另有一小部分教师，在遇到教学困境时，会表现出放弃尝试的消极举措。有将近50%的教师遇到学生上课不投入时，“经常”或“有时”处于“一筹莫展”的状态。

四种类型的教师在“教学效能感”“班级管理效能感”“学生投入效能感”“积极复原力”方面具有显著差异，创生型教师在各个维度的表现要优于其他三类教师。创生型教师工作效能感强（教学、班级管理、学生投入均表现出良好状态），持积极复原力；复制型教师工作效能感弱，持消极复原力；功利型教师教学效能感偏低，复原力特征不明显；改编型教师工作效能感特征不明显，积极复原力和消极复原力共存。

因此，当教师的教学投入指向于外部任务的完成，或服膺于“考试导向”的教学思维时，教师对于教学的“可控感”是偏低的。前者对教学没有主动的思考，后者以外部标准衡量自己的教学。一旦出现教学挑战时，便显得信心不足。但是，当教师的教学投入指向学生，且有专业判断能力和主动反思精神时，会对整个教学工作表现出稳定的控制感和自信心，遇到挑战或问题时，也不轻言放弃。

简而言之，本次调查发现教师在教学投入和课程理解上表现出多层次性。四类教师利用资源的多寡不一，在具体利用何种资源，以及如何利用资源上也有差异。其中创生型教师最为关注学生，参与学校集体专业活动的程度较高，教学反思时间长，教学效能感强，具有积极复原力，能够达到课程改革对于教师专业角色提出的诸多新要求。其他三类教师在教学行为或认知上存在若干不足。

第三节　标准建构

通过对教师教学投入和课程理解的研究，发现教师的所为与所想并不会出现全然的一致性。持课程联结理论的学者通常给予的解释是，文本课程与运作课程联结松散的时候,教师行为与文本课程之间的一致性程度就低。同理,当文本课程与运作课程联结紧密的时候,教师行为与文本课程之间的一致性程度就高。如波特(A. C. Porter)和史密斯开发的实施的课程调查(The survey of enacted curriculum),运用核心学科的内容矩阵或样板进行标准教学的联结分析。① 此类分析不仅有助于为提高教师的教学认知提供针对性的支持,也有助于文本课程的改善。然而,教师与文本的对话并非发生于真空的课堂教学中。即便文本课程具有较强的操作性,与运作课程相贴近时,教师出于不同的理解与意图,也会产生不一的行为。上述四种类型的教师充分反映了教师复杂的社会认知与工作认知。在回顾本研究高效能创生型教师的若干特征的基础上,有必要进一步反思教育环境与文化,找出教师行动背后的制度框架,发展多元治理的途径,以此构建教师有效教学标准。

一、创生型教师的课堂教学:关键特征与支持条件

创生型教师体现了"以学生为中心"的教学投入与课程理解。结合其在教学行为、感受、认知三方面的综合表现,提炼出的关键特征如下:第一,站在学生的视角设计教学,筛选材料。创生型教师的资源运用的丰富性虽不及改编型教师,但是材料的筛选依据是明确的。在教学设计中表现出"以学生为中心"的能动性。第二,善用自己所长,主动参与课程设计。创生型教师未将校本课程开发视作额外任务,而是结合自己特长主动申报。第三,教学方法多样,以演绎为主,注重思维的培养。创生型教师运用的方法中具有促进学生思考、主动学习的倾向,在学科认知上,这类教师更重视学生思维的培养。第四,充分发挥评价的诊断作用,且反馈及时。所以,考试结果的用意不在于排名,而在于为学生的指导提供依据。第五,主动进行教学反思,积极参与专业发展活动。第六,课堂可控感强,善于学习,敢于克服困境。

创生型教师何以表现出更稳定的效能感,更积极的复原力,重要原因在于

① Porter, A. C. Measuring the content of instruction: Uses in research and practice[J]. Educational Researcher, 2002, 31(7): 3-14.

其思考与实践课程的方式是一致的,即在学生学习的基础之上开展所有的教学工作。他们愿意主动学习、反思,积累教育教学智慧,在遇到教学问题时,表现出较强的自信与积极应对的态度。这些恰恰是功利型教师和复制型教师所欠缺的。后两者将工作的意义指向于外部,课程改革背景下他们的教学投入与课程理解表现出若干不一致的地方,遇到问题时,常呈现消极、不稳定的状态。所以,"以学生为中心"的职业承诺有利于增强教师的专业判断力,为教师的教学投入指引方向,若能在实践中贯彻,还能提升教师的工作效能感。弗斯通(W. Firstone)和彭内尔(J. R. Pennell)有关"教师投入"的研究也可为此论断提供依据和启示。他们在综合别人研究基础之上,区分出对"教师投入"有影响的七个工作条件:工作设计特征,反馈,自主,参与性,合作性,学习机会和资源。其中,工作设计特征包含了能力多样性、任务识别、工作的意义三方面。任务识别和能力多样性对组织投入有显著影响。本研究发现,即便在城区的公立学校里也存在四种类型截然不同的教师。换言之,在同一所学校里,教师面临着相似的学习机会、资源,但是教师对工作的参与性、自主性则取决于教师个人。如创生型教师更为主动地参与校本课程开发,更为积极地参与校本教师专业发展活动,主动对自己的教学进行反思,给予自我反馈,在教学中主动选择、设计适合学生水平和需求的教学。这些进一步说明了影响教师工作投入的核心条件在于"工作设计特征",当教师对工作意义、任务识别表现出"学生为本"的观念时,教师的自主、反馈、参与、合作则成为其发展的有力措施,学习机会和资源成为有效的支持条件。

教师出于情感的依恋形成特定的态度和行为,被称为情感承诺;教师出于道德的约束表现出特定的态度和行为,称之为规范承诺。需要注意的是,在本研究中,存在于农村和城乡接合部的功利型教师也致力于"学生的发展"。他们中的大多数人认为提高学生的考试成绩,通过考试改变农村学生的命运,是对学生最大的负责。这反映了考试的工具主义价值观,更深层次地揭示了城乡的二元结构。当农村资源相对匮乏,考试成为"文字上移"的有效途径时,农村的人才流出也成为应有之意。社会的城乡分层结构侵蚀了教育的人文价值。因此,在城镇化背景下,更为需要的是教师对学生的专业承诺,即运用其专业知识和专业决策为学生的学习与发展服务。

二、多元共治下的教师提升路径

基础教育课程改革的主要价值诉求在于“为了每一个学生的发展”。实现这一价值,需要课程管理、课程结构、学习方式等系统性的变革。教师参与这场变革时,不是简单地复述“以学生为本”的课程改革理念,而是树立“学程”的课程观,并在实践中履行这一课程观。如此,教师才能不断完善“陪跑”的经验与能力,进而形成对新课程改革背景下课堂教学良好的调控感。结合研究发现,提升教师专业发展的路径如下。

(一)学校需关注教师的教学工作时间分配与使用

课程改革背景下,教师研究、阐释、实施课程的空间增大。具体到教师的日常教学中,其工作时间的分配也各不相同。如以学生关注为主的教师并非单纯地在备课、作业反馈这些事项上花费时间,而是更注重教学反思。这启发学校管理者不仅要保护教师的教学时间不受其他行政事务的干扰,还要对教师的时间运用作出更为合理的引导与设计。首先,鼓励教师将教学反思渗透在日常的备课、上课、作业反馈诸环节中;其次,为教师提供教育叙事类的课程或教学反思类的工具,促进教师有方法的主动思考;再次,在已有的集体教研活动中开展专业对话活动,提炼有效的个体经验,使教学反思能够惠及更多人。

(二)师训部门需提高教师专业发展活动的针对性

课程改革在“总体设计—课程标准—课堂教学”的设计链中存在两个落差,[①]解决课程标准到课堂教学之间的落差,需要为教师的角色转变、课堂实践提供专业支持。这种专业支持要脱离“缺什么,补什么”的传统做法,要求师训部门对不同类型教师的教学投入作分析,对各类教师的专业需求展开深入调查,并在此基础上为他们系统地设计专业发展活动。例如,针对功利型教师重

① 钟启泉.中国课程改革:挑战与反思[J].比较教育研究,2005(12):18-23.

在改变他们的教育观念；针对改编型教师则重在引导他们澄清“学程”与“教程”之间的关系，引导其有依据地使用教学资源；针对复制型教师重在改变他们在校的专业生活，找到激发其主动发展的内在动力。如此方能促进他们在整个教学投入环节向创生型教师发展。

（三）地方行政部门应着力改善农村教师的专业发展环境

复制型教师所占比例高达28%，其对教学的关注与投入并不在于改进教学这一专业活动本身，而是单纯地为了完成自己的教学任务，这类教师在城郊接合部、郊区所占比例更大，而且在公立学校所占的比例高于民办学校。这意味地方行政部门要为农村教师发展提供更多的经费支持，确保区域、学校内部的专业发展机制和激励措施有助于提升教师专业发展动力；在政策设计上为农村教师提供更多契合其所需的专业发展活动，如加强“课程与教学设计”“教学方法与技巧”之类的实践类课程和工作坊；创新活动机制，吸引教师的主动参与、分享。

（四）政策实施过程中，以专业问责引导教学改进

本次调查也证实了“材料与活动的改变”“教师行为的改变”“教师的心理变化”①这三个维度在考量课程实施中教师改变的合理性。教师教学行为（与学生的互动）和材料运用在一定上能折射出教师的认知倾向。本研究也呈现了教师心理与行为变化的复杂性。一是复制型教师在观念上接受了课程的育人价值，却在教学行为上采取了最“方便自己”的方式。二是功利型教师在资源利用上命题导向，教学行为上多表现为外控式的管理，但在认识层面，肯定了命题的鉴定功能，也会根据学生的水平调整教学任务，故有必要审视教育系统是否对教师的专业程度问责力度不够，或者过于强调以分数为导向的问责，强化了教师在命题方面的关注，课程改革的深入推进不仅仅需要澄清教师的课程理解，还要营造有利于教师专业提升的外部环境。在政策实施过程中，实施专业导向的问责，关注基于课堂教学改进的过程评价，促进教师行为、资源

① Fullan, M. Curriculum implementation. In A. Lewy (Ed.), The international encyclopedia of curriculum [M]. Oxford & New York: Pergamon Press, 1991: 378-384.

利用与心理认知的和谐发展。

三、促进教学质量提升的标准

根据教师教学投入的分类描述,创生型教师是具有“自我成长”能量的教师,而且这类教师对教育质量的贡献是持续、稳定的。更为重要的是,这种质量观里内含学生的需求。以这类教师为模板,构建出的“以学生为中心的课堂教学”必须与教师的“以学生为中心的学程观”和“对学生的专业承诺”联系在一起(如图6-2所示)。具体到行动标准上,表现为上述归纳的六点特征,如教学设计,教学方法,评价均表现出对学生需求、水平、发展的敏锐性关注,具有主动反思、学习的精神。

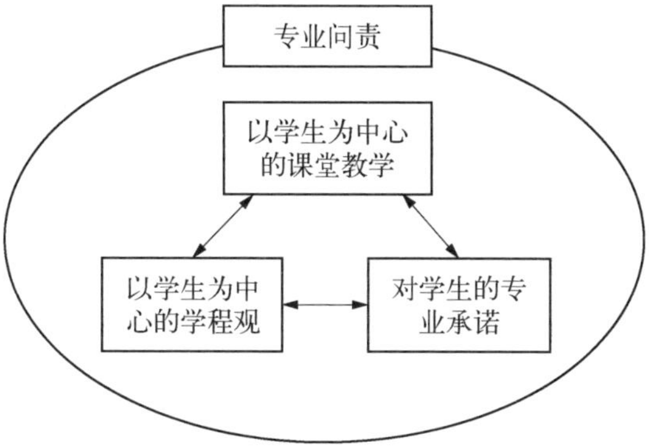

图6-2 教学质量提升的关键要素及关系

教育质量的提升与教师的能动行为不可分割。教师成为塑造教育质量的核心要素。若教师只具备课程改革“观念”,或单纯地响应政策口号,并不能实际推动课堂教学的改进。若教师对学生的承诺仅仅停留在“分数”提高,有可能阻碍“人”的发展。当刚性问责环境渗透至教师的教学思维中,以分数论人才的思维不仅导致教师的教学心灵受梏,而且损害了课堂内部的“多元共生”的局面。若以此为趋势,城镇化背景下的教育依旧可能复制培养“人上人”的理念,而非实现“人中人”的教育目标。加之教育资源的分布不均,导致在资源有限的地区,更为强调学生的“单向度”发展。

然而，教师是否有能力化解外在的功利价值，在资源相对不均的背景下，实现“为学而教”的行动与理念的合一。本次研究给出了部分答案。教师的能动性对于重塑教育生态，发展学生具有关键性的意义。教师实现“为学而教”时，也能在教学改进上不断精进，增强自我效能感。从教师专业发展理论本身而言，创生型教师表现出来的主动反思、合作，若能结合专业问责，可带来教师群体生态的改变。专业问责有两个重要内涵。首先，实施问责的主体是熟悉教师教学的专业人员，以此对教师教学作出专业诊断和决策；其次，实施问责的目的不以“科层管理”或“市场激励”为重，而在于激发专业对话，形成专业学习的氛围。由此，构成的专业氛围能够减缓外在以分数为导向的官僚问责。

第七章

以教学为核心的教师发展标准

郑燕祥曾指出,教育质量保障经历了三个阶段。第一个阶段是教育变革与创新致力于改革教与学的方法和过程,聚焦内在的教育质量保障。第二个阶段从组织效能、利益相关者的满意和市场的竞争方面强调了交叉式(interface)的教育质量保障,努力使教育质量获得内在的和外在的利益相关者的满意。第三个阶段指向未来的教育质量保障,不同于传统的范式,它在全球化、地方化、个体化三重影响下,要善用各方资源,发展学生的情境多元智能(Contextualized Multiple Intelligence,简称 CMI)①,即建立在学习智能基础上的,社会、文化、政治、经济、技术智能的协调发展。然而,不同的国家因其经济、文化脉络不同,处于不同的城镇化发展阶段,在教育质量的保障和提升方面有其情境策略。如第二章所呈现的,英国、美国、巴西和韩国都建立了"区域—学校—教师"三级质量保障措施,但是对区域的扶助与治理、对教师的要求均彰显了各国的历史因素与现实基础。虽说四国均受到全球化、地方化、个体化的三重影响,但是在协调多重因素,提升面向未来的教育质量时,英国、美国、韩国较之于巴西,显得更具现实基础。前三个国家在教育信息化的战略推动下,使得基于"个体化"的教育服务具有多重可能。然而,在"扁平"的世界里,各国的教育多多少少受到全球化与地方化之间的力量角逐。美国核心素养的提出,英国 21 世纪能力的反思都在一定程度上和全球范畴内的学生能力评估与排名有关。不同于传统社会的是,教育的利益相关者和消费者可能突破区域、国家的界限,在更为广阔的空间里衡量教育的质量。这一方面加剧了各国的教育问责,另一方面也创造了多重的教育对话空间。

已有的共识是,信息通信技术(ICT)已成为 21 世纪公民的必备能力。2004 年英国首相布莱尔执政期间的电子特使办公室(Office of the e-Envoy)将 ICT 视作与读写、计算能力相并行的第三种能力。2011 年英国的资格认证和

① Cheng, Y. C. Quality assurance in education: Internal, interface and future[J]. Quality Assurance in Education, 2003, 11(4), 202-213.

考试管理办公室(Office of Qualifications and Examinations Regulation,简称Ofqual)制定了作为通用能力(Functional skills)的英语、数学、ICT的能力标准。其中ICT能力标准中包含学生“使用ICT系统,搜索、选择信息,挖掘、呈现与交流信息”三种相互关联的能力。韩国的教育信息化战略强调ICT与教学的深度融合,把ICT视作学生学习的主要手段,而非辅助工具。由此可见,联合国教科文组织倡导的信息通信工具的“知识拓展”与“知识创新”功能日显,日益关注学生是否能够深刻理解并运用学校知识解决复杂现实世界中的问题,而且创造出一个和谐、充实、繁荣的社会所需要的新知识。

新知识与城镇化的发展目标相契合。已有国家城镇化发展的经验说明“城市陷落”和“乡村陷落”均不利于创造和谐的生态圈,只有渗透“人中人”的培养目标,才能为21世纪人才的合理流动,技术的发展,社会的繁荣提供可持续的动力。这有别于“从传统人到现代人”中的“城市导向”的生活能力的获得。对中国而言,在快速城镇化的进程中,需谨慎对待工业化、信息化的双重影响,正确处理全球化与本土化的内在张力,建构符合其国情、地情的教育质量保障机制,让社会与教育处于良性互动状态。这固然需要综合治理、多部门协作,但是关键点为加强师资队伍的建设。

2018年,中共中央、国务院颁布了《关于全面深化新时代教师队伍建设改革的意见》,开篇即表明,百年大计,教育为本;教育大计,教师为本。教师队伍建设成为国家发展教育的重要战略。本研究将教师视为促进学生发展的重要他人,教育质量的关键杠杆,将其置于不同的区域脉络中,提取城镇化背景下促进教师专业行为与发展的有效标准。通过区域、学校、课堂三个层面的分析发现,各地在形塑教育质量的过程中,面临着不同的本土现实,都寄希望于改进课程和教师,进而为学习者服务。如上海在城市战略定位中意识到教育先行,人力资本提升的重要性,并将“教师队伍水平提升计划”作为“十三五”教育改革和发展的“十大重点建设计划”之一。深受“新教育”理念影响的海门则将“书写教师生命的传奇”作为教师发展的宗旨,提高教育质量的关键。“建设高素质教师队伍,加强教师培养培训,提高教师地位和待遇,健全教师管理制度”也成为河南教育发展规划的重要组成部分。这些均与国际趋势不谋而合。英国、美国、巴西、韩国城镇化发展的动力机制、程度、阶段虽有所不同,但在提升教育质量，促进教育公平方面，都把教师放在重要地位。尤其是城镇化程度愈高的国家，面临生源多样性时，在保障学生受教育资源相对公平的前提下，更加强调教师在课堂中回应学生的不同需求。因此，国际理解、文化身份、多元共存等成为理想课堂的构想，英美国家在教师专业标准中也日益强调教师对多元文化的回应。

第一节　从 21 世纪教师的课堂教学实践出发

达玲-哈蒙德（L. Darling-Hammond）曾从标准本身出发，指出教学标准不是灵丹妙药，其自身无法解决学校组织功能失调、课程过时、资源分配不当、社会支持不足等问题。① 故围绕教师“专业行为”构建的标准必须关涉不同层级的组织脉络，以便教师更好地发挥能动性。本研究将教师视作形塑教育质量的重要因素，以教师的教学为核心，探索从教室、学校、区域三个层面促进教师发展的有效标准。一方面，尝试突破单纯的结果导向的标准建构，另一方面，在每一层级的过程标准中，通过实证数据的启发，赋予其本土内涵。

一、高效教师与教育的过程质量

21 世纪的教师除了精熟学科知识，拥有“学生知识”和“课程知识”外，还需要掌握信息通信技术或拥有整合技术的学科教学法知识，在履行学生发展的责任的同时，也对其同行、所在学校、协会承担专业促进的责任。如前所述，英国、美国、韩国通过学历、资格认证、标准考核等途径来界定“高质量”的教师。有关中国教师的实证研究揭示中国高效能的教师表示出如下关键特征：根据学生特点设计教学，筛选材料；根据自己特长，主动参与课程设计；教学方法多样，以演绎为主，注重思维的培养；充分发挥评价的诊断作用，反馈及时；主动进行教学反思，积极参与专业发展活动；课堂可控感强，善于学习，敢于克

① Darling-Hammond, L. Reshaping teaching policy, preparation and practice: Influences on the National Board for Teaching Professional Standards[R]. Washington: AACTE Publications, 1999: 39.

服困境。这六大关键特征与2016年美国全国教学专业标准委员会对教师专业的五大主张，2012年英国《教师标准》中的“教学”类目即便在表述上有所不同，但主旨相一致。凸显了教师专业的核心在于为学生的成长服务。此外，英国的《教师标准》在教师的“个人和职业行为”类目上强调教师应“完成更广范围的专业使命”“道德素养与举止行为”“遵守校风”“承担法律责任与义务”。本书的第六章虽未涉及教师教学之外的职业行为，但是第五章的实证研究说明校长的沟通、协调、评价和专业支持有助于创建内部具有关联性、拥抱多样性的校园氛围，在这样的氛围中，教师更容易发展分布式领导，发挥专业影响力，进而提升学校的办学水平。这一方面说明了教师作为“拓展”的专业，在行使专业教学职责之外，还可以促进同行的进步；另一方面说明了高效教师的养成固然与其学科知识、学生知识、教学能力等相关，但学校若能提供专业支持，营造良好氛围，则有助于教师专业行为的整体提升。鉴于此，构建以教学为核心的教师发展标准，直接聚焦影响学生在校学习的核心活动，以此敦促教学的不断改进，不仅有利于在教育过程质量中获得学生、家长的满意，而且有助于达到政府、用人单位在教育结果层面的约定标准。

需要注意的是，根据古德莱德(J. I. Goodlad)的课程实施观，从教师的“教”到学生的“学”之间具有三层落差：一是教师意识到的课程，二是师—生运作的课程，三是学生经验的课程。每一层级之间，外部材料的明确性、教师个体的能力、学生的已有经验与水平等因素均会影响学习结果。换言之，当基于常识提出“教师的教影响学生的学”时，还需审慎地考量教学这一过程的外部环境与内在影响因素。城镇化加剧了这一复杂现象。学生的流动引发的班级内部文化、学习基础的多样性，对21世纪的教师提出了巨大的挑战。21世纪的中国教师在拥有上述六大关键特征并促进同行进步的基础上，还需培养学生的ICT能力，这是不同于20世纪人才界定的新能力；更重要的是，培养所有学生的问题解决、沟通、合作的能力，这些能力在20世纪即已提出。后者实为教育系统的修补与完善，并对教师因地制宜的课程开发能力提出更多的要求。根据联合国的“教师信息通信工具”能力框架，ICT的培养有助于促进“问题解决”等能力的养成。这就要求教师实现ICT与教学的深度融合，发展“整合技术的学科教学法知识”，为学生制定个性化的教学服务，回应学生的多元需求。检视21世纪中国教师的课堂实践，发现ICT的运用尚未达到“知识拓展”与“知识创新”的层面。教师应用包含网络资源在内的教学材料的事实间接反映了信息化在中国的工业城市、学校教育中，远未达到英国、韩国的发展程度。中国教师的ICT能力的培养有待制度建设和机制创新。

与韩国教师专业发展标准不一样的是，在提升中国教师质量的研究中，创建了一个从区域到学校到课堂的“过程链”。也就是，通过数据提炼出高效能的教师、学校、学科教研员，进而剖析这类人员的有效策略，建构不同层级不同人员促进教师专业发展的行为标准。这一“过程”观虽未能如实呈现影响学生发展的所有因素及其之间的关系，但是呈现了凸显学生中心，促进有效课堂教学的区域系统。围绕“人中人”这一道德目标，探讨了城镇化背景下，城市与农村可共享的有效行为标准。因此，此研究中的“过程”一方面为行为导向的，聚焦教学改进的过程性标准，另一方面呈现了以教学为核心的不同层级的标准建构。

二、以尊重多样性为前提的教育过程公平

传统的有效教学被界定为教师提高学生学习成绩的能力，这类研究旨在识别出可以获得好的教育结果的教学过程。例如，教师的动作与行为如何导致学生的好成绩。[①] 然而在城镇化背景下，学生的文化、家庭背景等层次性日趋丰富的时候，有效教学抑或高质量教师不能再简化为“行为—结果”维度，或持简单的“有用即合理”的功能主义观，而是要求教师在教学时充分回应学生的多元性，故教学的伦理维度尤为重要。

美国20世纪90年代末，随着非裔教师数量的减少，欧裔美国教师对“文化多样性”的担忧和种族问题的淡然，导致学界提出为21世纪培养“多元文化”教师的倡议，指出教师需要批判性文化意识、具有多元文化教育的知识和能力等。[②] 事实上，教师对学生多元性的关注不仅是应对种族平等的现实需要，还出于教育质量的本身诉求；不仅体现在多元文化、多种族人群共存的空

---

① Good, T. L. et al. Effective teaching: A emerging synthesis. In J. Saha & A. G. Dwokin (Eds.), International Handbook of Research on Teachers and Teaching[M]. New York: Springer, 2009: 803 - 816.

② Gay, G. & Howard, T. Multicultural teacher education for the 21st century[J]. The Teacher Educator, 2000, 36(1): 1 - 16.

间背景下,还体现在人口广泛或频繁流动的区域中。教师对学生多元性的关注,实为教育质量的核心内涵——公平性的体现。随着教育资源的统筹力度加强,学校建设的标准化程度提高,教育法制化程度的提高,学生的入学机会公平和在校硬件资源基本得以保障。然而微观层面的过程公平,难以通过一纸规约或管理措施实现,需要教师的教学知识、能力和伦理予以保障。教学的过程公平表现在教师根据具体的情境和学生类型进行教学设计,根据学生的表现给予即时性反馈,根据学生的文化背景、心理条件、学术水平等因材施教。这一实质性的公平早已写在各国的教师专业标准中,在城镇化的背景下则显得更为迫切。当教师在教学中关注学生的多样性时,教育的"回应性""反思性""相关性"均在不同程度上得以实现。

此外,ICT 在教育中的应用,也有助于实现教育的过程公平。英国 Ofsted 发布的《学校中的 ICT：2008—2011》督导报告中指出,具有特殊需求或残疾儿童在 ICT 课堂中得到良好的支持,他们可以充分利用学校和家里的 ICT 设备,这使得他们中的大多数人能够跟得上学校同龄人的学习。因此,ICT 不仅是 21 世纪重要的能力组成,还是促进 21 世纪教育过程公平的重要工具。

对学生多元性的关注,不仅是对教师的要求,也是对校长、区教育行政人员的要求。在城镇化背景下,人口的急速流动不仅考验着教师应对多类学生时的教学能力,也考验着校长如何在变动不居的环境下营造友善的学习氛围,将学校办成适宜多类学生发展的学习社群。同时,区域教育行政人员在人事配置、教学业务指导中,也要回应这种多元性的存在。尤其师资队伍出现学科结构配置不合理的局面时,区域层面的教育行政人员应做出积极的调整。甚至由国家实施系统干预。例如,英国在《你的孩子,你的学校,我们的未来：建立 21 世纪的学校体系》的白皮书中重申政府干预的重要性及其内在干预措施的一致性。他们通过检视"国家挑战"计划,发现支持地方教育行政部门,帮助薄弱学校改进是提升教育质量的有效策略。在新的计划中提出系统的干预,认为对表现不良的教育行政部门进行干预同样重要。中国的区县作为教育政策实施的基层单位,有一定的自主空间部署师资力量,但是"城市主导"的价值和生活方式,导致农村教师外流,乡村在招聘、储备、发展优秀教师方面显示出想"先天不足"的状态。这就需要国家层面的积极干预,动态调整。英美国家奉行“积极差别对待”原则实施的“不利区域改革”“薄弱学校改进”“弱势群体干预”已从早期的“教育输入公平”走向“教育过程公平”，强调其内在机制的建设，教育人员的发展。其中的核心是聚焦教育教学发生的过程，为教师回应学生的多元性提供制度、技术、能力的专业支持。这也是对联合国教科文组织《反思教育》中提倡的“人文主义”价值的回应。

本书中有关区域教学领导力、学校教学领导力、课堂有效教学的实证研究均借鉴了国外的理论框架，并通过工具调整、田野调查、访谈补充了本土内涵。区域教学领导力的研究汲取理论框架中的“价值”区分，数据的搜集和处理以“扎根”为主；学校教学领导力修正了美国教学领导力和学校氛围的量表，通过田野调查解释量化数据中“意料之外”的发现；课堂教学采纳了英国“有效课堂实践”项目的研究框架，但在工具设计中立足于中国教师“备课—上课—评价—反思”的现实脉络。由此得出的促进教师发展的层级性标准适用于中国各个区县。皆因这套标准在价值上旨在构建学生中心，过程公平的教育质量；在操作上以教育基层为执行单位，提供符合中国城乡语境的教育行动参考。

第二节　影响教育变革的空间特征

富兰曾指出，影响教育变革实施的因素基本可分为三类：变革特征，地方特征，环境特征。其中变革特征包含变革的需求、清晰度、复杂性、实用性；地方特征包含学区、社区、校长、教师等诸多因素；环境特征主要指变革的发起者，如政府或相关机构。[①] 当变革的主体是政府，且采取行政推动的方式大面积铺开时，变革伊始可能就会遭遇“质量”的瓶颈，因最初决策与变革启动之间的时间间隔太短，无暇顾及全方位的质量。富兰提出，“为了实现大规模的改革，你不可能依赖人的能力在较短的时间内发起实质性的变革，因此需要用高质量的教学材料和培训材料……通过提供优质材料并建立压力和支持之间的高度相互作用的机制，可以走得更远更深”。[②] 此处强调了教育变革中能力型

① 迈克尔·富兰.教育变革新意义[M].赵中建，等译.北京：教育科学出版社，2005：77－83.
② 迈克尔·富兰.变革的力量——深度变革[M].北京：教育科学出版社，2004：53.

与权威型政策工具的重要性,以及时间的积淀。本研究在此基础上,进一步提出“空间”这一影响教育变革和教育质量的重要因素。

一、中国教育变革的多重空间

我国城镇化进程中,教育是社会结构和功能的有效组成部分,受各地经济、观念等影响,被区分出若干空间形态。这种空间形态超越了单纯的地理区分,在本研究中呈现出三类形态。

首先,是建立在经济基础之上,与区域发展形态相融合的教育“新空间”。通过第四章、第五章、第六章的教育背景分析,发现直辖市、地级市、县级市三类空间的经济基础、产业结构、教育形态均有所不同。事实上,上海的教研系统是迄今为止发展得最为完备的区域之一,基本上做到了全学科全学段全覆盖。教研员成为上海推动课程改革的重要参与者。一旦出现新的课程门类,教研室即会配备该学科或课程的教研员。其他省市在教研员的配备上,难及上海的普遍化程度,有的地区只能保障传统主流学科的教研员,有的地区在县级以下鲜少存有专职教研员。因此,教研员的存在一定程度上反映了区域对整体性推进课程教学变革的重视与系统化建设程度。从这一角度而言,上海在区域层面的教学质量保障的系统化和专业化程度相对较高。依循哈维的空间“有其内部转型和构建的自身法则的一种独立结构”,其他地区进行区域教学治理时,有可能表现出上海学科教研的“层级式”[①]发展,即根据已有资源情况和教育变革的要求,在教学质量保障人员的配置上呈现出阶段性的发展趋势。郑州市作为工业城市和人口大市,教师的教学样态在城乡之间有明显的差别。复制型教师多出现在农村、城郊接合部。这是我国中部多数工业城市在发展教育过程中面临的问题。城镇化加剧了人口大市内部区域的层级分

① 教研室的职能细化,学科、学段教研员的配置与教育发展程度密切相关。通常而言,教育系统内部最先出现的是对语文、数学这类学科的教学研究,在学段上,最先成熟起来的是小学。上海市教研机构的出现与四个区试行“小教研究组”有关,在20世纪50年代,这些教研组的成员只有3—5人。因此,一开始的教研机构并不是一个学科、学段配置齐全的业务指导机构。上海市一级的音乐、美术教研员是在20世纪90年代逐渐补充进来的。拓展、探究等与新课程改革有关的学科,课程教研员则在21世纪初配置。因此,上海教研员的“层级式”发展特指先发展考试学科,再发展非考试学科教研员;先完善已有课程,再配置新课程教研员的做法。

化。城乡结合地带成为潜在的多样人口聚集带，教育公共资源配置不足，乡村教师专业支持不足，造成农村教育发展“人力资源不足”的困境。海门作为地处长三角的县级市，经济发展水平较高，教育资源相对充足，“新教育”思潮借行政力量得以推动，进一步带动了专业资源的配置，校长的领导力建设促进了教育质量的提升，但城镇化进程中农村百年老校面临的发展困境在此区域得以凸显，这反映了学校改进固然与校长的领导作为有关，也与区域资源调整、人口流动等外部因素相关。所以，三类城市有其自身的教育生态及问题脉络。每一个案例中蕴含了城镇化背景下的一种空间类型，对地区教学治理、学校教学发展、课堂教学变革均有启发。

其次，受考试文化的影响，学科被等级化。我国“主科”“副科”的学科分类一直作为常识存在。在通常的教育质量保障系统中，通过教育督导检查课程是否开全、开齐，以纠正学校育人中存在的偏科问题。然而这一机制并不能从根本上保障“全人”教育的实现，症结在于“开全”不等于“开好”。因为考试的高利益性，导致区域、学校对非考试学科的专业支持薄弱。处于“副科”或非考试学科的教师队伍、学科建设不够稳定、系统。

最后，受地理位置的影响，学校被重新“序列化”。目前中国城镇化的巨大引擎依旧是工业化。各城市的经济开发区、产业园区、工业园区等相较于农业为主的传统乡镇，在经济发展、资源聚集、人才引进上有更多的机会。而地处偏僻的乡镇则可能面临文化上移、人才流失等窘境。故此，原先农村学校的序列被重新调整，在传统乡村社会文化传承与输出中占据重要地位的农村中心校遭遇发展的瓶颈。

上述三类空间形态可能以叠加的形式出现在某一个区域内部，加剧了教育质量保障的复杂性。换言之“因地制宜”地发展教育，意味着不仅要考虑该区域的经济水平、文化传统，还要充分考虑产业结构类型、专业资源配置、学校地理环境等。

二、城镇化背景下的专业资源与生成策略

上述的空间结构是否会促进或约束教育者的行动，取决于个体的感知。

如拓展课程教研员意识到自己属于“边缘学科”时,要么通过“自我说服”合理化课程的处境,保障这门学科的基本运作;要么采取积极的人际交往策略,通过校长稳定这门学科的师资。农村校长在提升办学质量时,要么习惯性地认为“农村教师追求不高”,学校课程质量上不去;要么通过各种活动主动引进外部资源,建设教师队伍。所以,处于同一空间下的能动者,对空间的感知不同,重塑空间的意愿、所产生的行为也各不相同。本书第五章提出我国校长领导力的重要组成因素——“情境智慧”,即能够洞悉结构的制约因素与促进因素,以此制定学校发展规划,形成学校发展事项的优先次序,适用于所有的教育改革行动者。尤其在城镇化进程中,面对城乡专业资源的不均衡,如何调动情境智慧,制定合理的发展规划,显得格外重要。不可否认,在中国社会与文化脉络中,“人际策略”一直作为互动路径之一,用于资源的调配与转换。然而机制的健全不应以“个人社会资本”的运作为主,而有赖于促进专业资源再生产的组织架构。

如何促进城镇化背景下专业资源均衡配置?目前各国盛行的“补偿性政策”并未表现出预期的效果,城乡的差距依然存在。如美国的“力争上游”政策对农村的影响甚小,而学校改进津贴虽然旨在扶助贫困地区的不利学校,但是既定的“转向、重整、关闭、变革”的模型在落地过程中显示出水土不服。约翰逊(J. Johnson)和豪利(C. B. Howley)提出农村教育政策要因地适宜,避免使用通用的教育真理冠名轰轰烈烈的变革,对于各项资源的使用要谨慎节俭(frugal),而不是雄心勃勃的创新(entrepreneurial)。① 中国农村教育对资源的审时度势,优化配置显得更为重要。目前,若干交流机制(如教师轮岗、校长轮岗、学校联盟)在运用得当的前提下,可望减弱城乡之间的差距。但更为重要的是,为农村培育自己的专业资源,找到其内在稳定生长之道。已有研究指出,为农村小型学校留住教师的举措包括:建立提供支持、促进合作的实践共同体,为新教师提供真实辅导,投资有质量的教师专业发展活动,做好教师征募的预算,建立清晰的招募计划,为不同教师提供不同的激励,善用诸如公共关系类的市场策略,提供新教师入职计划等。② 这些策略反映了一个现实:专

① Johnson, J. & Howley, C. B. Contemporary federal education policy and rural schools: A critical policy analysis [J]. Peabody Journal of Education, 2015,90(2): 224-241.

② Lowe, J. M. Rural Education: Attracting and retaining teachers in small schools[J]. The Rural Educator, 2006, 27(Winter): 28-31.

业资源不足的地区需基于本土现实做好资源引进和能量建设工作，但更重要的是建立长效机制，维持专业资源的再生产。

本书第六章、第七章的研究结果均说明，农村的师资队伍建设是未来教育质量提升的核心环节，孕育农村教师发展机制是其出路。第五章的研究指出城市教育的学科资源不均的问题也需重点关注，应弱化工具理性，重申人文主义。区域、学校需合力缓解高利益考试对学科资源配置的影响，给予各科教师同等的发展机会，给予新学科教师更多的专业支持，保障教师学科任教的稳定性。

诚如本书开篇所提及的，教育质量的理解、教育质量保障的举措有其时代因素。从前工业社会进入工业社会，再到信息社会，教育质量的内涵经历了由“本质主义”向“建构主义”转变的历程。中国的城镇化同时渗透着工业化与信息化，教育管理者、消费者对教育质量的理解倾向于“预定目标”和“关键属性”的界定。但中国教育并没有明显地表现出西方工业化生产后期浮现的“绩效管理”与“核数文化”，然而城乡二元的社会结构和“学而优则仕”的文化传统，导致中国教育中的功利因素和工具理性依然存在。也正因为此，教育空间中渗透着“地理”“学科”“教育发展程度”的复杂分层。人口的“向城”流动可能加剧这一空间的再生产。所以，建设乡村，提升乡村生活品质，让教师成为令人羡慕的职业，促进农村学校的专业资源建设是重塑新空间的希望所在。

第三节　教师发展与区域教育质量提升

“教育先行”几乎成为每个国家发展国力，提升经济水平的重要战略。然而各国的政治制度、文化传统不一，演绎出不同的教育发展之路。在前文所比较的四个国家中，巴西和韩国虽然保持了80%以上的城镇化率，但是内部生态迥异，政府、社会对教育的政策促进、资源配置各不相同。1960年韩国的人口为2 250万，在校学生总数为451.61万，占总人口的17.7%。同年，巴西总人口7 000万，在校学生总数为87.28万，占总人口的1.25%。[①] 虽然两国的人力资

① 张宝宇.巴西教育问题：发展经济学视角的国际比较[J].拉丁美洲研究，1998(5)：39－42.

源储备不一，但在后续的20年里都经历了经济的快速发展。20世纪80年代中期之后，两国在经济发展、综合国力方面的差异日益显著。其中很重要的一个原因在于，韩国基于产业结构调整人才发展战略，但巴西过度发展高等教育，忽略了工业发展过程中的人才需求。此外，韩国在东亚文化圈中向来有注重教育的传统，国家与市民社会举其之力投资教育。韩国在城镇化的进程中，政府主导意识强烈，坚持人才储备与科技研发对工业发展的支撑。而巴西经历了政界的动荡，经济的衰退后，教育的投入和效能一直不高。21世纪初，PISA的结果显示韩国与巴西在学生学业成就上存在明显的差距。这固然说明了国家对教育重视与支持程度的不同导致教育的外显结果不一，但也反映了城镇化背景下政治格局与社会治理路径的差异对教育有重要影响。

一、共融、多样的城乡生活

由政府主导的城镇化虽然在一定程度上避免了资本自由运作带来的公共管理的压力与公共服务的低效，却存在着分配城市价值、分割社会结构的潜在忧患。当中国的“城市”被塑造为更好的生活方式时，农村的“空心化”，农村与城市的“等级化”随之出现。而指向农村的各种教育补偿政策在此环境中常常“治标不治本”。自然，也难以出现英国“逆城市化”和美国“郊区化”时期的“返乡”举动。因此，21世纪教育质量的提升应建立在“美美与共，共融互补”的城乡生活基础之上。

成功的可持续的城镇化取决于城镇与农村的关系。[①] 在城市激增的过程中，如何审慎地对待农村社会的价值，实现生活方式的共融，在人口流动过程中为人力资本的增值提供助力，是重要的问题。我国的城镇化表现出政府主导、大都市区先行、区域发展多样化的内涵和取向。在此过程中，大都市如何处理与周边区域的关系，在尊重区域内部多样性的前提下，如何缓解区域公共服务发展不均衡？首先需要加强城市规划的整体意识。在综合规划中，教育服务及其公共设施配套应是其重要的组成部分。尤其在城市群的建设过程

① Molnar, M. Urbanization and rural development[R]. Bulletin of the Szent Istvan University, 2008: 250 - 256.

中，建设“共享机制”和“联结机制”，将城市及周边区域建设为“共存”的生态，而非资源不均的等级空间。其次，应防止“城市文化优先”的价值观塑造。正如“场域批判教育学”所提倡的，“当我们谈论学习的目的与实践时，让我们所处的地方成为一个富有文化、政治、经济和生态动力的场域”。[①] 也就是说，需要反思我们追寻的教育与浸润着本土丰富性的地域之间关系。将农村与城镇看作连续体上发展的不同样态，而非赋予发展的等级评价。以此塑造共融、多样的城镇生活，让教育成为本土文化的发掘者与传承者，赋予人群归属感，形成具有人文生态的社群。

二、基于教师发展的教育质量提升

城镇化背景下，教育的内在空间不断被重塑，导致影响教育质量的因素变得多元，且有叠加生成新因素的趋势。城市多样、共融生活理念的养育需要教育助力。根据“过程”质量观，教研员、校长、教师等在教育质量提升的过程中扮演着重要的角色。对三个群体的研究均揭示教育现状的改变，需要多个部门的合力共治，以及外部环境、文化的改良。

城镇化进程中，人口的迅速流动，有倾向性的区域选择促使我们思考需要为社会转型中的公民提供何种教育。这一反思不仅体现在教师的课堂教学层面，即如何处理班级内部日益增多的学生多元性；还体现在学校层面，如何培育学校具有关联性和包容性的氛围；并在区域层面为流动人员的教育提供制度支持和保障。

本研究结合三个不同层级、不同教育主体行动的研究，得出基于教师发展的区域教育质量标准（如图7－1所示）。每一层级的生成途径、治理策略已在第四、五、六章中详述，此处不再赘述。

研究根据实地调研结果对部分内涵重新作了修订（见表7－1），如校长的领导力中综合了质化研究的“情境智慧”，而且将原先聚焦“学业”的部分题项修订为教学改进，更贴近教师工作的直接目标。鉴于校长领导力中的“激励”

① Gruenewald, D. A. The best of both worlds: A critical pedagogy of place[J]. Environmental Education Research, 2008, 14(3): 308－324.

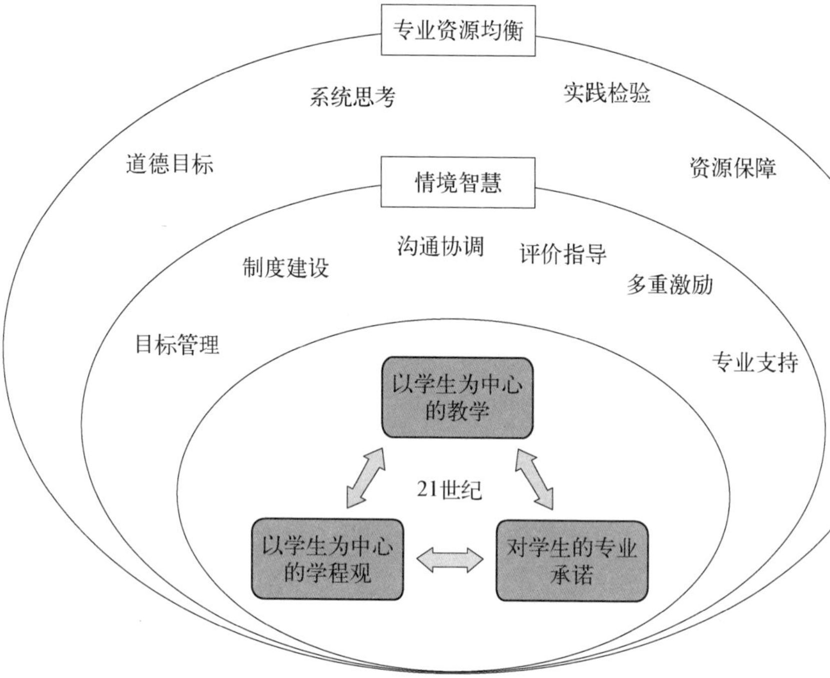

图 7－1　基于教师发展的区域教育质量标准

选项中结果导向明显，存有潜在的“教师分层”，不利于教师内化学校发展目标，故根据质化研究结果改变了其表达方式。此外，将创生型教师的六点特征根据问卷题项还原为“教学投入”与“课程理解”两个维度，贯穿教师备课—上课—评价—反思的操作流程。

表 7－1　基于教师发展的区域教育质量标准内涵

层　级	结构与维度	可　选　行　动　指　标
区域（教学领导）	道德目标	学生发展（“学生有所得”）
		尊重教师发展规律（课堂实践为重）
	系统思考	配对比较
		大声思维
		变式练习
		主题引领

续 表

层 级	结构与维度	可 选 行 动 指 标
区域（教学领导）	实践检验	根据课堂实际情况调整教学设计
		基于学生的反馈修改教学设计
	资源保障	学科资源均衡
		师资队伍稳定
学校（校长领导）	情境智慧	学校发展定位清晰
		学校发展中善于资源调配
	目标管理	提出的学校教学发展目标易于教师转换为课堂教学目标
		为改进教学设置具体的实现时间
		通过会议，明确教师在改进教学方面的责任
		通过需求评估或问卷获知教师在目标实现上需要的支持
		提出高于学校现有水平的教学目标
	沟 通	就学校教学发展目标主动咨询教师
		开放建言途径，让教师参与学校发展目标的制定
		在政策或理念执行中，与教师交流学校的教学发展目标
	协 调	确保特色课程的目标与常规课堂教学的目标是相融的
		确保学校的教学发展目标以特定的形式呈现在教师的日常教学中
		积极参与到教学评估或课程材料的选择
		进行课程决策时引用学生的评估结果
		明确教学管理人员的责任
	评 价	与教师讨论学生的学业进步
		与教师分析教育质量，区分教学中的优点与不足
		利用校本测验去评估学校教学目标的进展
	激 励	了解教师的发展需求，并为所有教师创造成功的机会
		认可教师的努力
		公开表扬教师的优秀表现
	专业支持	支持教师在职培训期间获得的能力应用到教学中或分享给同事
		定期向教师分发期刊文章
		为所有教师组织校本专业发展活动
		安排外来专家做有关教学发展的报告

续 表

层 级	结构与维度	可 选 行 动 指 标
课堂（教师）	教学投入	根据学生情况选择教学资源
		参照课程标准和教学参考书处理教材
		围绕学生的错误率命题
		给予学生个别化的反馈
		围绕课堂表现进行教学反思
	课程理解	教师即课程研究者
		注重知识之间的联系
		通过多种方式（如案例、故事、推演）让学生理解相关内容
		强调学习方法与技巧
		考试的目的在于诊断学生的学习
		强调学科的思维、思考习惯、态度

值得注意的是，虽然所有的指标是理论与扎根分析的合成品，然而具体到每一区域内部，情境不一时，导致的能动者行为策略有所不同。重要的是其结构与维度，行动指标仅为可选项。这套标准的特征与局限之处如下。

首先，道德目标贯通于区域、学校、课堂三个层面，具有一致性。在区域层面，道德目标体现在对学生多元发展的关注，不以考试为唯一的衡量标准。如今各地的教育质量监测中，已经开始尝试多维度测量学生的发展，如上海的绿色指标。在学校层面，校长尚需对区域的目标进行审视、判断，故强调校长的情境智慧，意指校长结合本土资源提炼适合本校学生的发展目标。在课堂层面，教师需进一步对此目标作出阐释，具体表现为“以学生为中心的教学”“以学生为中心的学程观”“对学生的专业承诺”。三级目标的价值均为培养“人中人”的21世纪公民服务，令其享受共融、多样的城镇生活。

其次，不同层级的行为标准细化程度不一。因观测视角、研究方法的不同，得出的标准“可操作化”的程度也不同。由于教研员促进教师发展的行为标准是通过质化数据扎根形成，所以“系统思考”“实践检验”“资源保障”回到其“事件”脉络时，又能产生具体的行为标准。如优秀教研员“对一节好课”的认识，在“教学设计”中采用的“配对比较”“大声思维”等行动，这些行为又反衬了其在“工具设计”“数据管理”“服务引领”“网络建设”的合作价值导向。校长领导力和教师教学投入均是在中国现实情况的基础上，调试原有量表，进行数据的搜集与分析。教师的教学投入的行为样本则以创生型教师为准。

最后，也正是因为在三个不同层级的城市开展针对不同教育主体的调查研究，缺乏类似区域的平行比较。因此，此标准在后期还有进一步探索的空间。此处呈现的质量标准只是选择了三个城市中的三类典型人群，分析三个层面促进教师提升的有效行为，最终呈现为一个理想的标准框架。

整个研究以城镇化背景下的结构多样性为出发点，充分关注不同教育行动者在其中的能动行为，提出了“空间意识”“情境智慧”的概念。研究结果也表明，教育能动者能够带来空间资源的重新部署，在互动中形塑新的空间结构。对早期城市教育研究的视角具有一定的启发。早期对城镇化问题的探寻，其理论依据主要为功能论、系统论或冲突论。如英美国家内城区的学校危机，既可视作“系统功能障碍”视角下的学校管理与运行失败的结果，也可视作“冲突论”视角下的有着不同“阶层、种族、宗教、性别”的利益群体的斗争结果，还可视作社会结构与经济结构的矛盾所在。① 诚然，教育作为社会子系统的一部分，受到产业结构转型、人口流动、利益集团协商等的影响。教育质量、教育目标的表述中蕴含着语言修辞。回到教育质量的七个维度，作为其核心属性的“公平”，意指教育在促进社会公正中所起到的作用。换言之，教育不仅受社会环境的影响，也是调节社会结构的有力杠杆。“教育先行”不仅是为国家科技发展、产业转型等提供优质人力资本，更重要的是改变人文环境，提高文明程度。城镇化的终极目的也是促进文明生活的共融，实现人的发展，教育应在其中有所作为。兴国必先兴师，教师是教育发展的第一资源。为未来社会培养胜任课堂的教师，有赖于多层级主体的共同努力。

---

① Grace, G. Urban education theory revisited: From the urban question to end of Millennium. In W. T. Pink & G. W. Noblit (Eds.), International handbook of urban education[M]. Netherlands: Springer, 2007: 959-978.

参考文献

一、中文类

爱德华・W.苏贾.后现代地理学——重申批判社会理论中的空间[M].王文斌,译.北京:商务印书馆,2007.

艾宏歌.当代韩国教育政策与改革动向[M].北京:社会科学文献出版社,2011.

埃文斯.质量管理与质量控制[M].焦叔斌,主译.北京:中国人民大学出版社,2010.

安迪・格林.教育与国家形成:英、法、美教育体系起源之比较[M].王春华,等译.北京:教育科学出版社,2004.

奥格本.社会变迁——关于文化和先天的本质[M].王晓毅,陈育国,译.杭州:浙江人民出版社,1989.

陈桂生.普通教育学纲要[M].上海:华东师范大学出版社,2009.

陈映芳.都市大开发——空间生产的政治社会学[M].上海:上海古籍出版社,2009.

陈映芳.传统中国再认识——乡土中国、城镇中国及城乡关系[J].开放时代,2007(6):95-104.

程红艳.教育公平与教育质量关系之辩[J].南京社会科学,2014(11):116-123.

程凤春,卫喆.再论教育质量及其衡量标准——基于ISO9000族标准的分析[J].教育研究,2012(6):56-60.

大卫・哈维.希望的空间[M].胡大平,译.南京:南京大学出版社,2005.

大卫・哈维.后现代的状况:对文化变迁之缘起的探究[M].阎嘉,译.北京:商务印书馆,2013.

德雷克・格利高里,约翰・厄里.社会关系与空间结构[M].谢礼圣,吕增奎,等译.北京:北京师范大学出版社,2011.

冯大鸣.我国城市化进程给城市教育带来的深层挑战及应对策略——基于城市化先行国家正反经验的分析[J].上海教育科研,2012(10):11-14.

冯大鸣,赵中建.美国学区管理体制改革的第三里程[J].教育发展研究,2004(4):36-39.

格莱泽.城市的胜利[M].刘润泉,译.上海:上海社会科学院出版社,2012.

顾朝林,赵民,张京祥.省域城镇化战略规划研究[M].南京:东南大学出版社,2012.

辜胜阻，刘传江.人口流动与农村城镇化战略管理[M].武汉：华中理工大学出版社，2000.

韩春花，孙启林.韩国农村小规模学校合并政策实施效果及对策研究[J].外国教育研究，2010(11)：10－15.

何克抗，赵兴荣.美国义务教育均衡发展的政策与措施[J].基础教育参考，2010(4)：18－20.

何伟强.英国教育战略研究[M].杭州：浙江教育出版社，2014.

黄志成.巴西教育[M].长春：吉林教育出版社，2000.

黄志成，郑太年，徐辉富.巴西初等教育的改革[J].外国教育资料，1997(2)：35－42.

霍华德.明日的田园城市[M].金经元，译.北京：商务印书馆，2014.

J.墨菲，E.戈德林，S.艾略特，X.克雷文斯，A.波特.范德堡教育领导力评估：以学习为中心的评估方式[J].华东师范大学学报(教育科学版)，2011，29(1)：1－10.

靳玉乐，赵永勤.校本课程发展背景下的课程领导：理念与策略[J].课程·教材·教法，2004，24(2)：8－12.

经济合作与发展组织.教育概览2011：OECD标准[M].中央教育科学研究所，译.北京：教育科学出版社，2012.

雷万鹏.新生代农民工子女教育调查与思考[J].华中师范大学学报(人文社会科学版)，2013，52(5)：139－146.

雷万鹏.家庭教育需求的差异化与学校布局调整政策转型[J].华中师范大学学报(人文社会科学版)，2012，51(6)：147－152.

李超平，时勘.变革型领导的结构与测量[J].心理学报，2005，37(6)：803－811.

李凌艳，郭思文.我国基础教育质量环境系统监测的若干思考[J].教育研究，2014(11)：119－125.

李敏，代蕊华.国外中学校长领导力提升策略及其启示[J].教师教育研究，2012(9)：67－70.

李培林.村落的终结——羊城村的故事[M].北京：商务印书馆，2010.

李天健，侯景新.城市经济学发展五十年：综合性回顾[J].国外社会科学，2015(3)：39－50.

李跃雪，邬志辉.特岗教师视角下特岗计划实施效果的调查研究——以静乐县和东乡县为例[J].教师教育研究，2014(7)：52－57.

列斐伏尔.空间与政治[M].李春，译.上海：上海人民出版社，2015.

陆铭.空间的力量：地理、政治与城市发展[M].上海：格致出版社,2013.

陆巍戍.大都市空间中的“人才”：上海新学历新移民的居住选择与职业机会[M]//陈映芳,水内俊雄,邓永成,黄丽玲.直面当代城市：问题及方法.上海：上海古籍出版社,2011.

刘洁,王宇成,苏杨.中国人口分布合理性研究——基于发展方式角度[J].人口研究,2011(1)：14－28.

刘利民.城镇化背景下的农村义务教育[J].求是,2012,(23)：55－57.

刘静玉,孙芳,杨新新,崔祥,刘士锐.河南省城镇化质量的区际比较及区域差异研究[J].河南大学学报(自然科学版),2013,43(3)：271－278.

刘士林.关于我国城镇化问题的若干思考[J].学术界,2013(3)：5－13.

刘世清.论城镇化进程中农村基础教育的问题与政策建议[J].教育科学,2005(3)：21－24.

罗伯特·K.殷.案例研究：设计与方法[M].周海涛,李永贤,李虔,译.重庆：重庆大学出版社,2010.

迈克尔·富兰.教育变革新意义[M].赵中建,等译.北京：教育科学出版社,2005.

迈克尔·富兰.变革的力量——深度变革[M].北京：教育科学出版社,2004.

钱纳里,等.发展的型式：1950—1970[M].李新华,等译.北京：中国财政经济出版社,1989.

Shin-Bok Kim.韩国教育模式的变革与发展[J].教育发展研究,2005(10)：29－34.

塞缪尔·P.亨廷顿.变化社会中的政治秩序[M].王冠华,等译.北京：三联书店,1989.

舍恩.反映的实践者——专业工作者如何在行动中思考[M].夏林清,译.北京：教育科学出版社,2007.

沈伟.中国大陆教研员的制度演变与身份建构[M].北京：教育科学出版社,2014.

沈伟,侯晓丽,潘丽芳.从技术素养到知识创造：韩国教师 ICT 能力的培养[J].中国电化教育,2018(9)：92－98.

沈伟,卢乃桂.问责背景下的教育质量：何为与为何[J].全球教育展望,2011(2)：56－61.

孙启林,金香花.韩国教育督导制度及其特点评析[J].外国教育研究,2007(7)：1－5.

宋金平,李香芹.美国的城市化历程及对我国的启示[J].城市问题,2006(1)：88－93.

田志磊,周娟.巴西基础教育发展基金会述评[J].世界教育信息,2014(23)：44－49.

万秀兰.巴西教育战略研究[M].杭州：浙江教育出版社,2014.

王桂新.城市化的基本理论与中国城市化的问题及对策[J].人口研究,2013(11)：

43－51.

王磊，胡中锋.教育管理：三个聚焦点——“改革开放以来教育管理发展的回顾与展望国际学术研讨会”综述[J].中小学管理，2010(5)：27－29.

韦恩·厄本，杰宁斯·瓦格纳.美国教育：一部档案历史[M].周晟，谢爱磊，译.北京：中国人民大学出版社，2009.

邬志辉，史宁中.农村学校布局调整的十年走势与政策议题[J].教育研究，2011(7)：22－30.

吴国平，武小琦.巴西城市化进程及其启示[J].拉丁美洲研究，2014(2)：9－16.

吴康宁.教育改革成功的基础[J].教育研究，2012(1)：24－31.

吴清山，黄美芳，徐纬平.教育绩效责任研究[M].台北：高等教育出版社，2002.

吴瑞君，曾明星.人口迁移流动对城乡社会发展的影响[J].人民论坛，2013(11)：10－12.

吴元波.上海城市郊区化现状、问题与发展模式研究[M].上海：立信会计出版社，2011.

吴瑛，李益众.上海市柳营路小学探索“适应性教育”侧记[N].教育导报，2012－05－10，(4).

薛二勇.教育公平与公共政策：促进公平的美国教育政策研究[M].北京：北京师范大学出版社，2015.

夏雪梅.四十年来西方教师课程实施程度研究的回顾与评论[J].全球教育展望，2010(1)：21－26.

熊春文.再论“文字上移”：对农村学校布局调整的近期观察[J].中国农业大学学报(社会科学版)，2012，29(4)：22－36.

熊易寒.城市化的孩子：农民工子女的身份生产与政治社会化[M].上海：上海人民教育出版社，2010.

雅各布斯.美国大城市的死与生[M].金衡山，译.南京：译林出版社，2014.

闫温乐.自信与自省：谈上海PISA再夺冠——PISA项目负责人、上海师范大学校长张民选教授专访[J].外国中小学教育，2014(1)：2－7.

杨东平.培养合格的公民：重新理解教育目标[N].中国青年报，2013－4－16，(2).

阳锡叶，田亚君.教材城市化困扰农村学生[N].中国教育报，2015－04－14，(1).

袁振国，苏红.教育质量国家标准及其制定[J].教育研究，2013(6)：4－16.

尹后庆.见证变革——站在上海基础教育转折点上[M].上海：上海教育出版社，2014.

英克尔斯，史密斯.从传统人到现代人——六个发展中国家的个人变化[M].顾昕，译.北京：中国人民大学出版社，1992.

复旦大学韩国研究中心.韩国研究二十年（文化卷）[M].北京：社会科学文献出版社，2012.

张宝宇.巴西教育问题：发展经济学的视角[J].拉丁美洲研究，1998（5）：39－43.

张鸿雁.中国新型城镇化理论与实践创新[J].社会学研究，2013（3）：1－14.

张鸿雁.中国城市化进程中的社会“解构”与“结构”——新城市社会学的视角[J].社会科学，2012（10）：77－87.

张鸿雁.中国城市化理论的反思与重构[J].城市问题，2010（12）：2－8.

张鸿雁.论当代中国城乡多梯度社会文化类型与社会结构变迁——依据“社会事实”对“二元结构”的重新认识[J].社会学研究，2007（11）：74－80.

张鸿雁.“大上海国际化都市圈”的整合与构建——中国长三角城市群差序化格局创新研究[J].社会科学，2005（5）：4－13.

张爽.校长领导力：背景、内涵及实践[J].中国教育学刊，2007（9）：42－47.

章渭基，秦士嘉，韩之俊，冯祥源.质量控制[M].北京：科学出版社，1988.

郑太年.美国教育的基础性制度和发展战略的嬗变[J].教育发展研究，2018（11）：18－26.

中央教育科学研究所国际比较教育研究中心.中国教育竞争力报告2010[M].北京：教育科学出版社，2011.

中国社会科学院语言研究所词典编辑室.现代汉语词典[M].北京：商务印书馆，1996.

钟启泉.中国课程改革：挑战与反思[J].比较教育研究，2005（12）：18－23.

周加来.城市化・城镇化・农村城市化・城乡一体化——城市化概念辨析[J].中国农村经济，2001（5）：40－44.

周世秀.90年代巴西教育的改革和发展[J].拉丁美洲研究，2000（3）：41－45.

朱永新.“新教育实验”的基本理论与实践探索[J].课程・教材・教法，2005（9）：18－24.

二、英文类

Abbott, A. What do cases do? Some notes on activity in sociological analysis. In C. C. Ragin & H. S. Becker (Eds.), What is a case? Exploring the foundation of social inquiry[M]. Cambridge: Cambridge University Press, 1992.

Adegbesan. Establishing quality assurance in Nigerian education system: Implication for educational managers[J]. Educational Research and Review, 2001, 6(2): 147-151.

Akiba, M., LeTendre, G. K., & Scribner, J. P. Teacher quality, opportunity gap, and national achievement in 46 countries[J]. Educational Researcher, 2007, 36(7): 369-387.

Anto′Nio No′ Voa & Yariv-Mashal. Comparative research in education: A mode of governance or a historical journey? [J]. Comparative Education, 2003, 39(4): 423-438.

Apple, M. W. Education, markets, and an audit culture[J]. Critical Quarterly, 2005, 47(12): 11-29.

Apple, M. W. Markets, standards, teaching, and teacher education[J]. Journal of Teacher Education, 2001, 52(3): 182-196.

Arretche, M. Paths of inequality in Brazil: A half-century of changes [M]. Gewerbestrasse: Springer International publishing AG, 2019.

ATE. The teacher educator standards[EB/OL]. http://www. ate1. org/pubs/uploads/materialstousel. pdf, 2016-12-20.

Azano, A. P., & Stewart, T. T. Exploring place and practicing justice: Preparing pre-service teachers for success in rural schools[J]. Journal of Research in Rural Education, 2013, 30(9): 1-12.

Batty, E. et al. ,The New Deal for Communities experience: A final assessment[R]. London: Queen's Printer and Controller of Her Majesty's Stationery Office, 2010.

Ball, S. J. The education debate[M]. Bristol: Policy Press, 2008.

Ball, S. J. The teacher's soul and the terrors of performativity[J]. Journal of Education Studies, 2003, 18(2): 215-228.

Barth, R. Improving schools from within San Francisco: Teachers, parents, and principals can make the difference[M]. San Francisco: Jossey-Bass, 1990.

Bell, L. Educational management: An agenda for the 1990s[J]. Educational Management and Administration, 1991, 19(3): 136-140.

Berry, B., & the Teacher Solutions 2030 Team. Teaching 2030: What we must do for our students and our public schools—Now and in the Future[R]. New York: Teachers College Press. 2011.

Blasé, J. & Blasé, J. Principals' instructional leadership and teacher development: Teachers' perspectives[J]. Educational Administration Quarterly, 1999, 35(3): 349-378.

Bomer, R., &Maloch, B. Diverse local literacies and standardizing policies[J]. Language Arts, 2012(90): 44 - 52.

Bush, T., From management to leadership: Semantic or meaningful change? [J]. Educational Management Administration Leadership, 2008, 36(2): 271 - 288.

Bush, T. Crisis or crossroads? The discipline of educational management in the Late 1990s[J]. Educational Management and Administration, 1999, 27(3): 239 - 252.

Burch, P., & Spillane, J. Leading from the middle: Mid-level district staff and instructional improvement[J]. Cross City Campaign for Urban School Reform, 2003, 41(2): 61 - 75.

Brazer, S. & Bauer, S. Preparing instructional leaders: A model [J]. Educational Administration Quarterly, 2013, 49(4): 645 - 684.

Castells, M. The urban question: A Marxist approach[M]. London: MIT Press, 1977.

Chapman, D. W., & Carrier, C. A. Improving educational quality: A global perspective[M]. Westport: Greenwood Press, 1990.

Chan K.-W. & Elliott, R. G. Relational analysis of personal epistemology and conceptions about teaching and learning[J]. Teaching and Teacher Education, 2004, 20(8): 817 - 831.

Cheng, Y. C. Quality assurance in education: Internal, interface and future[J]. Quality Assurance in Education, 2003,11(4), 202 - 213.

Childress, S., Elmore, R., & Grossman, A. How to manage urban school districts[J]. Harvard Business Review, 2006, 84(11): 55 - 68.

Choi, H. J. & Park, J.-H. An analysis of critical issues in Korean teacher evaluation systems[J]. Center for Educational Policy Studies Journal, 2016, 6(2): 151 - 171.

Collie, R. J., et al. Predicting teacher commitment: The impact of school climate and school-emotional learning[J]. Psychology in the Schools, 2011, 48(10): 1034 - 1048.

Collins, T. Attracting and retaining teachers in rural areas [EB/OL]. http://www.ericdigests. org/2000 - 4/rural. htm. 2014 - 10 - 12.

Cuttance, P. Quality assurance review as a catalyst for school improvement in Australia. In D. Hopkins (Eds.), The practice and theory of school improvement [M]. Netherlands: Springer, 2005.

D'Amico, L., Harwell, M., Stein, M. K., &Heuvel, J. Examing the implementation and effectiveness of a district-wide instructional improvement effort[C]. Paper presented at the

American Educational Research Association, Seattle, WA. 2001.

Darling-Hammond, L. Reshaping teaching policy, preparation and practice: Influences on the National Board for Teaching Professional Standards [R]. Washington: AACTE Publications, 1999.

Dede, C. Comparing frameworks for 21st century skills. In J. Barell & R. Brandt. eds. 21st century skills: Rethinking how students learn[M]. Bloomington: Solution Tree Press, 2010.

Department of Education. A blueprint for RESPECT[EB/OL]. http://www2.ed.gov/documents/respect/blueprint-for-respect.pdf, 2013-04-30.

Department of Education. Teachers' Standards [EB/OL]. https://www.gov.uk/government/publications/teachers-standards, 2011-06-01.

Department of Education, Science and Training. Teachers for the 21st century, Making the difference[EB/OL]. http://www.dest.gov.au/sectors/school_education/policy_initiatives_reviews/previous_reviews/teachers_for_the _21st_century.htm. 2010-12-05.

Demerouti, E., & Cropanzano, R. From thought to action: Employee work engagement and job performance. In A. B. Bakker & M. P. Leiter (Eds.), Work engagement: A handbook of essential theory and research[M]. London: Psychology Press, 2010.

Deussen, T., Coskie, T., Robinson, L., & Autio, E. Coach can mean many things: Five categories of literacy coaches in Reading First[R]. Washington, DC: U. S. Department of Education, Institute of Education Sciences, National Center for Education Evaluation and Regional Assistance, Regional Educational Laboratory Northwest, 2007.

Donehower, K., Hogg, C., & Schell, E. E. Rural literacies[M]. Carbondale: Southern Illinois University Press, 2007.

Donaldson, G. Teaching Scotland's future: Report of a review of teacher education in Scotland[R]. Edinburgh: The Scottish Government, 2011.

DSCF. Children's plan: Building brighter futures [R]. London: DCSF publications, 2007.

Ellett, C. & Teddlie, C. Teacher evaluation, teacher effectiveness and school effectiveness: Perspective from the USA [J]. Educational Assessment, Evaluation and Accountability, 2003, 17(1): 101-128.

Elmore, R., School reform from the inside out: Policy, practice, and performance[M]. Cambridge: Harvard Education Press, 2004.

European Communities. European report on the quality of school education: Sixteen quality indicators[R]. Luxembourg: Office for official publications of the European communities, 2000.

Fadokun, J. B. Educational assessment and quality assurance implication for principal instructional leadership roles[C]. Abuja: 31st Annual Conference of International Association for Educational Assessment, 2005.

Ferraz, C. Finan, F., & Moreira, D. B. Corrupting learning: Evidence from missing federal reducation funds in Brazil[J]. Journal of Public Economics, 2012(96): 712-726.

Floden, R. E., Porter, A. C., Alford, L. E., Freeman, D. J., Irwin, S., Schmidt, W. H., et al. Instructional leadership at the district level: A closer look at autonomy and control[J]. Educational Administration Quarterly, 1988, 24(2): 96-124.

Fullan, M. Systems thinkers in action: Moving beyond the standards plateau [R]. Nottingham: DfES publications, 2004.

Fullan, M. Curriculum implementation. In A. Lewy (Ed.), The international encyclopedia of curriculum[M]. Oxford & New York: Pergamon Press, 1991.

Gallucci, C., Van lare, D., Yoon, I. H., & Boatright, B. Instructional coaching: Building theory about the role and organizational support for professional learning[J]. American Educational Research Journal, 2010, 47(4): 919-963.

Gardiner, J. Transactional transformational, and transcendent leadership: Metaphors mapping the evolution of the theory and practice of governance [R]. Kravis Leadership Institute, Claremont McKenna College, 2006(6): 63-76.

Gay, G. & Howard, T. Multicultural teacher education for the 21st century[J]. The Teacher Educator, 2000, 36(1): 1-16.

Gibb, N. What is a good education in the 21st century? [EB/OL]https://www.gov.uk/government/speeches/what-is-a-good-education-in-the-21st-century. 2016-2-5.

Good, T. L., et al. Effective teaching: A emerging synthesis. In J. Saha, & A. G. Dwokin (Eds.), International handbook of research on teachers and teaching [M]. New York: Springer, 2009.

Gruenewald, D. A. The best of both worlds: A critical pedagogy of place [J]. Environmental Education Research, 2008, 14(3): 308-324.

Gurr, D. Diversity and progress in school accountability systems in Australia [J].

Educational Research and Policy Practice, 2007, 6(3): 165－186.

Han, J. L. Rapid urbanization and the aspiration and challenge of second-generation urban-rural migrants[J]. Chinese Education and Society, 2012, 45(1): 77－83.

Hallinger, P. Instructional leadership and the school principal: A passing fancy that refuses to fade away[J]. Leadership and Policy in Schools, 2005, 4(3): 221－239.

Hallinger, P. Leading educational change: Reflections on the practice of instructional and transformational leadership[J]. Cambridge Journal of Education, 2003, 33(3): 329－351.

Hallinger, P., & Heck, R. Reassessing the principal role in school effectiveness: A review of empirical research, 1980－1995[J]. Educational Administration Quarterly, 1996, 32(1): 5－44.

Hallinger, P., & Murphy, J. Assessing the instructional management behavior of principals [J]. The Elementary School Journal, 1985, 86(2): 217－247.

Hargreaves, A., & Shirley, D. The fourth way: The inspiring future for educational change[M]. Thousand Oaks, CA: Corwin Press, 2008.

Harvey, D. The urbanization of capital: Studies in the history and theory of capitalist urbanization[M]. Ann Arbor, MI: UMI Books, 1998.

Harvey, D. Social justice and the city[M]. Oxford: Blackwell publishers, 1973.

Harvey, L. & Green, D. Defining quality [J]. Assessment and Evaluation in Higher Education, 1993, 18(1): 9－34.

Harris, A., & Muijs, D. Improving schools in challenging contexts: Exploring the possible school effectiveness and school improvement [J]. School Effectiveness and School Improvement, 2006, 17(4): 409－425.

Harris, John, & Todaro, M. Migration unemployment and development: A two sector analysis[J]. American Economic Review, 1970, 60(1): 126－142.

Hawes, H., & Stephens, D. Questions of quality: Primary education and development [M]. Harlow: Longman, 1990.

Haymes, S. Race, culture and the city: A pedagogy for Black urban struggle [M]. Albany: State University of New York Press, 1995.

HM Government. The coalition: Our programme for government[Z]. London: Cabinet Office, 2010.

Honig, M. I., Copland, M. A., Rainey, L., Lorton, J. A., & Newton, M. School district central office transformation for teaching and learning improvement. A report to the Wallace Foundation [R]. Seattle, WA: The Center for the Study of Teaching and Policy. 2010.

Honig, M. I., & Copland, M. A. Reinventing district central offices to expand student learning [R]. Washington, DC: The Center for Comprehensive School Reform and Improvement, 2008.

Honig, M. I. The new middle management: Intermediary organizations in education policy implementation[J]. Education Evaluation and Policy Analysis, 2004, 26(1): 65-87.

Hopkins, D., & Higham, R. System leadership: Mapping the landscape [J]. School Leadership and Management, 2007, 27(2): 147-166.

Hopkins, D., & Ainscow, M. Making Sense of school improvement: An interim account of the 'Improving the Quality of Education for All' project [J]. Cambridge Journal of Education, 1993, 23(3): 287-304.

Ice, M., Thapa, A., & Jonathan, C. Recognizing community voice and youth-led school-community partnership in the school climate improvement process [J]. School Community Journal, 2015, 25(1): 9-28.

Johnson, J., & Howley, C. B., Contemporary federal education policy and rural schools: A critical policy analysis[J]. Peabody Journal of Education, 2015, 90(2): 224-241.

Joyce, B., & Showers, B. Student achievement through staff development [M]. New York: Longman, 1988.

Knapp, M. S. How can organizational and sociocultural learning theories shed light on district instructional reform? [J]. American Journal of Education, 2008, 114(4): 521-539.

Ko, J., & Sammons, P. Effective teaching: A review of research and evidence [EB/OL]. http://www. cfbt. com/. 2015-03-23.

Kvale, S., & Brinkmann, S., Interviews: Learning the craft of qualitative research interviewing, [M]. Thousand Oaks, CA: Sage, 2009.

Ladson-Billings, G. From the achievement gap to the education debt: Understanding achievement in U. S. schools[J]. Educational Researcher, 2006, 35(7): 3-12.

Lambert, L. A framework for shared leadership [J]. Educational Leadership, 2002, 59(8): 37-40.

Leithwood, K., & Sun, J. P. The nature and effects of transformational school leadership:

A meta-analytic review of unpublished research[J]. Educational Administration Quarterly, 2012, 48(3): 387-423.

Leithwood, K., Harris, A., & Hopkins, D. Seven strong claims about successful school leadership[J]. School Leadership and Management, 2008, 28(1): 27-42.

Leithwood, K. & Jantzi, D. A review of transformational school leadership research 1996-2005[J]. Leadership and Policy in Schools, 2005, 4(3): 177-199.

Leithwood, K., & Earl, L. Educational accountability effects: An international perspective[J]. Peabody Journal of Education, 2000, 75(4): 1-18.

Leithwood, K., & Prestine, N. Unpacking the challenges of leadership at the school and district level[J]. Yearbook of the National Society for the Study of Education, 2002, 101(1): 42-64.

Lewis, G. T. & Maund, D. J. The urbanization of the countryside: A framework for analysis[J]. Geografiska Annaler, 1976, 58(1): 17-27.

Levinson, B., & Sutton, M. Introduction: Policy as practice-a sociocultural approach to the study of educational policy. In M. Sutton & B. Levinson (Eds.), Policy as practice: Toward a comparative sociocultural analysis of educational policy[M]. Westport, CT: Ablex, 2001.

Lim, S. B. White paper on ICT in education Korea[R]. Seoul: Korea Education and Research Information Service, 2014.

Lingard, B. Leading learning: Making hope practical in schools[M]. Philadelpha: Open University Press, 2003.

Louis, K. S., Effects of teacher quality of work life in secondary schools on commitment and sense of efficacy[J]. School effectiveness and School improvement: An International Journal of Research, Policy and Practice, 1998, 9(1): 1-27.

Lowe, J. M., Rural Education: Attracting and retaining teachers in small schools[J]. The Rural Educator, 2006, 27(Winter): 28-31.

Macpherson, R. J. S. Accountability in city schools: Theory and practice in urban educational administration[J]. Education and Urban Society, 1998, 30(4): 443-458.

Mangin, M. M. Literacy coach role implementation: How district context influences reform efforts[J]. Educational Administration Quarterly, 2008, 45(5): 759-792.

Marzolf, E. A. Contours and consequence of school-change coaching within a whole-school reform context[D]. Washington: University of Washington, 2006.

Miller, L. C. Situating the rural teacher labor market in the broader context: A descriptive analysis of the market dynamics in New York State [J]. Journal of Research in Rural Education, 2012, 27(13): 1-31.

Ministry of Education. Education: The driving force for the development of Korea[R]. Seoul: Ministry of Education, 2015.

Mok, M. M. C. Quality assurance and school monitoring in Hong Kong[J]. Educational Research for Policy and Practice, 2007, 6(3): 187-204.

Molnar, M. Urbanization and rural development [R]. Bulletin of the Szent Istvan University, 2008.

Mortimore, P. Quality control in education and schools[J]. British Journal of Educational Studies, 1992, 40(1): 23-37.

Mortimore, P., & Stone, C. Measuring educational quality [J]. British Journal of Educational Studies, 1991, 39(1): 67-82.

Muijs, D. A forth phase of schooll improvement? Introduction to the special issue on networking and collaboration for school improvement [J]. School Effectiveness and School Improvement, 2010, 21(1): 1-3.

Murray, J., & Male, T. Becoming a teacher educator: Evidence from the field [J]. Teaching and Teacher Education, 2005, 28(1): 67-85.

National Board for Professional Teaching Standards. What teachers should know and be able to do[EB/OL]. http://www. nbpts. org/standards-five-core-propositions/. 2017-12-20.

National Assessment of Educational Progress. Low achievers improve reading skills, But top students lose ground in math, science[N]. NAEP Newsletter, 1983, (XVI): 1-2.

Ng, P. T. Quality assurance in the Singapore education system in era of diversity and innovation[J]. Educational Research for Policy and Practice, 2007, 6(3): 235-247.

Nikel, J., & Lowe, J. Talking of fabric: A multi-dimensional model of quality in education[J]. Compare: A Journal of Comparative and International Education, 2010, 40(5): 589-605.

Neufeld, B., & Roper, D. Coaching: A stratedy for developing instructional capactiy: Promise and practicalities[M]. Boston: Education Matters, Inc., 2003.

OECD. Education policy outlook: Brazil [EB/OL]. http://www. oecd. org/edu/

profiles. htm. 2017-09-15.

OECD. Education policy outlook: Korea [EB/OL]. http://www. oecd. org/edu/profiles. htm. 2017-09-15.

OECD. Lessons from PISA for the United States[R]. Paris: OECD Publishing, 2011.

Ofsted. Unseen children: Access and achievement 20 years on[R]. London: Ofsted, 2013.

O'Mahony, S., & Bechky, B. A. Boundary organizations: Enabling collaboration among unexpected allies[J]. Administrative Science Quarterly, 2008, 53(3): 422-459.

Ozga, J., Dahler-Larsen, P., Segerholm, C., & Simola, H. Fabricating quality in education: Data and governance in Europe[M]. New York: Routledge, 2011.

Pink, W. T. & Noblit, G. W. (Eds.). International handbook of urban education[M]. Netherlands: Springer, 2007.

Poglinco, S. M., Bach, A. J., Hovde, K., Rosenblum, S., Saunders, M., & Supovitz, J. A. The heart of the matter: The coaching model in Amercia's choice schools [R]. Philadelphia: Consortium for Policy Research in Education, University of Pennsylvania, 2003.

Poole, B. Quality, semantics and the two cultures[J]. Quality Assurance in Education, 2010, 18(1): 6-18.

Porter, A. C. Measuring the content of instruction: Uses in research and practice[J]. Educational Researcher, 2002, 31(7): 3-14.

Porter, A. C. Creating a system of school process indicators[J]. Educational Evaluation and Policy Analysis, 1991, 13(1): 13-29.

Raffel, J. A., et al. Policy dilemmas in urban education: Addressing the needs of poor, at risk children[J]. Journal of Urban Affairs. 1992, 14(3/4): 263-289.

Reyes, P. Organizational commitment of teachers. In P. Reyes(Ed.), Teachers and their workplace: Commitment, performance and productivity [M]. Newbury Park, CA: Sage, 1990.

Rotherham, A. & Willingham, D. 21st century skills: The challenges ahead [J]. Educational Leadership, 2009, 67(1): 16-21.

Rorrer, A. K., Skrla, L., & Scheurich, J. J. Districts as institutional actors in educational reform[J]. Educational Administration Quarterly, 2008, 44(3): 307-358.

Sachs, J. Strange yet compatible bedfellows: Quality assurance and qualtiy improvement[J]. Australian Universities Review, 1994, 37(1): 22 - 25.

Sallis, E. Total quality management in education, 3rd edition[M]. London: Kogan Page, 2002.

Schaufeli, W. B. ,Bakker, A. B., & Salanova, M. The measurement of work engagement with a brief questionnaire: A cross-national study [J]. Educational and Psychological Measurement, 2006, 66(4): 701 - 716.

Schleicher, A. (Ed.) Preparing teachers and developing school leaders for the 21st century: Lessons from the World[M], Paris: OECD Publishing, 2012.

Silvia, C. Collaborative governance concepts for successful network leadership[J]. State and Local Government Review, 2011, 43(1): 66 - 71.

Smith, K. Teacher educators' expertise: What do novice teacher and teacher educators say? [J]. Teaching and Teacher Education, 2005(21): 177 - 192.

Snipes, J. C. & Casserly, M. Urban school systems and education reform: Key lessons from a case study of large urban school system[J]. Journal of Education for Students Placed at Risk, 2004, 9(2): 127 - 141.

Southworth, G. Instructional leadership in schools: Reflections and empirical evidence[J]. School Leadership and Management, 2002, 22(1): 73 - 91.

Spillane, J., & Thompson, C. Reconstructing conceptions of local capacity: The Local Education Agency's capacity for ambitious instructional reform[J]. Educational Evaluation and Policy Analysis, 1997, 19(2): 185 - 203.

Statistics Korea. Explore Korea through Statistics [EB /OL]. http://kosis. kr /eng /. 2016 - 12 - 11.

Sun, M. How external institutions penetrate schools through formal and informal leaders[J]. Educational Administration Quarterly, 2013, 49(4): 610 - 644.

Sunderman, G. L. Evidence of the impact of school reform on systems governance and educational bureaucracies in the United States [J]. Review of Research in Education, 2010 (34): 226 - 253.

Swinnerton, J. Brokers and boundary crossers in an urban school district: Understanding central office coaches as instructional leaders[J]. Journal of School Leadership, 2007, 17(2): 195 - 221.

Trigwell, K., & Prosser, M. Development and use of the approaches to teaching inventory[J]. Educational Psychology Review, 2004, 16(4): 409 - 424.

United Nations, Department of Economic and Social Affairs, Population Division. World urbanization prospects 2018: Hightlights [EB/OL]. https://population.un.org/wup/Publications/. 2018 - 10 - 12.

UNESCO. Rethinking education: Towards a global common good[M]. Paris: UNESCO, 2015.

UNESCO. UNESCO ICT competency framework for teachers[M]. Paris: UNESCO, 2011.

UNICEF. Defining quality in education[R]. New York: UNICEF, 2000.

Voogt, J., & Roblin, N. P. A comparative analysis of international frameworks for 21st century competence: Impication for national curriculum policies[J]. Journal of Curriculum Studies, 2012, 44(3): 299 - 321.

Waller, R., & Barrentine, S. Rural elementary teachers and place-based connections to text during reading instruction[J]. Journal of Research in Rural Education, 2015, 30(7): 1 - 13.

Waters, T. et al. Balanced Leadership: What 30 years of research tells us about the effect of leadership on student achievement. A working paper[Z]. Aurora: Mid-Continent Regional Educational Lab, 2003.

Wenger, E. Communities of practice and social learning system. In D. E. A. Nicolini (Ed.), Knowing in organization: A practice-based approach[M]. New York: M. E. Sharpe, 2003.

Whitty, G., Power, S., & Halpin, D. Devolution and choice in education: The school, the state and the market[M]. Buckingham: Open University Press, 1998.

Winch, C. Quality and education[M]. Cambridge: Blackwell, 1996.

Winkley, D. An examination of Ofsted. In C. Cullingford (Ed.), An inspector calls: Ofsted and its effect on school standards[M]. London: Kogan Page Limited, 1999.

后 记

工作的第一年，我申请了一笔慈善基金，为农村教研员的发展提供专业支持。然而在招募人员时，出现了许多意料不及的问题，如偏远地区乡镇一级鲜有专职教研员，一些语文特岗教师前来参加专业拓展时告诉我，他们原先的主修学科是数学……，我的教育"常识"在不断被刷新。我生活在上海，工作在上海，平日里的研究专题和对象也多分布在上海。在嘉定区工业园区调研时，或驱车从松江的新城开往老城时，看一片片远去的农田，看所剩无几的村庄，看标准化办学下的学校，我以为我了解我们的时代、我们的教育。然而，随着公益项目的逐年推进，每年会接触到来自五湖四海的农村教师；随着自己每年去一些地方调研，我对城镇化背景下区域教育的多样性有了更多理性的认知和感性的关怀。为了避免"什么都谈，却什么都没谈清楚"的问题，我在千丝万缕的教育问题中拎取"教师研究"这一主线，将教师看作教育过程质量的重要形塑者。围绕此，我在不同地区展开了不同层级的调查。

感谢在"田野"里遇到的那些可爱的人。他们毫无保留地与我分享日常所见、所感、所思，热情地为我介绍更多的访谈对象。有的人时隔两年再见时，依旧是当初的笑容与热情；有的人虽未再谋面，却凭着书信或电子社交软件捎来问候。田野调查一晃就是两年，从上海这个直辖市到江苏沿海的县级市，再到中原大地的省会城市，得到了许多教育实践者的帮助，丰富了我对中国城镇化及其教育发展的认识，在此一并致谢。

感谢给我指导、支持的学术前辈和同仁。感谢华东师范大学胡惠闵教授和崔允漷教授，河南数据的搜集和处理与他们的智慧担当和无私共享密不可分；感谢华中师范大学的马红梅博士，每当我陷入数据处理的泥沼时，她都第一时间伸出援助之手；尤其感谢父母的保护，母亲不是"圈内人"，却深谙学术之"孤独与艰苦"，她用自己的智慧为我抵挡了外界干扰，让我安心研读、写作。

本书得以出版，离不开丛书主编彭正梅教授的信任与"执着"小组的支持。此书从成稿到修改，到再修改，前前后后有一年。每逢我有所倦怠时，彭正梅教授总能以轻松的方式略加敲打;而文科大楼1519办公室的喝茶“论道”,或1510办公室的集体“攻关”,不仅消除了我偶尔攀升的焦虑,还带来智慧的碰撞。是那些执着于教育初心的同事让我明白,只有对学术“淡定的执着”,才能不违本心,一以贯之。最后感谢上海教育出版社的编辑们,因为他们的专业与认真,让此书得以尽快与读者见面。因笔者学识不足造成的缺憾,恳请读者体谅。

沈　伟

2020年5月

于丽娃河畔

图书在版编目（CIP）数据

提升21世纪教师质量：国际趋势与本土标准 / 沈伟著.
— 上海:上海教育出版社, 2020.10
（面向21世纪能力的教育变革 : 中国与世界 / 彭正梅主编）
ISBN 978-7-5720-0307-3

Ⅰ. ①提… Ⅱ. ①沈… Ⅲ. ①教师 – 教育质量 – 研究
Ⅳ. ①G451

中国版本图书馆CIP数据核字(2020)第176863号

责任编辑　钟紫菱
封面设计　陆　弦

面向21世纪能力的教育变革：中国与世界
丛书主编　彭正梅
提升21世纪教师质量：国际趋势与本土标准
沈　伟　著

出版发行　上海教育出版社有限公司
官　　网　www.seph.com.cn
地　　址　上海市永福路123号
邮　　编　200031
印　　刷　上海展强印刷有限公司
开　　本　700 × 1000　1/16　印张 17.5　插页 1
字　　数　264 千字
版　　次　2020年10月第1版
印　　次　2020年10月第1次印刷
书　　号　ISBN 978-7-5720-0307-3/G·0227
定　　价　49.80 元

如发现质量问题，读者可向本社调换　电话：021-64377165